国家出版基金项目
NATIONAL PUBLICATION FOUNDATION

中国语文教育研究丛书
顾之川 主编

徐林祥 郑昀 著

语文美育学

YUWEN MEIYUXUE

GEP 广西教育出版社
南宁

序

中国教育正在加速推进现代化，立德树人成为教育改革总任务，完善中华优秀传统文化教育成为共识，新课标已陆续颁布，小学、初中语文教材已重新回归国家统编时代，高中语文新课标教材已在北京、天津、上海、辽宁、山东、海南开始试用，新高考改革方案正在稳步推进，语文教育的重要地位日益凸显。我国语文教育改革迎来新的发展机遇。我们必须清醒地看到，我国语文教育取得了举世公认的成就，同时也面临着诸多困难和问题。如何站在历史的高度，以严谨求实的科学态度，总结梳理中国语文教育教学改革所取得的成就，直面存在的困难和问题，深入剖析原因，为语文教育改革与发展献计献策，推进语文教育现代化，成为新一代语文教育工作者的神圣使命和义不容辞的责任。

2013 年 10 月，中国教育学会中学语文教学专业委员会召开第十届年会，选举产生了新一届理事会。新一届理事会成立后，我们研究制订了《中国教育学会中学语文教学专业委员会事业发展规划（2013—2018）》，其中有一项重要内容，就是要“策划一套图书”。具体设想是：这套图书应分理论与实践两部分，前者重在全面系统地总结改革开放 30 多年来我国语文教育的经验教训，作为今后发展的借鉴；后者重在归纳梳理我国当代语文名师的教育教学思想，深入挖掘 20 世纪 80 年代语文名师的当代价值，同时推出一批当代语文名师，为新生代名师擂鼓助威。我们这一设想，与时任广西教育出版社副总编辑黄力平编审的想法不谋而合。他邀我们组织编撰“中国语文教育研究丛书”，纳入他们正在组织实施的中国学科教育研究系列图书的出版计划。

编辑这套“中国语文教育研究丛书”的基本思路是：

把握时代脉搏，聚焦立德树人。

这套丛书着眼于推进语文教育现代化，把握时代脉搏，聚焦立德树人。围绕语文教育改革创新，推出一批反映、代表乃至引领我国语文教育现代化的研究成果，具有鲜明的中国当代特色。从时间上说，以改革开放到新世纪的发展历程为主，尤其注重反映我国实行新课改以来的语文教育研究；从内容上说，则力求反映我国语文教育理论与实践研究成果。

树立整体观念，开展综合研究。

这套丛书力求树立整体观念，开展语文教育教学的综合研究，全面深入系统地梳理总结我国语文教育改革成就和存在的问题。既有语文教育语用观、传统文化教育、语文工具论、语文教育民族化等理论层面的深入剖析，又有语文教材编制、语文教师专业发展、语文教学创新设计、语文考试评价改革等实践层面的研究。

拓展研究视野，实现互联互通。

这套丛书强调语文教育整体观念，整体观照中国语文教育各领域。纵向上，打通小学、中学与大学，努力挖掘语文教育的共同价值，避免过去那种“铁路警察，各管一段”的情况；横向上，涵盖中小学语文教育、汉语国际教育及华文教育等，并以宽广的国际视野，从中华文化圈的角度，审视我国语文教育教学改革的成就与突出问题。

理论联系实际，研究注重实效。

本丛书注重沟通语文教育理论研究与语文教育教学各组成要素的实践，包括教材编写实践、教学实践、考试命题实践以及教师培训与专业发展实践，努力克服过去学科理论研究与教育教学实践“两张皮”，教育理论研究“不接地气”等缺陷，既注意反映我国语文教育理论研究的新成果，也注重将一线语文教师的教学经验、教学智慧进行理论上的梳理与提升。研究尤重建设性，以建设性思维为统领，着眼于解决我国语文教学领域存在的实际问题。

坚持守正创新，强调原创研究。

这套丛书坚持守正创新，注重权威性与代表性，继承我国语文教育优良传统，借鉴国外先进的母语教育理念和方法，注重吸收各种语文教育理论和各个教学流派的研究成果，反映作者最新的原创性研究成果。弘扬改革创新主旋律，传递语文教育教学正能量，在保证科学性的基础上，注意可读性。内容新颖，资料翔实，数据齐全，为以后的语文教育研究留下可资参考借鉴的理论成果。

我们这一设想，得到我国语文教育界专家同仁的积极响应和大力支持，他们同意将其最新研究成果惠赐给我们，列入本丛书。

广西教育出版社是我国很有影响的教育出版社之一，在教育理论、教材教辅及文化艺术等方面，均出版了不少影响深远的系列图书。尤其是出版于20世纪90年代的“学科现代教育理论书系”，曾极大地推进了我国教育改革，实现了社会效益与经济效益的双丰收。进入新时期以来，该社审时度势，又策划出版学科教育研究书系，立足于中国本土，以独特敏锐的眼光，打造具有中国特色的学科教育理论体系。这不仅是教育创新的要求，也是新时代的呼唤。

目前，这套丛书正在陆续出版，作为丛书主编，我既有欣喜，也有不安，深恐由于自己的浅陋和粗疏而使各位作者的佳构留下缺憾，更期待着广大读者尤其是语文教育界同仁的批评、指教。令人欣喜的是，在广西教育出版社诸位同仁的努力下，经国家出版基金管理委员会批准，“中国语文教育研究丛书”（第一辑）被确定为2017年度国家出版基金项目，获得经费资助。这也是对我们这套丛书的学术价值与出版意义的肯定。在此，我不仅要对黄力平编审、广西教育出版社相关编辑等同仁表达谢意，更要对北京大学中文系温儒敏、曹文轩两位教授的热情推荐表示感谢。

值此新中国成立70周年，中国教育学会中学语文教学专业委员会成立40周年之际，南国传佳音，我得到一个好消息，说这套丛书已出版的8种，经过教育部组织专家评审，全部列入全国中小学图书馆馆配目录，即将重印。这再次证明这套“中国语文教育研究丛书”的学术价值与出版意义。

学术总是薪火相传，研究贵在创新发展。牛顿说他站在巨人肩膀上，杜甫说“转益多师是汝师”。我们进入一个大众创业、万众创新的时代，改革创新成为当今中国的时代主题。建设创新型国家，培养创新型人才，语文教育工作者肩负着神圣使命。语文百年，众多语文人默默耕耘，浇灌出语文学科生态园的参天大树；百年语文，无数语文人直面问题，探寻语文教育改革创新之路。我们策划、组织这套丛书，就是想为实现中华民族伟大复兴的中国梦略尽语文人的绵薄之力。我们的愿望如此，至于效果怎样，那就要由实践来检验了。

顾之川

于京东大运河畔两不厌居

2016 年 3 月 23 日初稿

2017 年 4 月 18 日第一次修改

2019 年 9 月 24 日第二次修改

顾之川简介：浙江师范大学教授，人民教育出版社编审。兼任中国教育学会中学语文教学专业委员会理事长，国家社科基金评审专家，教育部考试中心特聘专家，教育部“国培计划”首批专家，国家统编义务教育语文（七至九年级）教科书主编。主要从事语文教育研究和语文教材编写工作，主编人教版多套初中、高中语文教材。著有《语文工具论》《顾之川语文教育新论》《顾之川语文教育论》《语文论稿》《明代汉语词汇研究》《顾之川语文人生随笔》等，并有古籍整理著作多种。

目　录

绪　论　/ 1

一、美育及其概念的诞生 / 2

二、当代中国美育的历程 / 7

三、新课程呼唤语文美育 / 16

四、语文美育研究的概况 / 22

五、语文美育学科的创新 / 26

第一章　语文美育学的研究对象、理论基础和学科特点 / 32

第一节　语文美育学的研究对象 / 33

一、美育学的研究对象 / 33

二、语文美育学的研究对象 / 34

第二节　语文美育学的理论基础 / 36

一、哲学基础 / 36

二、美学基础 / 38

三、教育学基础 / 40

四、心理学基础 / 44

五、语言学基础 / 48

六、阅读学基础 / 52

七、写作学基础 / 56

第三节　语文美育学的学科特点 / 61
一、人文性 / 61
二、工具性 / 63
三、综合性 / 65
第二章　语文美育的目的、任务和价值 / 67
第一节　语文美育的目的 / 68
一、美育的目的 / 68
二、语文美育的目的 / 72
第二节　语文美育的任务 / 74
一、审美意识的重建 / 74
二、审美能力的培养 / 80
第三节　语文美育的价值 / 87
一、审美价值 / 87
二、工具价值 / 88
第三章　审美主体 / 90
第一节　审美主体的类型 / 91
一、立美主体 / 92
二、受美主体 / 94
第二节　审美意识的特殊表现形式：美感 / 99
一、美感及其层次性 / 100
二、获得美感的条件 / 104
三、在语文教学中激发学生的美感 / 105
第四章　语文美 / 107
第一节　语言美 / 108
一、音韵美 / 108
二、朗读美 / 113
第二节　文字美 / 116
一、形体美 / 116
二、结构美 / 117
三、职用美 / 118

四、词句美 / 119
第三节　文章美 / 124
一、记叙文的美 / 124
二、说明文的美 / 126
三、议论文的美 / 130
第四节　文学美 / 133
一、诗歌美 / 135
二、散文美 / 140
三、小说美 / 144
四、剧本美 / 155
第五章　语文教学的审美化 / 160
第一节　识字写字教学的审美化 / 161
一、追溯汉字演变历程，呈现汉字发展之美 / 161
二、分析汉字间架结构，领悟汉字结构之美 / 164
三、揭示汉字实用之义，品味汉字职用之美 / 165
第二节　阅读教学的审美化 / 168
一、指导朗读默读，感受文本语言之美 / 168
二、预设问题导读，指向文本精要之美 / 170
三、创设教学鸣点，鉴赏文本意蕴之美 / 173
四、对话作者编者，拓展文本言外之美 / 177
第三节　写作教学的审美化 / 181
一、在取材时，培养学生的审美观察能力 / 181
二、在构思时，培养学生的审美思考能力 / 185
三、在起草时，培养学生的审美表现和创造能力 / 188
四、在加工时，培养学生的审美评价能力 / 195
第四节　口语交际教学的审美化 / 199
一、善于倾听，注重审美注意的习惯养成 / 200
二、善于表达，追求表情达意的审美效果 / 200
三、善于应对，形成文明沟通的交往意识 / 201

第五节　综合性学习和研究性学习的审美化 / 204
一、激发学生的审美兴趣与热情 / 205
二、重视学生的审美探索与研究 / 208
三、展示学生的审美创造与设计 / 209
第六节　语言知识教学的审美化 / 214
一、古代语言交际记载的借鉴 / 214
二、现代语言知识教学的探索 / 217
第六章　语文学习环境与审美 / 224
第一节　语文课堂学习环境与审美 / 226
一、语文课堂人文环境与审美 / 227
二、语文课堂语言环境与审美 / 228
第二节　语文课外学习环境与审美 / 234
一、校园语文学习环境与审美 / 234
二、家庭语文学习环境与审美 / 236
三、社会语文学习环境与审美 / 238
四、网络语文学习环境与审美 / 241
第七章　语文教师的审美修养 / 244
第一节　语文教师审美修养的含义 / 245
一、内在审美修养 / 245
二、外在审美修养 / 247
第二节　提高语文教师审美修养的途径 / 251
一、提高内在审美修养的途径 / 251
二、提高外在审美修养的途径 / 253
参考文献 / 257
后　记 / 270

绪　论

美育，又称审美教育，就是促进人的审美发展的教育。美育，在中国有着悠久的历史。中国古代就有诗教、乐教的传统。近现代中国，有王国维“完全之人物”[1]的论述，有蔡元培“健全的人格”[2]的呼吁。当代中国，“没有美育的教育是不完全的教育”已越来越为人们所认识[3]。进入21世纪，新一轮课程改革对各门学科的美育提出了新的要求。语文学科在促进学生审美发展过程中有着特殊的功能。语文美育学的构建将有助于语文美育的实施。

[1] 王国维. 王国维哲学美学论文辑佚[M]. 佛雏，校辑. 上海：华东师范大学出版社，1993：251.

[2] 蔡元培. 蔡元培美学文选[M]. 北京：北京大学出版社，1983：107.

[3] 何东昌. 何东昌论教育[M]. 北京：人民教育出版社，2009：106.

一、美育及其概念的诞生

美育，作为一项社会实践活动，可以说源远流长。在中国，美育始于先秦的铸鼎象物、歌咏所兴、制礼作乐。《世本·作篇》有伏羲、神农作琴、瑟之记载。《尚书·舜典》称："帝曰：'夔！命汝典乐，教胄子，直而温，宽而栗，刚而无虐，简而无傲。诗言志，歌永言，声依永，律和声。八音克谐，无相夺伦，神人以和。'"[1]孔子将仁人君子的培养过程概括为"兴于诗，立于礼，成于乐"[2]。在西方，美育则始于希腊神话、荷马史诗，以及古希腊戏剧等。无论是《周礼·地官·保氏》所记中国古代的"六艺"教育——礼、乐、射、御、书、数，还是源自古希腊、罗马的西欧中世纪早期学校中的"七艺"教育——文法学、修辞学、辩证法（逻辑学）、算术、几何学、天文学和音乐，都包含了美育的成分。

将美育作为一门学问进行研究，一般认为始于席勒。席勒（1759—1805）是18世纪末19世纪初德国著名的剧作家、诗人，同时又是一位颇有影响力的美学家和文艺理论家。其《美育书简》（又译《审美教育书简》）是第一部明确提出"美育"这一概念并专门进行系统的理论探讨的著作，在美育史上具有划时代的意义。

《美育书简》最初是席勒于1793年5月至次年7月写给丹麦奥古斯腾堡公爵克里斯谦的关于对人进行美感教育的信，以报答公爵自1791年以来对他的经济上的援助。这些信原来只在宫廷中的少数人中间流传。1794年哥本哈根发生火灾，前10封信在火灾中被焚毁。席勒便根据自己留存的提纲重新撰写，并且增加了许多新的内容，共写出27封书信。这就是目前我们所看到的《美育书简》。

席勒认为："有促进健康的教育，有促进认识的教育，有促进道德的教育，还有促进鉴赏力和美的教育。这最后一种教育的目的在于，培养我们感性和精神力量的整体达到尽可能和谐。"[3]他第一次明确将美育与体育、智育、德育并列，作为一项具有独立目标的教育。《美育书简》的主题思想可以概括为：人必须通过审美状态才能由单纯的感性状态达到

[1] 李民，王健. 尚书译注[M]. 上海：上海古籍出版社，2010：19.
[2] 朱熹. 四书集注[M]. 长沙：岳麓书社，1985：132-133.
[3] 席勒. 美育书简[M]. 徐恒醇，译. 北京：中国文联出版公司，1984：108.

理性和道德的状态。审美是人达到精神解放和完美性的先决条件。“正是通过美，人们才可以达到自由。”[1]

在中国，“美育”这一术语最初是从西方语言中译出，并随着西方美育理论一起介绍过来的。在中国近现代思想史上，最先提倡美育的是清末学者王国维（1877—1927）。王国维在《教育世界》杂志1903年8月号和1904年2月号上发表的《论教育之宗旨》和《孔子之美育主义》是国内最早使用“美育”这一术语的文献。

王国维在《论教育之宗旨》一文中阐述了他对教育要培养怎样的人才的看法。他说：“教育之宗旨何在？在使人为完全之人物而已。何谓完全之人物？谓人之能力无不发达且调和是也。”[2]王国维参照西方学者的观点，把人的心理功能分为知、情、意三个方面。这三者是构成人的心理活动的基本因素，分别通向自己的最高理想——真、美、善。“‘真’者知力之理想，‘美’者感情之理想，‘善’者意志之理想也。完全之人物不可不备真美善之三德。”[3]并且，知、情、意三者是相互联系的：“人心之知、情、意三者，非各自独立，而互相交错者。如人为一事时，知其当为者‘知’也，欲为之者‘意’也，而当其为之前（后）又有苦乐之‘情’伴之，此三者不可分离而论之也。”[4]与知、意、情三者相对应的是智育、德育、美育，只有这“三者并行，而渐达真、善、美之理想，又加以身体之训练，斯得为完全之人物，而教育之能事毕矣”[5]。

王国维在《论教育之宗旨》中特意列出一个图表，以表达他对教育的宗旨的看法。

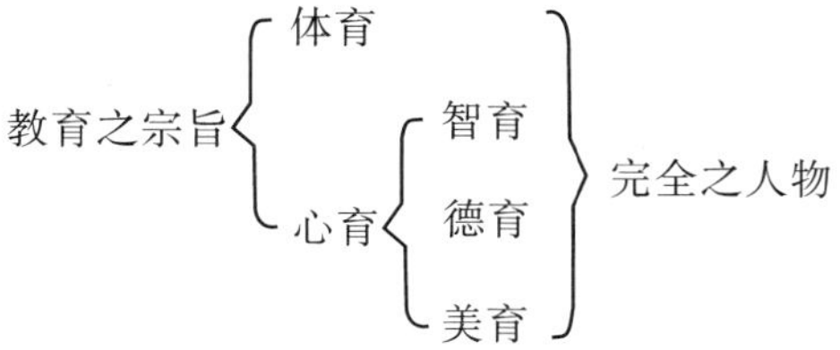

---

［1］席勒. 美育书简［M］. 徐恒醇，译. 北京：中国文联出版公司，1984：39.
［2］［3］王国维. 王国维哲学美学论文辑佚［M］. 佛雏，校辑. 上海：华东师范大学出版社，1993：251.
［4］同［2］252.
［5］同［2］253.

王国维认为：美育一方面有自己特殊的目的——发达感情，以促进人的审美发展；另一方面又是促进德育和智育的手段，具有辅助德育和智育的功能。他说："要之，美育者一面使人之感情发达，以达完美之域；一面又为德育与智育之手段，此又教育者所不可不留意也。"[1]

此外，王国维还在考察中外教育史的基础上指出："孔子言志，独与曾点；又谓'兴于诗'，'成于乐'。希腊古代之以音乐为普通学之一科，及近世希痕林（今译谢林）、希尔列尔（今译席勒）等之重美育学，实非偶然也。"[2]这就进一步从人类文明发展史的角度强调了美育的必要性。同时，他还指出只重视德育或智育，都不是完全的教育："如佛教之一派，及希腊罗马之斯多噶派，抑压人之感情而使其能力专发达于意志之方面；又如近世斯宾塞尔之专重智育，虽非不切中一时之利弊，皆非完全之教育也。"[3]

王国维在《孔子之美育主义》一文中详细比较了孔子的美育思想与西方美育思想，特别是与席勒《美育书简》中美育思想的相同之处。文章引"《论语》曰：'小子何莫学夫诗。诗可以兴，可以观，可以群，可以怨。迩之事父，远之事君。多识于鸟兽草木之名。'又曰：'兴于诗，立于礼，成于乐。'"指出：孔子教人，"始于美育，终于美育"。王国维还进一步指出："孔子之教人，于诗乐外，尤使人玩天然之美。故习礼于树下，言志于农山，游于舞雩，叹于川上，使门弟子言志，独与曾点。点之言曰：'暮春者，春服既成，冠者五六人，童子六七人，浴乎沂，风乎舞雩，咏而归。'由此观之，则平日所以涵养其审美之情者可知矣。之人也，之境也，固将磅礴万物以为一，我即宇宙，宇宙即我也。光风霁月不足以喻其明，泰山华岳不足以语其高，南溟渤澥不足以比其大。邵子所谓'反观'者非欤？叔本华所谓'无欲之我'，希尔列尔（今译席勒）所谓'美丽之心'者非欤？此时之境界：无希望，无恐怖，无内界之争斗，无利无害，无人无我，不随绳墨而自合于道德之法则。一人如此，则优入圣域；社会如此，则成华胥之国。孔子所谓'安而行之'，与希尔列尔（今

[1] [2] 王国维. 王国维哲学美学论文辑佚[M]. 佛雏，校辑. 上海：华东师范大学出版社，1993：252.
[3] 同 [1] 251.

译席勒）所谓‘乐于守道德之法则’者，舍美育无由矣。”[1]

继王国维之后，著名教育家蔡元培（1868—1940）把美育推进到一个新的发展阶段。1912 年，蔡元培出任中华民国临时政府教育总长，发表《对于教育方针之意见》，据清季学部忠君、尊孔、尚公、尚武、尚实的五项宗旨而加以修正，改为军国民主义、实利主义、德育主义、世界观、美育主义五项，第一次将“美育”列入国家的教育方针。1920 年，蔡元培在《普通教育和职业教育》的演讲中强调：“所谓健全的人格，内分四育，即：(一）体育，(二）智育，(三）德育，(四）美育。这四育是一样重要，不可放松一项的。”[2]

蔡元培所说的“美育”即“美感教育”。他说：“美感者，合美丽与尊严而言之，介乎现象世界与实体世界之间，而为之津梁。此为康德所创造，而嗣后哲学家未有反对之者也。在现象世界，凡人皆有爱恶、惊惧、喜怒、悲乐之情，随离合、生死、祸福、利害之现象而流转。至美术，则即以此等现象为资料，而能使对之者，自美感以外，一无杂念。例如采莲煮豆，饮食之事也，而一入诗歌，则别成兴趣。火山赤舌，大风破舟，可骇可怖之景也，而一入图画，则转堪展玩。是则对于现象世界，无厌弃而亦无执着也。人既脱离一切现象世界相对之感情，而为浑然之美感，则即所谓与造物为友，而已接触于实体世界之观念矣。故教育家欲由现象世界而引以到达于实体世界之观念，不可不用美感之教育。”[3]

蔡元培把世界分为“现象”和“实体”两大块。现象世界的一切，最终归结为物质与形式，而且是互相对立而有差别的。实体世界则表现为一种自由意志，是不受时空限制的无差别、无矛盾的境界。然而，实体世界又为现象世界所遮掩。“其现象世界间所以为实体世界之障碍者，不外二种意识：一、人我之差别；二、幸福之营求是也。”[4]蔡元培认为，只有通过美感教育，才能消除这些障碍。像美术，即使是以人间“离合、生死、祸福、利害之现象”作为资料，也能使人“自美感以外，一无杂念”，

[1] 王国维. 王国维哲学美学论文辑佚[M]. 佛雏，校辑. 上海：华东师范大学出版社，1993：256-257.

[2] 蔡元培. 蔡元培美学文选[M]. 北京：北京大学出版社，1983：107.

[3] 同[2]4-5.

[4] 同[2]4.

“脱离一切现象世界相对之感情，而为浑然之美感”。美感一方面“与造物为友”，那些入了诗歌的“采莲煮豆，饮食之事”，入了图画的“火山赤舌，大风破舟”，都是现实生活中发生过的事情，对于现象世界“无厌弃”；另一方面，那些诗歌都“别成兴趣”，那些图画都“转堪展玩”，对于现象世界又“无执着”。美感既带有实体世界的性质，又带有现象世界的性质，在实体世界和现象世界之间起着“津梁”的作用，“故教育家欲由现象世界而引以到达于实体世界之观念，不可不用美感之教育”。

蔡元培称“美育”为“美感教育”。这表明美育不是知识教育，也不是道德教育，而是情感教育，以陶冶情感为目的。正如他在《美育与人生》一文中所说：“人人都有感情，而并非都有伟大而高尚的行为，这是由于感情推动力的薄弱。要转弱而为强、转薄而为厚，有待于陶养。陶养的工具，为美的对象；陶养的作用，叫作美育。”[1]

1930年，蔡元培在为商务印书馆出版的《教育大辞书》所撰写的“美育”条目中，给“美育”做了如下定义：“美育者，应用美学之理论于教育，以陶养感情为目的者也。人生不外乎意志；人与人互相关系，莫大乎行为；故教育之目的，在使人人有适当之行为，即以德育为中心是也。顾欲求行为之适当，必有两方面之准备：一方面，计较利害，考察因果，以冷静之头脑判定之；凡保身卫国之德，属于此类，赖智育之助者也。又一方面，不顾祸福，不计生死，以热烈之感情奔赴之；凡与人同乐、舍己为群之德，属于此类，赖美育之助者也。所以美育者，与智育相辅而行，以图德育之完成者也。”[2]这就是说，美育在理论上属于美学，在实践上属于教育。它与智育相互区别，又相辅相成，以养成高尚的道德为宗旨。这个定义，扼要地说明了美育的范围、目的及同智育、德育的关系。

蔡元培还认为，每一种文化的精神文明都有四个主要成分：宗教、科学、哲学、艺术。随着人类知识的进步，宗教的影响越来越小，艺术的影响越来越大。中国要建设新文化，不是要建立宗教，而是要提倡艺术，这就是他提出的“以美育代宗教”说。1917年，蔡元培在北京神州学会

[1] 蔡元培. 蔡元培美学文选[M]. 北京：北京大学出版社，1983：4.
[2] 同[1] 174.

所做的《以美育代宗教说》的讲演，首次明确提出“以美育代宗教”的思想。这篇讲演在《新青年》第三卷第六号上发表后，产生了广泛的影响。1930年和1932年，蔡元培又先后发表了题为《以美育代宗教》《美育代宗教》的文章。他在《以美育代宗教》中指出：“我向来主张以美育代宗教，而引者或改美育为美术，误也。”[1]他认为美术与美育范围不同、作用不同，所以“不用美术而用美育”。他在这篇文章中还指出：“然则保留宗教，以当美育，可行么？我说不可。一、美育是自由的，而宗教是强制的；二、美育是进步的，而宗教是保守的；三、美育是普及的，而宗教是有界的。因为宗教中美育的元素虽不朽，而既认为宗教的一部分，则往往引起审美者的联想，使彼受智育、德育诸部分的影响，而不能为纯粹的美感，故不能以宗教充美育，而只能以美育代宗教！”[2]

二、当代中国美育的历程

当代中国美育，从1949年新中国成立至今，可以1976年“文化大革命”（简称“文革”）结束为界，分为前、后两个时期。

（一）“文革”结束前

“文革”结束前，可分为新中国成立初期、20世纪50年代后期、20世纪60年代前期和“文革”中四个阶段。

1. 新中国成立初期（1949—1956）：美育得到关注。

1951年3月，第一次全国中等教育会议提出：“普通中学的宗旨和培养目标是使青年一代在智育、德育、体育、美育各方面获得全面发展，使之成为新民主主义社会自觉的积极的成员。”[3]1952年，教育部颁布《小学暂行规程（草案）》，明确规定“小学实施智育、德育、体育、美育全面发展的教育”，在美育方面，“使儿童具有爱美的观念和欣赏艺术的初步能力”[4]。同时颁布的《中学暂行规程（草案）》也规定：“中学应对

[1] 蔡元培. 蔡元培美学文选[M]. 北京：北京大学出版社，1983：179.
[2] 同[1]180.
[3]《中国教育年鉴》编辑部. 中国教育年鉴1949—1981[M]. 北京：中国大百科全书出版社，1984：147.
[4] 课程教材研究所. 20世纪中国中小学课程标准·教学大纲汇编：课程（教学）计划卷[M]. 北京：人民教育出版社，2001：200.

学生实施智育、德育、体育、美育等全面发展的教育”，“陶冶学生的审美观念，并启发其艺术的创造能力”[1]。

2. 20 世纪 50 年代后期（1957—1960）：美育受到挫折。

1957 年 2 月，最高国务会议第十一次（扩大）会议指出：我们的教育方针，应该使受教育者在德育、智育、体育几方面都得到发展，成为有社会主义觉悟的有文化的劳动者[2]。由于教育方针中没有正式把“美育”提出来，更由于对教育方针做了简单片面的理解，在学校中造成了忽视乃至取消美育的后果。这一时期编写的教育学教材取消了“美育”这一章。中小学虽然仍设有音乐、美术等课程，但课时减少了，课外艺术活动也有被削弱的情况。

3. 20 世纪 60 年代前期（1961—1965）：美育有所改善。

1961 年 1 月，中共中央召开了八届九中全会，针对“大跃进”以来“左”的错误，制定了“调整、巩固、充实、提高”的经济方针。在这一方针的指引下，《文汇报》编辑部组织了关于“美育”问题的讨论，有关部门开始重视美育工作，一些文科院校开设了美学课，并组织编写美学方面的教科书。

4.“文革”中（1966—1976）：美育遭到否定。

“文革”期间，美育被当作“封资修”的事物，遭到了彻底的否定。

（二）“文革”结束后

“文革”结束后，可分为 20 世纪 70 年代末至 20 世纪 80 年代、20 世纪 90 年代和 21 世纪初三个阶段。

1. 20 世纪 70 年代末至 20 世纪 80 年代（1977—1989）：恢复美育。

中共十一届三中全会以后，拨乱反正，学校的教学秩序得到了恢复，教育走上了正轨：重视了智育，加强了德育，恢复了体育。在这样的情况下，应该怎样认识美育在全面发展教育中的地位和作用这一问题，重新摆在人们面前。

1980 年 6 月 4 日，在昆明举行的第一次全国美学会议上，美育被列

[1] 课程教材研究所. 20世纪中国中小学课程标准·教学大纲汇编：课程（教学）计划卷[M]. 北京：人民教育出版社，2001：206.

[2] 毛泽东. 毛泽东著作选读（甲种本）[M]. 北京：人民出版社，1967：348.

为重要议题，会议对美育的必要性和迫切性、美育与教育方针的关系、美育的任务和内容进行了讨论。

1981 年 2 月 25 日，中华全国总工会、共青团中央、全国妇联、中国文联、中央爱卫会、全国学联、中国伦理学会、中国语言学会、中华美学学会等九个群众团体联合发出《关于开展文明礼貌活动的倡议》，其内容主要为“五讲四美”，即讲文明、讲礼貌、讲卫生、讲秩序、讲道德和心灵美、语言美、行为美、环境美。1981 年 2 月 28 日，中宣部、教育部、文化部、卫生部、公安部等五个党政部门发出《关于开展文明礼貌活动的通知》，支持这个倡议，要求把它作为建设社会主义精神文明的一件大事来抓。全国范围的“五讲四美”活动有力地推动了美育的实施。

1984 年 10 月，中华美学学会、全国教育学研究会和湖南人民出版社《美育》杂志编辑部，在湖南省张家界召开第一次全国美育座谈会。

1986 年 4 月 12 日，第六届全国人大第四次会议通过的《中华人民共和国国民经济和社会发展第七个五年计划》指出：“各级各类学校都要加强思想政治工作，贯彻德育、智育、体育、美育全面发展的方针，把学生培养成为有理想、有道德、有文化、有纪律的社会主义建设人才。”[1] 这次会议通过的《中华人民共和国义务教育法》虽未明确“美育”在教育方针中的地位，但李鹏在《关于〈中华人民共和国义务教育法（草案）〉的说明》中指出：“在中小学教育中，应当贯彻德、智、体、美全面发展的方针，适当进行劳动教育，使青少年儿童受到比较全面的基础教育。”[2]

1986 年 8 月 25 日，何东昌在全国高等学校音乐教育学会成立大会上指出：“没有美育的教育是不完全的教育。”[3] 1986 年 12 月 28 日，国家教委成立了艺术教育委员会，以推动全国各级各类学校美育工作的开展。

2. 20 世纪 90 年代（1990—1999）：重视美育。

进入 20 世纪 90 年代，美育作为全面发展的教育方针的一个组成部

[1] 中共中央文献研究室. 十二大以来重要文献选编（中）[M]. 北京：人民出版社，1986：1017.
[2] 欧少亭. 教育政策法规文件汇编：第一卷[M]. 延吉：延边人民出版社，2001：19.
[3] 何东昌. 何东昌论教育[M]. 北京：人民教育出版社，2009：106.

分，同时也是社会主义精神文明建设的一个组成部分，得到了各级领导，特别是中央领导同志的重视，并被明确载入了国家有关文件。

1991 年 9 月 4 日，第七届全国人民代表大会常务委员会第二十一次会议通过的《中华人民共和国未成年人保护法》第十三条规定："学校应当全面贯彻国家的教育方针，对未成年学生进行德育、智育、体育、美育、劳动教育以及社会生活指导和青春期教育。"[1]

1992 年 3 月 14 日，由国家教育委员会发布的《中华人民共和国义务教育法实施细则》第十九条规定："实施义务教育必须贯彻国家的教育方针，坚持社会主义方向，实行教育与生产劳动相结合，对学生进行德育、智育、体育、美育和劳动教育。"[2]

1993 年 2 月 13 日，由中共中央、国务院印发的《中国教育改革和发展纲要》提出"中小学要由'应试教育'转向全面提高国民素质的轨道"的要求，并指出"美育对于培养学生健康的审美观念和审美能力，陶冶高尚的道德情操，培养全面发展的人才，具有重要作用。要提高认识，发挥美育在教育教学中的作用，根据各级各类学校的不同情况，开展形式多样的美育活动"[3]。

1994 年 6 月 14 日，李鹏在全国教育工作会议上指出："中小学的美育（包括音乐、美术、劳作等）对全面提高学生素质，陶冶学生情操，培养全面发展人才，具有重要作用，应该切实加强。"[4] 1994 年 6 月 17 日，李岚清在全国教育工作会议上的总结讲话中也指出："要重视美育。学校的美育对于培养全面发展的人才具有重要作用，应该切实加强。"[5]

1995 年 3 月 18 日，第八届全国人大第三次会议通过的《中华人民共和国教育法》第五条规定："教育必须为社会主义现代化建设服务，必须与生产劳动相结合，培养德、智、体等方面全面发展的社会主义事业

[1] 中华人民共和国未成年人保护法（摘抄）[J]. 少先队小干部，2006（9）：68-71.
[2] 最高人民检察院《法律手册》编委会. 教育管理与学生维权常用法律法规精编[M]. 北京：中国检察出版社，2013：23.
[3] 中国教育改革和发展纲要[J]. 中国高等教育，1993（4）：8-17.
[4] 李鹏. 动员起来，为实施《中国教育改革和发展纲要》而努力[J]. 人民教育，1994（Z1）：6-10.
[5] 李岚清. 在全国教育工作会议上的总结讲话（摘要）[J]. 人民教育，1994（Z1）：11-17.

的建设者和接班人。”[1]

教育部1998年12月24日制定，国务院1999年1月13日批转的《面向21世纪教育振兴行动计划》规定：“体育和美育是素质教育的重要组成部分，要加强体育和美育工作。”[2]

1999年3月5日，朱镕基在第九届全国人大第二次会议的《政府工作报告》中强调指出：“大力推进素质教育，注重创新精神和实践能力的培养，使学生在德、智、体、美等方面全面发展。”[3]

1999年6月13日，《中共中央　国务院关于深化教育改革全面推进素质教育的决定》（中发〔1999〕9号）指出：“实施素质教育，就是全面贯彻党的教育方针，以提高国民素质为根本宗旨，以培养学生的创新精神和实践能力为重点，造就‘有理想、有道德、有文化、有纪律’的德智体美等全面发展的社会主义事业建设者和接班人。”“实施素质教育，必须把德育、智育、体育、美育等有机地统一在教育活动的各个环节中。学校教育不仅要抓好智育，更要重视德育，还要加强体育、美育、劳动技术教育和社会实践，使诸方面教育相互渗透、协调发展，促进学生的全面发展和健康成长。”“美育不仅能陶冶情操、提高素养，而且有助于开发智力，对于促进学生全面发展具有不可替代的作用。要尽快改变学校美育工作薄弱的状况，将美育融入学校教育全过程。中小学要加强音乐、美术课堂教学，高等学校应要求学生选修一定学时的包括艺术在内的人文学科课程。开展丰富多彩的课外文化艺术活动，增强学生的美感体验，培养学生欣赏美和创造美的能力。地方各级人民政府和各有关部门要为学校美育工作创造条件，继续完善文化经济政策，各类文化场所（博物馆、科技馆、文化馆、纪念馆等）要向学生免费或优惠开放，鼓励文化艺术团体到学校演出高雅健康的节目。农村中小学也要充分利用当地文化资源，因地制宜地开展美育活动。”[4]该文件明确提出美育是素质

[1] 中华人民共和国教育法[N]. 人民日报，2016-02-23.
[2] 面向21世纪教育振兴行动计划（摘要）[J]. 中国高等教育，1999（6）：3-12.
[3] 中共中央文献研究室. 十五大以来重要文献选编[M]. 北京：中央文献出版社，2011：693.
[4] 中共中央　国务院关于深化教育改革全面推进素质教育的决定[J]. 人民教育，1999（7）：4-8.

教育的有机组成部分，“对于促进学生全面发展具有不可替代的作用”。这是我国美育发展史上的一个重大转折，是对美育认识的一次质变。

3. 21 世纪初（2000 年以来）：强化美育。

进入 21 世纪，我国实施新一轮基础教育课程改革，学校美育得到了进一步强化。

2001 年 5 月 29 日公布的《国务院关于基础教育改革与发展的决定》（国发〔2001〕21 号）第 17 条规定：“实施素质教育，必须全面贯彻党的教育方针，认真落实《中共中央　国务院关于深化教育改革全面推进素质教育的决定》（中发〔1999〕9 号），端正教育思想，转变教育观念，面向全体学生，加强学生思想品德教育，重视培养学生的创新精神和实践能力，为学生全面发展和终身发展奠定基础。实施素质教育，促进学生德智体美等全面发展，应当体现时代要求。要使学生具有爱国主义、集体主义精神，热爱社会主义，继承和发扬中华民族的优秀传统和革命传统；具有社会主义民主法制意识，遵守国家法律和社会公德；逐步形成正确的世界观、人生观和价值观；具有社会责任感，努力为人民服务；具有初步的创新精神、实践能力、科学和人文素养以及环境意识；具有适应终身学习的基础知识、基本技能和方法；具有健壮的体魄和良好的心理素质，养成健康的审美情趣和生活方式，成为有理想、有道德、有文化、有纪律的一代新人。”[1]

教育部 2001 年 6 月 8 日印发的《基础教育课程改革纲要（试行）》（教基〔2001〕17 号）要求：“新课程的培养目标应体现时代要求。要使学生具有爱国主义、集体主义精神，热爱社会主义，继承和发扬中华民族的优秀传统和革命传统；具有社会主义民主法制意识，遵守国家法律和社会公德；逐步形成正确的世界观、人生观、价值观；具有社会责任感，努力为人民服务；具有初步的创新精神、实践能力、科学和人文素养以及环境意识；具有适应终身学习的基础知识、基本技能和方法；具有健壮的体魄和良好的心理素质，养成健康的审美情趣和生活方式，成为有理想、有道德、有文化、有纪律的一代新人。”[2]

[1] 国务院关于基础教育改革与发展的决定[J]. 人民教育，2001（7）：4-7.
[2] 基础教育课程改革纲要（试行）[N]. 中国教育报，2001-07-27（2）.

《2001—2010年全国基础教育课程改革的目标》也明确要求："改革过分注重课程传承知识的偏向，强调课程要促进每个学生身心发展，培养终身学习的愿望和能力。"[1]"新课程体系将全面贯彻国家教育方针，以提高国民素质为宗旨，以德育为灵魂，以培养学生创新精神和实践能力为重点，以发扬人文和科学精神为基点，努力造就'有理想、有道德、有文化、有纪律'的、德智体美等全面发展的社会主义事业建设者和接班人。"[2]"新课程体系强调培养学生健康的审美观和审美能力：树立健康的审美情趣，养成对自然美、社会美、科学美和艺术美一定的感受力、想象力和鉴赏力。乐于参与各种不同形式的健康的文化艺术活动，进行表现美、创造美的尝试和实践。"[3]

2010年审议并通过的《国家中长期教育改革和发展规划纲要（2010—2020年）》中提出"全面加强和改进德育、智育、体育、美育"的战略方针，要求"坚持能力为重。优化知识结构，丰富社会实践，强化能力培养。着力提高学生的学习能力、实践能力、创新能力，教育学生学会知识技能，学会动手动脑，学会生存生活，学会做人做事，促进学生主动适应社会，开创美好未来"。"坚持文化知识学习与思想品德修养的统一、理论学习与社会实践的统一、全面发展与个性发展的统一"，"加强美育，培养学生良好的审美情趣和人文素养"，"促进德育、智育、体育、美育有机融合，提高学生综合素质，使学生成为德智体美全面发展的社会主义建设者和接班人"。[4]

2013年11月12日，中国共产党第十八届中央委员会第三次全体会议通过的《中共中央关于全面深化改革若干重大问题的决定》明确要求"深化教育领域综合改革。全面贯彻党的教育方针，坚持立德树人，加强社会主义核心价值体系教育，完善中华优秀传统文化教育，形成爱学习、爱劳动、爱祖国活动的有效形式和长效机制，增强学生社会责任感、创

[1] 北京未来新世纪教育科学研究所. 新课程改革动态[M]. 呼和浩特：远方出版社，2006：2.
[2] 同[1]3.
[3] 同[1]5.
[4] 中共中央　国务院印发《国家中长期教育改革和发展规划纲要（2010—2020年）》[J]. 人民教育，2010（17）：2-15.

新精神、实践能力”。并专门提出“改进美育教学，提高学生审美和人文素养”[1]，该提法是此前相关文件所没有的。

2013 年 12 月，中共中央办公厅印发《关于培育和践行社会主义核心价值观的意见》，强调加强社会主义核心价值观的宣传教育。意见指出：“发挥精神文化产品育人化人的重要功能。一切文化产品、文化服务和文化活动，都要弘扬社会主义核心价值观，传递积极人生追求、高尚思想境界和健康生活情趣。提升文化产品的思想品格和艺术品位，用思想性艺术性观赏性相统一的优秀作品，弘扬真善美，贬斥假恶丑。加强对新型文化业态、文化样式的引导，让不同类型文化产品都成为弘扬社会主流价值的生动载体。加大对优秀文化产品的推广力度，开展优秀文化产品展演展映展播活动、经典作品阅读观看活动。完善文化产品评价体系，坚持文艺评论评奖的正确价值取向。完善公共文化服务体系，提供均等优质的文化产品，开展多姿多彩的文化活动，丰富群众精神文化生活。”[2]

2014 年 3 月，教育部在印发的《关于全面深化课程改革　落实立德树人根本任务的意见》（教基二〔2014〕4 号）中，提出全面深化课程改革的工作目标：“高举中国特色社会主义伟大旗帜，推动社会主义核心价值观进教材、进课堂、进头脑，着力培养学生高尚的道德情操、扎实的科学文化素质、健康的身心、良好的审美情趣，努力使学生具有中华文化底蕴、中国特色社会主义共同理想、国际视野，成为社会主义合格建设者和可靠接班人。”[3]随后，教育部基础教育二司负责人就该文件答记者问，在谈到新时期如何立德树人时，他指出立德树人内涵非常丰富。根据新时期的特点，“《意见》在要求培养学生高尚的道德情操、扎实的科学文化素质、健康的身心、良好的审美情趣的同时，突出强调要使学生具有中华文化底蕴、中国特色社会主义共同理想和国际视野，力求使

[1] 中共中央关于全面深化改革若干重大问题的决定[J]. 求是，2013（22）：3-18.

[2] 中共中央办公厅印发《关于培育和践行社会主义核心价值观的意见》[N]. 人民日报，2013-12-24.

[3] 教育部关于全面深化课程改革　落实立德树人根本任务的意见（摘编）[J]. 青海教育，2014（12）：4-5.

立德树人的方向性、民族性和时代性更加鲜明”[1]。

2015 年 9 月，国务院办公厅下发《关于全面加强和改进学校美育工作的意见》（国办发〔2015〕71 号），该文件指出：“美育是审美教育，也是情操教育和心灵教育，不仅能提升人的审美素养，还能潜移默化地影响人的情感、趣味、气质、胸襟，激励人的精神，温润人的心灵。美育与德育、智育、体育相辅相成、相互促进。党的十八届三中全会对全面改进美育教学作出重要部署，国务院对加强学校美育提出明确要求。近年来，经过各地、各有关部门的共同努力，学校美育取得了较大进展，对提高学生审美与人文素养、促进学生全面发展发挥了重要作用。但总体上看，美育仍是整个教育事业中的薄弱环节，主要表现在一些地方和学校对美育育人功能认识不到位，重应试轻素养、重少数轻全体、重比赛轻普及，应付、挤占、停上美育课的现象仍然存在；资源配置不达标，师资队伍仍然缺额较大，缺乏统筹整合的协同推进机制。”[2]该文件的指导思想是“全面贯彻党的教育方针，以立德树人为根本任务，落实文艺工作座谈会精神，按照国家中长期教育改革和发展规划纲要（2010—2020 年）要求，把培育和践行社会主义核心价值观融入学校美育全过程，根植中华优秀传统文化深厚土壤，汲取人类文明优秀成果，引领学生树立正确的审美观念、陶冶高尚的道德情操、培育深厚的民族情感、激发想象力和创新意识、拥有开阔的眼光和宽广的胸怀，培养造就德智体美全面发展的社会主义建设者和接班人”[3]。总体目标是“2015 年起全面加强和改进学校美育工作。到 2018 年，取得突破性进展，美育资源配置逐步优化，管理机制进一步完善，各级各类学校开齐开足美育课程。到 2020 年，初步形成大中小幼美育相互衔接、课堂教学和课外活动相互结合、普及教育与专业教育相互促进、学校美育和社会家庭美育相互联系

[1] 教育部正式印发《关于全面深化课程改革　落实立德树人根本任务的意见》[J]. 中国农村教育，2014（6）：7-8.

[2] [3] 国务院办公厅关于全面加强和改进学校美育工作的意见[J]. 中国德育，2015（23）：6-11.

的具有中国特色的现代化美育体系”[1]。该文件还就“构建科学的美育课程体系”“大力改进美育教育教学”“统筹整合学校与社会美育资源”“保障学校美育健康发展”等提出了意见。其中在“大力改进美育教育教学”中要求“将美育贯穿在学校教育的全过程各方面，渗透在各个学科之中。加强美育与德育、智育、体育相融合，与各学科教学和社会实践活动相结合。挖掘不同学科所蕴涵的丰富美育资源，充分发挥语文、历史等人文学科的美育功能，深入挖掘数学、物理等自然学科中的美育价值。大力开展以美育为主题的跨学科教育教学和课外校外实践活动，将相关学科的美育内容有机整合，发挥各个学科教师的优势，围绕美育目标，形成课堂教学、课外活动、校园文化的育人合力”[2]。

三、新课程呼唤语文美育

在深化教育改革、全面推进素质教育的大背景下，语文美育得到前所未有的重视。教育部 2001 年颁布的《全日制义务教育语文课程标准(实验稿)》[3]提出了全面提高学生的语文素养的要求，并将提高学生的审美情趣作为其中的重要内容。

《全日制义务教育语文课程标准（实验稿）》在第一部分前言的“课程的基本理念”中指出：“九年义务教育阶段的语文课程，必须面向全体学生，使学生获得基本的语文素养。语文课程应培育学生热爱祖国语文的思想感情，指导学生正确地理解和运用祖国语文，丰富语言的积累，培养语感，发展思维，使他们具有适应实际需要的识字写字能力、阅读能力、写作能力、口语交际能力。语文课程还应重视提高学生的品德修养和审美情趣，使他们逐步形成良好的个性和健全的人格，促进德、智、体、美的和谐发展。”

《全日制义务教育语文课程标准（实验稿）》在第二部分课程目标的“总目标”中要求：“1. 在语文学习过程中，培养爱国主义感情、社会主

[1][2] 国务院办公厅关于全面加强和改进学校美育工作的意见[J]. 中国德育，2015（23）：6-11.

[3] 以下引用的《全日制义务教育语文课程标准（实验稿）》均见：中华人民共和国教育部. 全日制义务教育语文课程标准（实验稿）[M]. 北京：北京师范大学出版社，2001.

义道德品质，逐步形成积极的人生态度和正确的价值观，提高文化品位和审美情趣。2. 认识中华文化的丰厚博大，吸收民族文化智慧。关心当代文化生活，尊重多样文化，吸取人类优秀文化的营养。3. 培植热爱祖国语言文字的情感，养成语文学习的自信心和良好习惯，掌握最基本的语文学习方法。4. 在发展语言能力的同时，发展思维能力，激发想象力和创造潜能。逐步养成实事求是、崇尚真知的科学态度，初步掌握科学的思想方法。5. 能主动进行探究性学习，在实践中学习、运用语文。6. 学会汉语拼音。能说普通话。认识 3500 个左右常用汉字。能正确工整地书写汉字，并有一定的速度。7. 具有独立阅读的能力，注重情感体验，有较丰富的积累，形成良好的语感。学会运用多种阅读方法。能初步理解、鉴赏文学作品，受到高尚情操与趣味的熏陶，发展个性，丰富自己的精神世界。能借助工具书阅读浅易文言文。九年课外阅读总量应在 400 万字以上。8. 能具体明确、文从字顺地表述自己的意思。能根据日常生活需要，运用常见的表达方式写作。9. 具有日常口语交际的基本能力，在各种交际活动中，学会倾听、表达与交流，初步学会文明地进行人际沟通和社会交往，发展合作精神。10. 学会使用常用的语文工具书。初步具备搜集和处理信息的能力。”

《全日制义务教育语文课程标准（实验稿）》还在义务教育的各个阶段围绕识字写字、阅读、写作（写话、习作）、口语交际、综合性学习等五个方面，分别提出了美育的具体任务和要求。

在识字写字方面，第一学段提出“初步感受汉字的形体美”的要求；从第二学段开始要求“能使用硬笔熟练地书写正楷字，做到规范、端正、整洁。用毛笔临摹正楷字帖”；第三学段要求能“在书写中体会汉字的优美”；第四学段则要能“临摹名家书法，体会书法的审美价值”。

在阅读方面，第一学段提出“阅读浅近的童话、寓言、故事，向往美好的情境，关心自然和生命，对感兴趣的人物和事件有自己的感受和想法，并乐于与人交流”，“诵读儿歌、童谣和浅近的古诗，展开想象，获得初步的情感体验，感受语言的优美”；第二学段提出“能复述叙事性作品的大意，初步感受作品中生动的形象和优美的语言”；第三学段提出“阅读诗歌，大体把握诗意，想象诗歌描述的情境，体会诗人的情感。受到优秀作品的感染和激励，向往和追求美好的理想”；第四学段则要求“欣赏文学作品，能有自己的情感体验，初步领悟作品的内涵，从中获得对自然、社会、人生的有益启示。对作品的思想感情倾向，能联系文化背景作出自己的评价；对作品中感人的情境和形象，能说出自己的体验；品味作品中富于表现力的语言”，“诵读古代诗词，有意识地在积累、感悟和运用中，提高自己的欣赏品位和审美情趣”。

在写作方面，第一学段要求“对写话有兴趣”；第二学段要求“注意表现自己觉得新奇有趣的或印象最深、最受感动的内容”，“尝试在习作中运用自己平时积累的语言材料，特别是有新鲜感的词句”；第三学段要求“能写简单的记实作文和想象作文，内容具体，感情真实”；第四学段要求“写作要感情真挚，力求表达自己对自然、社会、人生的独特感受和真切体验”，“根据表达的中心，选择恰当的表达方式。合理安排内容的先后和详略，条理清楚地表达自己的意思。运用联想和想象，丰富表达的内容”。

在口语交际方面，第一学段要求“与别人交谈，态度自然大方，有礼貌”；第二学段要求“能具体生动地讲述故事，努力用语言打动他人”；第三学段要求“表达要有条理，语气、语调适当”，“在交际中注意语言美，抵制不文明的语言”；第四学段要求“注意表情和语气，使说话有感染力和说服力”。

在综合性学习方面，第一学段要求学生能够对感兴趣的内容提问，用口头或图文等方式表达所见所得；第二学段要求“能在老师的指导下组织有趣味的语文活动，在活动中学习语文，学会合作”；第三学段要求“对自己身边的、大家共同关注的问题，或电视、电影中的故事和形象，组织讨论、专题演讲，学习辨别是非善恶”；第四学段要求“能自主组织文学活动，在办刊、演出、讨论等活动过程中，体验合作与成功的喜悦”。

《全日制义务教育语文课程标准（实验稿）》在第三部分“实施建议”的“教学建议”中强调：“培养学生高尚的道德情操和健康的审美情趣，形成正确的价值观和积极的人生态度，是语文教学的重要内容，不应把它们当作外在的附加任务。应该注重熏陶感染，潜移默化，把这些内容贯穿于日常的教学过程之中。”

作为一项具体要求，《全日制义务教育语文课程标准（实验稿）》还提出了“关于优秀诗文背诵推荐篇目的建议”，要求1—6年级学生背诵古今优秀诗文160篇（段），7—9年级学生背诵80篇（段），合计240篇（段）。

教育部2003年颁布的《普通高中语文课程标准（实验）》[1]提出了进一步提高学生的语文素养的要求，并将培养学生的审美能力作为语文教学的重要内容。

《普通高中语文课程标准（实验）》在“课程性质”部分指出：“高中语文课程应进一步提高学生的语文素养，使学生具有较强的语文应用能力和一定的语文审美能力、探究能力，形成良好的思想道德素质和科学文化素质，为终身学习和有个性的发展奠定基础。”

《普通高中语文课程标准（实验）》将“注重语文应用、审美与探究能力的培养，促进学生均衡而有个性地发展”作为高中语文课程的三大基本理念之一，并指出：“审美教育有助于促进人的知、情、意全面发展。文学艺术的鉴赏和创作是重要的审美活动，科学技术的创造发明以及社会生活的许多方面也都贯串着审美追求。未来社会更崇尚对美的发现、追求和创造。语文具有重要的审美教育功能，高中语文课程应关注学生情感的发展，让学生受到美的熏陶，培养自觉的审美意识和高尚的审美情趣，培养审美感知和审美创造的能力。”

《普通高中语文课程标准（实验）》在“课程目标”部分专列“感受·鉴赏”一项，要求学生“阅读优秀作品，品味语言，感受其思想、艺术魅力，发展想象力和审美力。具有良好的现代汉语语感，努力提高对古诗文语言的感受力。在阅读中，体味大自然和人生的多姿多彩，激发珍爱自然、热爱生活的感情；感受艺术和科学中的美，提升审美境界。通过阅读和鉴赏，深化热爱祖国语文的感情，体会中华文化的博大精深、源远流长，陶冶性情，追求高尚情趣，提高道德修养”。

《普通高中语文课程标准（实验）》规定高中语文课程包括必修课程和选修课程两个部分，必修课程包含“阅读与鉴赏”“表达与交流”两个

[1] 以下引用的《普通高中语文课程标准（实验）》均见：中华人民共和国教育部. 普通高中语文课程标准（实验）[M]. 北京：人民教育出版社，2003.

系列，选修课程设计五个系列："诗歌与散文""小说与戏剧""新闻与传记""语言文字应用""文化论著研读"。其中，"阅读与鉴赏"系列要求"学习鉴赏中外文学作品，具有积极的鉴赏态度，注重审美体验，陶冶性情，涵养心灵。能感受形象，品味语言，领悟作品的丰富内涵，体会其艺术表现力，有自己的情感体验和思考。努力探索作品中蕴涵的民族心理和时代精神，了解人类丰富的社会生活和情感世界"。值得注意的表述还有："在阅读鉴赏中，了解诗歌、散文、小说、戏剧等文学体裁的基本特征及主要表现手法。了解作品所涉及的有关背景材料，用于分析和理解作品。""诗歌与散文"系列要求"培养鉴赏诗歌和散文作品的浓厚兴趣，丰富自己的情感世界，养成健康高尚的审美情趣，提高文学修养。阅读古今中外优秀的诗歌、散文作品，理解作品的思想内涵，探索作品的丰富意蕴，领悟作品的艺术魅力。用历史眼光和现代观念审视古代诗文的思想内容，并给予恰当的评价"。"小说与戏剧"系列要求"培养阅读古今中外各类小说、戏剧作品（包括影视剧本）的兴趣，从优秀的小说、戏剧作品中汲取思想、感情和艺术的营养，丰富、深化对历史、社会和人生的认识，提高文学修养。形成良好的文化心态，学会尊重、理解作品所体现的不同时代、不同民族、不同流派风格的文化，理解作品所表现出来的价值判断和审美取向，作出恰当的评价"。

《普通高中语文课程标准（实验）》在"评价建议"中对文学类文本阅读评价、诗歌与散文的教学评价提出要求。文学类文本阅读的评价"要重视评价学生对作品的整体把握，特别是对艺术形象的感悟和文本价值的独到理解，鼓励学生的个性化阅读和创造性的解读。要重视评价学生对不同文体作品的阅读鉴赏能力，以及借助有关资料评介作品的能力"。诗歌与散文的教学评价要"以学生的审美能力、艺术趣味和欣赏个性作为评价的重点，如能否展开想象和联想，能否对作品的形象和意境产生感情的共鸣，能否发现作品的丰富内蕴和深层意义，是否对作品有独到的感受和创造性理解，是否具有批判质疑的能力等。可通过写读书报告、读书札记、评论鉴赏文章、举行朗诵表演等具体成果考察学生的诗歌散文鉴赏水平"。

《普通高中语文课程标准（实验）》在"附录"中列的选修课程，

除了“唐诗选读”“中外小说戏剧名著精读”，甚至还包括《人间词话》《歌德谈话录》等美学与文艺理论著作的选读。

2011 年 12 月，教育部印行《义务教育语文课程标准（2011 年版）》。2011 年版义务教育语文课程标准坚持了《全日制义务教育语文课程标准（实验稿）》的改革思路和基本理念，同时又根据社会、教育发展的需要和课程改革实验的情况，对《全日制义务教育语文课程标准（实验稿）》的各个部分，都进行了不同程度的修改和调整。《义务教育语文课程标准（2011 年版）》加强了社会主义核心价值体系在语文课程中的渗透，进一步突出了本次课程改革的核心任务——培养学生的社会责任感、实践能力和创新能力，进一步突出了语文课程的核心目标——学习祖国语言文字的运用，在培养学生审美情趣方面也有所加强。

2018 年开始执行的普通高中语文课程标准根据立德树人的基本要求，以全面提高学生的语文素养为目标，使学生通过阅读与鉴赏、表达与交流、梳理与探究的语文学习活动，在语言建构与运用、思维发展与提升、审美鉴赏与创造、文化传承与理解几个方面都获得进一步的发展。

2018 年开始执行的普通高中语文课程标准将“审美鉴赏与创造”列为语文核心素养之一，要求加强审美教育，让学生受到美的熏陶，培养自觉的审美意识和高尚的审美情趣，培养审美感知和创造表现的能力。所谓审美鉴赏与创造，是指学生在语文活动中体验、欣赏、评价、表现和创造美的能力及品质。语文活动是人形成审美体验、发展审美能力的重要途径。在语文学习中，学生是通过阅读鉴赏优秀作品、品味语言艺术而体验丰富情感、激发审美想象、感受思想魅力、领悟人生哲理，并逐渐学会运用口头和书面语言表现美和创造美，形成自觉的审美意识和审美能力，养成高雅的审美情趣和高尚的审美品位的。因此，审美鉴赏与创造是学生语文核心素养的重要组成部分，也是其语文素养形成和发展的重要表征之一。学生通过语文课程的学习，应该能感受汉语汉字独特的美，表现出热爱祖国语言文字的感情；能感受和体验语言文字作品所表现的形象美和情感美；能欣赏、鉴别和评价不同时代、不同风格的语言和文学作品，分析其思想情感和语言特点，具有正确的价值观、高雅的审美情趣和高尚的审美品位；能运用祖国语言文字表达自己的审美体验，表现自己对美好事物的情感、态度和观念，表现和创造自己心中的美好形象，具有创新意识。

总之，基础教育阶段的语文课程标准从理念到设计，从目标到实施，都以“提高学生的语文素养”为核心，语文审美教育的目标始终贯穿于语文课程体系之中，成为语文素养的整体形成和协调发展的重要因素之一。

四、语文美育研究的概况

蔡元培不仅是中国近现代美育的奠基人之一，也是最早论述学校中各学科美育的学者。他关于学科美育的论述，可以追溯至1912年发表的《对于教育方针之意见》。以语文学科为例，他说：“国语国文之形式，其依准文法者属于实利，而依准美词学者属于美感。其内容则军国民主义当占百分之十，实利主义当占其四十，德育当占其二十，美育当占其二十五，而世界观则占其五。”[1]他在1922年发表的《美育实施的方法》和1930年发表的《美育》等文中，将美育分为家庭美育、学校美育、社会美育三个方面，并反复强调“凡是学校所有的课程，都没有与美育无关的”[2]。“例如，数学中数与数常有巧合之关系。几何学上各种形式，为图案之基础。物理、化学上能力之转移，光色之变化；地质学的矿物学上结晶之匀净，闪光之变幻；植物学上活色生香之花叶；动物学上逐渐进化之形体，极端改饰之毛羽，各别擅长之鸣声；天文学上诸星之轨道与光学；地文学上云霞之色彩与变动；地理学上各方之名胜；历史学上各时代伟大与都雅之人物与事迹；以及其他社会科学上各种大同小异之结构，与左右逢源之理论；无不于智育作用中，含有美育之原素；一经教师之提醒，则学者自感有无穷之兴趣。其他若文学、音乐等之本属于美育者，无待言矣。”[3]

然而，蔡元培之后，学校学科美育并未得到教育界的广泛关注和普遍实施。直到20世纪80年代，伴随“美学热”的兴起，包括语文美育在内的学校学科美育才真正得到重视。一些语文教育工作者围绕语文美

[1] 蔡元培. 蔡元培美学文选[M]. 北京：北京大学出版社，1983：6.
[2] 同[1]155.
[3] 同[1]175.

育理论与实践进行了诸多探索，取得了丰硕成果。

20 世纪 80 年代至今，学界对语文美育的探索以是否承认语文美育学的独立学科地位为分类标准，可以分为以下两类研究路径。

第一类研究路径明确以“语文美育学”为研究对象。此类研究成果仅有杨德如等主编的《语文美育学导论》（中国科学技术大学出版社，1993 年版）和陈光宇主编的《语文美育学》（中国工人出版社，2004 年版）两部著作。

杨德如等主编的《语文美育学导论》是国内较早以“语文美育学”命名的专著之一。该书指出：“所谓‘语文美育学’，它是一门研究语文美育理论的科学，是‘审美教育学’的一个分支。”[1]全书讨论了语文美育的特征及目的任务，语文美育的内容、心理、原则、过程和方法，以及阅读教学、作文教学中的美育等问题。

陈光宇主编的《语文美育学》一书分为“原理篇”“内容篇”“方法篇”“借鉴篇”等四个部分。“原理篇”介绍了美育的内涵、特点和实施语文美育的意义。“内容篇”介绍了语文教材中的自然美、社会美、科技美、艺术美、优美与崇高、悲剧美和喜剧美、形式美、语言美。“方法篇”介绍了叶圣陶关于阅读教学和写作教学美育方法的论述，以及诗歌美育、散文美育、小说美育、戏剧美育、记叙文美育、说明文美育、议论文美育、古典作品美育、作文美育、板书图示美育的方法。“借鉴篇”介绍了马克思、蔡元培、苏霍姆林斯基、朱自清的美育思想和李吉林的情境教学。

以上两书虽都以“语文美育学”命名，但均未系统阐述语文美育作为一门学科的研究对象、理论基础和学科特点，从而赋予语文美育独立的学科地位；也没有深入讨论语文美育的审美主体、审美对象、审美活动，从而构建语文美育学应有的逻辑框架。由此带来了编写体例上的某种程度的随意性，以及对语文美育相关问题探讨的表面化。比如：《语文美育学导论》的第二章，将“语文美育内容”等同于“发掘语文教材中美的因素”，又将“发掘语文教材中美的因素”等同于语文教材中的自然美、社会美、艺术美。又如：《语文美育学》的编者在“内容篇”引入语言学

[1] 杨德如，等. 语文美育学导论[M]. 合肥：中国科学技术大学出版社，1993：1.

理论，说明语言具有“变异美”“色彩美”“模糊美”；而接下来的“方法篇”在论述各类文体的美育时，“内容篇”涉及的语言学理论并未得到充分运用。此外，因为《语文美育学》的编者未引入有效的文本解读理论，所以，尽管其认同语文教育是“工具性”与“人文性”的统一，但无法为语文教师提供能够真正反映语文教育本质和特点的美育教学方法。以该书编者谈到的小说美育方法为例，虽然此处针对教学提出要在“老师的分析引导下，达到的对情节的理性审视”[1]，但在具体论述时，并未对教师如何指导学生透过作品语言实现对意义的开掘提供具有可操作性的建议，相关分析仍呈现“工具性”与“人文性”相分离的特点。

第二类研究路径的共同点是将美学理论引入语文教学，尤其是在阅读教学当中，借鉴美学批评理论，对语文教材中的文学作品进行静态分析，同时关注语文教学过程中的审美活动，试图为语文教师实施美育提供建议。此类文献既包括专著，也包括论文。

韦志成著《中学语文美育》（广西人民出版社，1986年版）、饶祖天著《中学语文与审美教育》（上海教育出版社，1988年版）、曹利华著《语文教学与审美教育》（华夏出版社，1988年版）、彭华生著《语文美育艺术》（重庆出版社，1989年版）、王钦韶主编《琳琅满目的美的世界——语文课美学现象分析》（教育科学出版社，1989年版）等是较早问世的一批语文美育著作。这些著作首先将美学理论引入语文教学，或是讨论语文教材中的美学因素，或是引用语文教学的案例讲解美学原理，或是阐释语文教师的美学修养。

从20世纪90年代至今，正式出版的语文美育著作有四十余种，其研究主要有以下四种情况。

一是仍停留在将美学理论引入语文教学的水平，多侧重论证语文教材中诗歌、散文、小说、剧本的美学特征和阅读教学、写作教学、识字写字教学中的美学特点。如：王启帆主编《语文审美教育概论》（浙江美术学院出版社，1993年版），蒋均涛著《语文美学分析》（语文出版社，1994年版），许理绚、夏太富编《中学语文审美教育研究》（上海教育出

[1] 陈光宇. 语文美育学[M]. 北京：中国工人出版社，2004：248.

版社，1994 年版）等。

二是将语文美育作为教育美学的一个分支，着力阐释语文教育美学现象，揭示语文教育的美学规律。如：万福成、李戎著《语文教育美学论》（青岛海洋大学出版社，2001 年版），宋其蕤著《语文教学美学论》（广东教育出版社，2003 年版），杨道麟著《语文教育美学研究》（现代教育出版社，2011 年版）等。

三是注重探讨语文美育理论及与语文美育相关问题。如：张永昊、周均平著《感应与塑造——语文审美教育论》（青岛海洋大学出版社，1998 年版），蒋念祖编著《美育与中学语文教学》（东北师范大学出版社，2000 年版），黄良主编《美育与中学语文教学》（西南师范大学出版社，2001 年版），潘纪平著《语文审美教育概论》（湖北人民出版社，2005 年版），杨云萍著《语文美育和谐论》（湖南人民出版社，2010 年版）等。

四是专门探讨语文美育心理和写作教学美育等问题。如：彭华生、翟启明著《语文美育心理研究》（四川大学出版社，1998 年版），沈玉荣著《高中作文教学审美化研究》（苏州大学出版社，2011 年版）等。

此外，还有一些冠以“语文美育”的语文教学与语文美育研究论文的汇编。

自 20 世纪末以来，各高等学校研究生以语文美育作为研究对象的硕（博）士学位论文，也是语文美育研究的重要成果。华东师范大学徐春华的《中学语文美育研究》（1999）是已见最早研究语文美育的硕士学位论文。截至 2016 年底，收入中国知网（CNKI）数据库的有关语文美育的硕（博）士学位论文已超过 300 篇。这些学位论文论述的范围主要涉及中小学和中职语文课程、教材、教学中的美育问题。

有的学位论文能够从宏观视野出发，整合中西方前辈学人的相关研究成果作为自身研究的理论依据，对语文美育的内涵、意义与实践途径进行探讨。如：辽宁师范大学薛猛的博士学位论文《高中语文审美教育个性化研究》（2014）、扬州大学万潇潇的硕士学位论文《论语文美育与人格塑造》（2004）、南京师范大学刘超的硕士学位论文《高中语文美育的困境和突破》（2013）、上海师范大学陈文霈的硕士学位论文《高中语文审美教育的实践研究》（2014）等。有的学位论文单独针对语文美育范畴中的文学作品或其中的某一文体展开研究，如：福建师范大学涂元伟的硕士学位论文《高中语文现代诗歌的审美教育研究》(2008)、华东师范大学詹雪的硕士学位论文《高中语文文学作品教学和审美教育》(2010)、重庆师范大学王晓婷的硕士学位论文《高中语文古典诗歌美育研究》(2013)等。还有的学位论文选取了较为独特的研究视角，弥补了语文美育研究的空白，如：湖南师范大学杨云萍的博士学位论文《审美与审丑——感性学意义下的语文美育研究》(2008)、南京师范大学沈虹的硕士学位论文《试论蔡元培美育思想及其对当前语文教育的启示》(2004)、山东师范大学董立政的硕士学位论文《民国时期小学语文教科书的美育观念研究》(2015)等。

据中国知网（CNKI）检索，有关语文美育的期刊论文始于20世纪80年代初。向可语的《试谈语文课中的美育》(《南充师院学报》，1981年第4期）是已见最早论述语文美育的论文之一。20世纪80年代至90年代初，每年发表的语文美育期刊论文都在20篇以内，至20世纪90年代中期开始逐渐增多，进入2000年以后则进一步增加到每年数十篇甚至百余篇。截至2016年底，各类期刊发表的语文美育论文累计已超过2000篇。

近30多年语文美育研究的持续开展，语文美育研究著作的出版与研究论文的发表，丰富了语文美育的理论，推动了语文美育的实践。随着2015年9月15日国务院办公厅《关于全面加强和改进学校美育工作的意见》(国办发〔2015〕71号）文件的颁发，国务院对加强学校美育提出明确要求；2016年9月13日，中国学生发展核心素养研究成果发布会在北京师范大学举行，中国学生发展核心素养框架及语文学科核心素养的提出，对美育与语文美育研究也提出了新的更高的要求。

五、语文美育学科的创新

审视以往的语文美育研究，其在理论与实践方面都存在有待改进、拓展的空间。

一是以往的语文美育研究在理论的引入上多少带有主观随意性。

在20世纪80年代以来的语文美育理论研究中，学界不约而同地显示出对美学理论的重视。尽管美学理论对语文教材中的文本，尤其是文学文本之美的发掘确有指导作用，但在对文本进行深入解读时，从理论出发而非从文本实际出发，忽视西方美学理论与语文教材中经典文本之间的隔膜，极易造成分析流于空洞的赞美，难以发掘丰富、复杂的语文美。比如，有论者引入西方美学强调艺术营构整体性的“完形”理论对朱自清的散文《背影》的艺术魅力进行分析，认为应当遵循从整体到部分，再从部分到整体的美学原则。论者分析道：“首先从整体上了解这篇散文意境构成的主体形象，把握意境营构的轮廓，感受作者倾注的由衷诗情的基调，也就是要明确本文是以追忆父亲、抒写父亲、表现‘父爱’为主题的。作者抓住父亲一个特定的‘背影’形象，作为创造意境的构图中心，凭借其营构，布设全文意境的轮廓，显露抒情的微波洪涛，表达对父亲的深切怀念之情。”随后的分析，则从整体到部分，将文章按线性时间顺序分为四个层次，逐一对文本进行概述，最后总结道：“作者布设的‘背影’这个意境营构的主体形象，就像一块礁石，感情浪花的每一次撞击，都产生同中有异、异中有同的波纹，显示着感情旋转向前、变化腾挪的流程，诗意浓烈地画出抒情的波澜，强化了整个意境的感染力。”[1]实际上，对于散文这一特定文体而言，仅仅从结构层面进行整体和部分的区分，距离其真正的艺术奥秘尚有距离。此外，散文的审美规范与诗歌所具有的“诗意”“意境”“抒情”等特征也应当有所区别。这一现象的产生，与长期以来学界未将语文美育作为一门独立学科进行科学全面的理论建构密切相关。

作为一门具备独立研究价值的学科，语文美育理论的建构既是基础也是关键。回顾学界以往的语文美育研究，不难发现，这些研究很少立足于语文美当中的语言、文字、文章、文学等丰富的资源本身。譬如，对于语文美的分析，往往简单套用《文学概论》《美学概论》的说法，将语文美等同于文本表达的自然美、社会美、艺术美。语文美育作为一门学科，亟待立足语文学科的特性，对理论进行多元化的吸纳借鉴。在这一过程中，作为美育理论基础的哲学、美学、心理学等理论的引入不可

[1] 万福成，李戎. 语文教育美学论[M]. 青岛：青岛海洋大学出版社，2001：211.

或缺，作为语文美育理论基础的语言学、阅读学、写作学等相关理论的整合同样不可或缺。

早有论者关注到语言学知识的引入对语文美育实践的指导作用。1980年，苏灵扬强调，“语文还担负着美育方面的任务”，但这种任务“与课文有血肉联系”，不能离开课文“牵强附会地任意发挥”[1]。1993年，童庆炳撰文指出要在语文美育的过程中，使得针对课文的字、词、句、篇章结构的表层分析，“推进到深层的意味、意蕴的审美理解”[2]。

尽管有论者意识到语音、词汇、语法和修辞等理性知识对形成艺术化语感所能起到的作用，但并没有人立足于语文美育的实际，对相关的语言学理性知识进行梳理整合。一方面，由于引入的理论带有随意性，缺乏必要的理据，对于丰富多彩的语文美的解释力极为有限；另一方面，论者多采用理论先行的研究路径，文本分析仅仅为了验证理论，这也使语文美的分析受到限制。如在《美育与中学语文教学》一书中，编著者指出了培养艺术化言语语感的六条途径，分别为“积累生活表象”“丰富情感体验”“提高文化素养”“学会比较对照”“激发联想、想象”“重视吟诵”。其中，语言学知识仅零星分布于“学会比较对照”“重视吟诵”两个方面的具体论述中；又因论述需服从对语感论的关注，故在进行具体“比较对照”时，该书认为区分不同的语体风格即可保证语感内容的系统性[3]。

詹雪在其硕士学位论文《高中语文文学作品教学和审美教育》中把文学作品的语言美分为“音乐美”“色彩美”“自然景物之美”[4]。显然，将“自然景物之美”也归入语言美之列稍显牵强。在具体论述“色彩美”时，作者仅举例并简要分析了文学作品中的色彩词给读者带来的视觉感受。而从现代汉语词彩学的角度来看，汉语言的色彩美并不局限于视觉形象色彩，还包括感情色彩、风格色彩、语体色彩等诸多类型。同时，语言文字又是形音义的结合体，只谈及“音乐美”，且将修辞格也列入“音乐美”

[1] 苏灵扬. 谈谈语文教学与改革的几个问题[J]. 湖南教育，1980（12）：18-21.
[2] 童庆炳. 语文教学与审美教育[J]. 北京师范大学学报，1993（5）：96-102.
[3] 蒋念祖. 美育与中学语文教学[M]. 长春：东北师范大学出版社，2000：213-220.
[4] 詹雪. 高中语文文学作品教学和审美教育[D]. 上海：华东师范大学，2010.

之中进行讨论，似不准确。

再如，《语文美育理论与实践》一书，相比其他专著尤其关注修辞学知识对语文美育的借鉴意义，设专篇探讨“修辞审美”。作者围绕比喻、借代、夸张、拟人、移就等5种修辞格，在每一修辞格之下，列举不同题材的文学作品词句、段落进行例证[1]。实际上，在谭学纯等主编的《汉语修辞格大辞典》中，各类修辞格逾200种，能构成语文美育分析对象的修辞格远不止《语文美育理论与实践》列出的5类。另外，对修辞格审美价值的探讨，是“修辞化的‘说法’和‘写法’”的研究，属于狭义修辞学范畴。当前，中国修辞学的研究已打通学科界限，由传统的修辞技巧研究层面，拓展至“修辞诗学：修辞作为文本的建构方式（修辞化的‘说法’或‘写法’影响、甚至支配了语篇层面的章法）”和“修辞哲学（修辞化的‘说法’或‘写法’影响、甚至支配了修辞主体的活法）”两个维度[2]。因此，对于语文美育而言，似不应忽视语篇的修辞审美，而将分析范畴局限于修辞格层面。

二是以往的语文美育研究在实践的操作上大多未能全方位关注义务教育阶段语文学习内容。

20世纪80年代以来的语文美育实践研究中，学界大多存在重文学作品轻实用文章，重阅读写作（尤其是阅读）轻识字写字与口语交际，重教材分析轻语文教学其他环节的倾向。无论是专著还是论文，都尚未见有论者把义务教育阶段语文学习的全部内容，即识字写字、阅读、写作、口语交际、综合性学习等板块全部纳入研究范围。仅有在实践层面关注语文“听说活动美”的专著，是万福成、李戎所著的《语文教育美学论》，但相关篇幅较为简短。如单独针对“说话活动美”，作者提出“讲究思路或思维流畅美”、“讲究节奏美，注意语速和停顿”和“讲究情感美”三个方面的建议[3]。万潇潇的《论语文美育与人格塑造》在“语文美育塑造人格的途径与方法”一章，结合2001年颁布的《全日制义务教育语文课程标准（实验稿）》和2003年颁布的《普通高中语文课程标准（实

[1] 吴俊. 语文美育理论与实践[M]. 成都：西南交通大学出版社，2013：194-244.
[2] 谭学纯. 广义修辞学演讲录[M]. 上海：上海三联书店，2012：29.
[3] 万福成，李戎. 语文教育美学论[M]. 青岛：青岛海洋大学出版社，2001：289.

验）》，对包括口语交际教学在内的语文学科各个板块的美育提出了具有可操作性的建议[1]。这是较早论及口语交际教学美育的一篇硕士论文。截至2016年底，在中国知网（CNKI）数据库收录的数百篇有关语文美育的硕（博）士学位论文中，竟无一篇是专门论述口语交际教学美育的论文。

任何一门学科的出路都在于创新，语文美育学科也不例外。20世纪80年代以来语文教育工作者对语文美育理论与实践的研究，为我们留下了可供借鉴的丰硕成果，同时也留下了继续探索、推进的空间。通过对以往语文美育研究的梳理，我们认为，当前语文美育学科的创新特别要关注以下三个方面。

首先，真正将语文美育作为一门学科研究，注重语文美育学自身的特点，尝试在更为广阔的学术视野下，建构本学科的理论基础。为此，本书将重点从哲学、美学、教育学、心理学、语言学、阅读学、写作学等七个层面，力求全面、系统、科学地建构语文美育学科的理论基础。

其次，完善对以往美育目的和任务的表述，重新概括语文美育的目的和任务。与以往语文美育著作相区别，本书不再将美育的任务局限于审美能力的培养，而是旗帜鲜明地提出审美意识的重建，并将其作为语文美育的首要任务。本书提出应当从审美观、审美情趣、审美文化修养、高尚的人生态度等四个维度重建审美意识的观点。此外，本书还从审美主体的视角出发，论述审美意识的特殊形式——美感，分析美感的层次性。

再次，从语文美育学的视角出发，全面考察语文美育学科诸问题，涉及审美主体、审美对象、审美活动、审美环境，以及教师的审美修养等方面。例如，本书不再满足于从自然美、社会美、艺术美的角度分析语文美，而是立足语文美育学科本身，从语言、文字、文章、文学的角度考察语文美，并从语文美育学的角度论述语文教学的审美化问题。

作为一本新出的语文美育学著作，本书始终关注国家教育部义务教育阶段和高中阶段最新语文课程标准对语文美育的指引作用。“语文课程标准是国家对基础教育阶段语文课程进行基本规范的纲领性文件，是编写语文教材、组织语文教学、进行语文课程与教学评估以及考试命题的

[1] 万潇潇. 论语文美育与人格塑造[D]. 扬州：扬州大学，2004.

依据”[1]，自然也是语文美育的重要依据。比如，2001 年颁布的《全日制义务教育语文课程标准（实验稿）》与《义务教育语文课程标准（2011 年版）》，都从识字写字、阅读、写作、口语交际、研究性学习等五个方面提出语文教学的要求。据此，本书也将从这五个方面讨论语文美育教学实践。再如，2018 年开始执行的普通高中语文课程标准提出了培养学生语文核心素养的价值取向，本书在讨论语文美育实践时，也尽可能将语言、思维、审美、文化等语文核心素养的基本元素渗透其中。

[1] 徐林祥. 中学语文课程标准与教材研究[M]. 北京：高等教育出版社，2016：33.

第一章　语文美育学的研究对象、理论基础和学科特点

语文美育学要建构起独立的研究框架与话语体系，需植根于“语文”的土壤。在立足语文学科特性的基础上，以何种理论建构语文美育学的理论框架，将影响语文美育学的价值取向。只有以科学的理论为基础，语文美育在实践层面的动态生成才可能真正落到实处。

第一节　语文美育学的研究对象

美是无处不在的，美育也是无处不在的，无论是在中国还是在西方，人类的美育思想和美育活动早在古代就已产生了，可以说，美育是与人类的文明史同时开始的，并随着人类社会的发展而发展。但是，将美育作为一门学科来研究，如果从席勒的《美育书简》算起，只有200多年的历史。美育学与语文美育学都有自己特定的研究对象。

一、美育学的研究对象

每一门学科都有它自己相对特殊和稳定的研究对象。美育学涵盖了美育活动的整个过程和范围，可以说，美育学是美育活动的科学总结，又是美育活动的理论基础。美育活动作为一种独特的教育形态，有它自己的特殊性质和规律，这正是美育学科的立足点。美育活动的特殊性质是指美育活动区别于其他教育形态的特点。例如，美育也是育人的活动之一，它也服务于促进人的素质的全面提高，这是它的一般属性；但是，美育主要是从感性的层面对人进行教育的，它是通过促进人的审美发展来服务于人的素质的全面提高的，这就是美育的特殊性质。美育活动的规律是指美育活动必须遵循的客观原则。例如，审美主体与审美客体相适应的原则、审美情感与审美认识相统一的原则、审美理论与审美实践相结合的原则，等等。对美育活动特殊性质和美育活动规律的探讨使美育学真正具备了它自己的特殊和稳定的对象，这种探讨贯穿美育活动的目的、任务、主体、客体、方法和途径等方面。因此，揭示美育活动的特殊性质和规律是美育学的理论核心。

美育学是研究审美教育活动及其规律的科学。美育学既是一门独立的学科，又是一门与多种学科相关的中间学科和边缘学科，美育学与其他学科相结合，又可派生出若干分支学科。美育学的分支学科主要有美育哲学、美育心理学、美育史及各学科美育学等。美育哲学研究美育的本质、特征、目的、任务、功能等。美育心理学研究美育的心理学依据和基础、美育心理过程的特点和对受教育者可能产生的种种心理影响等。美育史研究古今中外美育理论和实践的发展史。美育学与语文、数学、物理、化学等学科教育学结合，又可以形成语文、数学、物理、化学等学科美育学。美育学与哲学、心理学、历史学及各学科教育学等虽然是各自独立的学科，但又都有着密切的联系。一方面，哲学、心理学、历史学及各学科教育学为美育学的研究提供了世界观和方法论、现代心理科学和教育科学的依据、深广的历史背景及各学科教育学的支撑；另一方面，美育学的研究成果也丰富和深化了哲学、心理学、历史学及各学科教育学的内容。广泛涉猎哲学、心理学、历史学及各学科教育学的知识，对学习和研究美育学很有益处。

二、语文美育学的研究对象

语文美育学是美育学与语文教育学的交叉学科，是研究语文学科审美教育活动及其规律的科学。语文美育学作为一门新兴交叉学科，其理论框架和范畴体系正处在创建和完善阶段。如何利用语文学科的资源，结合语文教育的特点来实施美育，探讨语文美育活动的规律和特点，比如语文美育的客体研究，阅读教学、写作教学、口语交际教学中的美育问题研究等，是语文美育学研究的重点。语文美育学这一研究重点的确定，是与语文美育的实践相吻合的，即语文美育既涵盖对蕴含独特审美奥秘的静态语料的分析——这些语料是语文教学过程中师生面对的重要审美对象，又包括将静态分析的成果融入语文课堂教学各个环节的动态生成，进而促进学生审美鉴赏与创造能力的提高。

语文美育学主要研究以下问题：语文美育的目的和任务，语文美育活动中的审美主体，语文美育活动中的审美客体（语文美），语文美育活动（识字写字教学的审美化、阅读教学的审美化、写作教学的审美化、口语交际教学的审美化、综合性学习和研究性学习的审美化），语文学习环境与审美，语文教师的审美修养等。语文美育学的研究对象表明，语文美育学又是一门针对性强、目的性明确、与语文教学实践直接相关的应用学科。

语文课程是一门学习祖国语言文字运用的综合性、实践性课程。《中华人民共和国国家通用语言文字法》规定“国家通用语言文字是普通话和规范汉字”。汉语是中华民族的通用语，也是绝大多数中国人的母语。语文学科核心素养的四个方面，“语言建构与运用”是祖国语言的建构与运用，主要是“汉语言建构与运用”；“思维发展与提升”重在语言思维的发展与提升，主要是“汉语言思维发展与提升”；“审美鉴赏与创造”重在语言审美的鉴赏与创造，主要是“汉语言审美鉴赏与创造”；“文化传承与理解”重在语言文化的传承与理解，主要是“汉语言文化传承与理解”。其中，“汉语言建构与运用”是整个语文学科核心素养的根基，既是“汉语言思维发展与提升”的途径，也是“汉语言审美鉴赏与创造”“汉语言文化传承与理解”的基础。语文学科的“思维发展与提升”“审美鉴赏与创造”“文化传承与理解”应当在“语言建构与运用”的过程中达成[1]。“汉语言思维发展与提升”是整个语文学科核心素养的中心，既是“汉语言建构与运用”的支撑，又是“汉语言审美鉴赏与创造”“汉语言文化传承与理解”的核心。“汉语言审美鉴赏与创造”是“汉语言文化传承与理解”的重点。“汉语言审美鉴赏与创造”与“汉语言文化传承与理解”均是整个语文学科核心素养的重要组成部分（见下图）。语文美育应当致力于学生汉语言审美鉴赏与创造能力的培养，进而推动学生语文学科核心素养的全面提升。

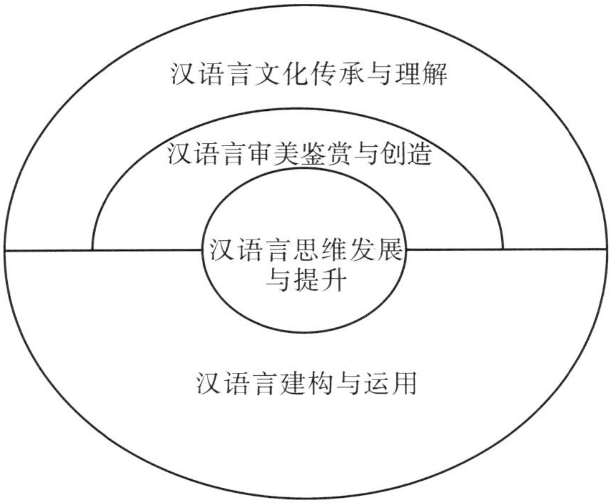

[1] 徐林祥，郑昀. 基于语文核心素养的“语用热”再认识[J]. 全球教育展望，2016（8）：14-23.

第二节　语文美育学的理论基础

语文美育学理论是一个跨学科的、多元的结构体系，是一个不断生成的、充满活力的开放系统。当然，跨学科的、多元的结构体系，又是有共同关注的焦点的、有边界的，这就是语文美育。语文美育学作为美育学的分支学科，与美育学一样，是建立在马克思主义关于人的全面发展的学说、作为生存范畴的审美价值论和现代素质教育思想的基础之上的。同时，也是建立在人本主义心理学基础之上的。并且，语文美育，尤其是阅读与写作教学的美育，需要有科学有效的理论作为支撑。走入我们视野的理论有语言学理论、阅读学理论和写作学理论。

一、哲学基础

哲学是关于世界观的学问，是人们对整个世界（自然界、社会和思维）的根本看法的理论体系。语文美育学必须以马克思主义哲学作为最根本的指导思想。在马克思主义的经典著述中，与美育关系最密切，对美育学的研究最具有直接指导意义的，是关于人的全面发展的学说。马克思主义关于人的全面发展的学说是包括语文美育学在内的全部美育科学的哲学基础。

纵观人类思想史和教育实践，美育理论总是同各种关于人的全面发展的理想紧密相连的。任何思考人类自身生存与发展问题的理论，总是不同程度地涉及审美（或艺术）的人生价值，涉及美育的哲学问题；一切旨在全面开发青少年各种潜能的教育，总把美育置于相当重要的地位。文艺复兴时期，人文主义教育以培养“全人”为理想，十分重视开发人的艺术潜能，强调美育的作用。空想共产主义者也从人的全面发展观出发，肯定美育的重要价值，认为要为社会培养出适应和谐制度生活的全面发展的公民，就得发展美育。席勒的人本主义立场使他由对近代社会的批判和对完整人格的追求进入对美育学的思考，并以人的全面和谐发展为基点提出了较为完整的美育理论。

马克思主义诞生以后，革命导师们在谈到共产主义理想和培养共产主义新人时，非常强调人的全面自由的发展。“马克思主义是从逻辑和历史两个方面来论述‘人的全面发展’的内涵的。”[1]首先，马克思主义对于人的全面发展的理解是从人与动物相区别的本质特征入手的。人有两种属性，一是人的自然属性，二是人的社会属性。人之所以为人，关键不在于人的自然性，而在于人的社会性。“人的本质并不是单个人所固有的抽象物。在其现实性上，它是一切社会关系的总和。”[2]人的需要和能力是人类活动发生和发展的主体依据，人在实践活动中所体现出来的各种需要与能力的总和，构成了人的本性的基本内涵，也就是人的全面发展的基本内容。因此，人的全面发展的第一个逻辑规定是人的需要与能力的全面发展。其次，人的需要与能力的全面发展又必须以人与自然、个体与社会的关系的协调为前提。只有在人与自然、个体与社会的协调和谐关系真正形成的理想社会，人的全面发展才可能充分实现，这是对人的全面发展的第二个逻辑规定。再次，人类的发展是一个历史过程。一方面，人的潜能的丰富性和全面性是无限的；另一方面，人的发展又总被限定在一定的历史水平上。所以，人的全面发展是无限与有限的辩证统一。

马克思在《资本论》中认为：“我们把劳动力或劳动能力，理解为人的身体即活的人体中存在的、每当人生产某种使用价值时所运用的体力和智力的总和。”[3]这里，马克思是从政治经济学角度，在阐述劳动力应有的素质时论及人的全面发展的。人的全面发展，应该是人的体力和智力的全面发展，也就是人的体力与整个精神世界都全面发展。人的精神活动、心理活动，主要是知（认识）、情（情感）、意（意志）三个部分，所以我们通常把人的全面发展看作是德智体美的全面发展。一个和谐自由发展的个性，应该有健康的体魄和完善的智力结构、道德意志结构和审美心理结构。

人的全面发展作为马克思主义的最高人格理想和价值目标，与人的个性发展是一致的。所谓人的全面发展，也就是人所应该具有的素质的

[1] 杜卫. 美育学概论[M]. 北京：高等教育出版社，1997：11.
[2] 马克思，恩格斯. 马克思恩格斯选集：第1卷[M]. 北京：人民出版社，1972：18.
[3] 马克思，恩格斯. 马克思恩格斯全集：第23卷[M]. 北京：人民出版社，1972：190.

全面提高和和谐统一。这正是人的个性得以更好发展的基础。人的个性是由个人的自身条件与特定生活环境所造成的。良好的富有创新精神的个性，对一个人取得事业上的成就具有重要的意义。所以，马克思主义不仅重视人的全面发展，而且非常重视人的个性发展，强调要尊重人的个性与自我价值。

以马克思主义关于人的全面发展学说作为美育学的哲学基础，对我们正确认识美育的本质特征与功能价值具有十分重要的意义。美育所关注的是人的生存与发展，它以人的需要与能力可以而且应该得到全面发展为宗旨，其基本的价值在于满足和提高人的审美需要，提高人的精神素养，使人的审美生活成为可能。它的价值取向首先在于人自身，在于人的生存发展的可能与完满。在这个意义上，我们可以说，美育的目的与人的全面发展的理想是根本一致的。所以，以马克思主义关于人的全面发展学说为指导来认识和研究美育，是把握美育基本性质与功能的必要前提。

二、美学基础

美学，又称审美学，是研究人类审美活动及其规律的科学。审美是一个广阔的领域，可以从不同的角度去审视、描述或界定。但是，从根本上说，审美是人的一种基本的生存方式，属于生存范畴。这不仅由于人的最基本活动是生存活动，而且还由于审美的最终意义在于其人生价值。美育学作为审美育人的学科，必然以审美的人生价值为理论出发点之一。作为生存范畴的审美价值论是包括语文美育学在内的全部美育科学的美学基础。

中国美学的一大特点就是把审美当作一种生存方式，一种人生境界。中国美学着力探究的不是美为何物，而是审美对人生有何意义。因而在中国美学中，审美从根本上看是一个生存范畴。以孔子为代表的儒家美学和以庄子为代表的道家美学，追求审美的人生价值，追求人生境界与审美境界的高度一致，这使得中国美学自诞生之时就充满了温暖的人文关怀。[1]

[1] 徐林祥. 中国美学初步[M]. 广州：广东人民出版社，2001：3-82.

孔子的美学思想主要是探讨审美和艺术在社会生活中的作用。孔子全部思想的核心就是如何学会做人，包括选择一种生活方式和追求一种人生境界。孔子的“仁学”要求把道德内化为个体的自发要求，使人从内心深处向往“仁”，自发地实践伦理原则，并以此为“乐”。孔子说：“知之者不如好之者，好之者不如乐之者。”[1]“知之”为认知的态度，“好之”为情感的态度，“乐之”为审美的态度。孔子认为认知的态度不如情感的态度，情感的态度不如审美的态度。“知”和“好”均外在于个体生命；唯有“乐”，才是个体生命得以实现的生存状态。在孔子看来，理想的生活方式和人生境界，就是这种“仁”的生活方式和人生境界。人生的价值就体现在追求这种“仁”的生活方式和人生境界的过程中，如曾子所言：“士不可以不弘毅，任重而道远。仁以为己任，不亦重乎？死而后已，不亦远乎？”[2]这种“仁”的生活方式和人生境界与物质财富的多寡是无关的。孔子自称：“饭疏食，饮水，曲肱而枕之，乐亦在其中矣。不义而富且贵，于我如浮云。”[3]孔子称赞颜回：“一箪食，一瓢饮，在陋巷，人不堪其忧，回也不改其乐。贤哉，回也！”[4]孔子这里所说的“乐”，不是肉体的感官的快感和享受，而是精神的审美的愉悦和享受。这是一种超越物质利益的心灵的坦荡和宁静，所以虽然处于恶劣的生活环境中，他还是“乐”。孔子自称：“其为人也，发愤忘食，乐以忘忧，不知老之将至云尔。”[5]他把“乐以忘忧”作为自己追求“仁”的生活方式和人生境界的体现。

庄子学说论证了“道”的无限性、绝对性和永恒性，更重要的是论证了得道之人（如《庄子》中所称颂的至人、神人、圣人等）在精神上的无限性、绝对性和永恒性。庄子将老子本体论意义上的“道”引向人生，使心灵与“道”契合。这种契合，就其总的倾向看，不是偏于养生，而是着重于精神的自由与解放。要达到与“道”契合，必须虚静无为。正是在这一心态特征上，将对“道”的体认与审美融汇在一起，构成“天

[1] 朱熹. 四书集注[M]. 长沙：岳麓书社，1985：115.
[2] 同 [1] 132.
[3] 同 [1] 124.
[4] 同 [1] 113.
[5] 同 [1] 125.

人合一”的境界，使个体的小我摆脱其现实有限的束缚而及于生生不息的宇宙大生命之中。庄子的代表作《逍遥游》就阐释了这种人生自由的境界，即在个体内心敞开一个境界，一种自由自在、澄明透彻的心境。它是最美妙的生存状态，同时，它又类似于由审美态度、审美观照、审美体验、审美愉悦等综合构成的审美心境。庄子是在对人生意义的探求中达到这种境界的，他把目光集中于宇宙生命本体，集中于理想人生，集中于个体内心体验的极致。他发现，只有以审美的心境去观照万物，体察人生，才能体悟到生命的真正意义，才能实现个体的自由生存。

20世纪90年代以来，中国美学以审美为生存方式和人生境界的特点，已为许多美育研究工作者所关注。一些学者认为“审美教育本质上是一种生命教育和情感教育”，“其核心是培养教授对象的生命意识”[1]；“美育的任务是全面地培养人，提高人的素质，通过爱美的教育，培养人们热爱生活，追求真善美相结合的人生境界”[2]。这种理论认为：美育的根本宗旨是对人的生命的关怀，对人生的关切。它使人体悟生命的真正意义，开创生存的情感空间，追求人的精神自由和解放，发挥人的本质力量，实现人格的完整，以达到审美化、艺术化的人生境界。这种生存论美育观既是对我国古典美学思想的继承和发扬，也是新形势下对当代新人文精神的倡导和升华。

三、教育学基础

教育学是研究教育现象及规律的科学。美育学作为审美育人的学科，也必然要以教育学为理论出发点之一。现代素质教育思想是包括语文美育学在内的全部美育科学的教育学基础。

教育是培养人的一种社会活动，是传承社会文化、传递生产经验和社会经验的基本途径。学校教育是教育者根据一定的社会要求，有目的、有计划、有组织地对受教育者的身心施加影响，期望他们发生某种变化的活动。教育要提升人的地位，即要发现人的价值，发掘人的潜能，发

[1] 徐碧辉. 美育：一种生命和情感教育[J]. 哲学研究，1996（12）：58-63.
[2] 杨辛，等. 青年美育新编[M]. 北京：北京大学出版社，1998：34.

挥人的个性，实质上就是要实施素质教育，培养和提高受教育者的素质。

“素质”原本是心理学的概念，指人先天具有的解剖生理特点，主要是感觉器官和神经系统方面的特点。它由遗传获得，故又称“遗传素质”。而现代教育学范畴中的“素质”既包括人的这种先天性禀赋，又包括人在社会、文化等方面的发展可能性。因此，我们现在讲的素质，就是指人可能而且应该实现的发展潜能的总和，它表现为人的生存和发展能力。它既包括先天因素，又含有后天习得因素；既是相对稳定的，又是发展变化的、可再塑造的；既是个体成长的需要，又是一定社会的普遍要求；既可分为生理素质、心理素质、社会文化素质等多种层面，又是一个综合性的整体。

实施素质教育，培养和提高受教育者的素质，就是要最大限度地把受教育者的发展潜能变为现实，用中国传统哲学的术语来讲，就是“尽性”，也就是把人所具有的求知、向善、爱美和健康成长的潜能加以开发，使之得到充分协调的发展。

现代素质教育思想是为了适应我国社会发展和完成提高国民综合素质的历史性任务而提出的一种新的教育思想。它既是对传统教育观的创造性发展，也是马克思主义关于人的全面发展学说在教育观念和教育体系上的具体体现。它主要包括以下几个方面的内容：

首先，素质教育把全面提高学生的综合素质作为教育的基本任务，以促进学生在德、智、体、美等方面全面发展为目的。德育、智育、美育作为全面发展的人的教育的重要组成部分，既有各自的功能和特点，又是相互融合、相互促进的。

德育主要是对人们进行政治思想和道德品质方面的教育，解决人们的世界观和人生观问题，体现着善的要求。德育与美育的关系是由善与美的关系决定的。善与美有互相重合的一面。善是美的核心，善从本质上讲也是美的。所以，亚里士多德说：“美是一种善，其所以引起快感正因为它是善。”[1]一般说来，凡符合人的正当目的的功利行为都是善，善是对实践的合目的性的肯定，善就是美的社会功利性，社会美即是善。

[1] 北京大学哲学系美学教研室. 西方美学家论美和美感[M]. 北京：商务印书馆，1980：41.

正是在这个意义上，高尔基说:“美学就是未来的伦理学。”[1]德育与美育相结合，把思想品德教育寓于美感形式之中，可以以美引善，寓教于乐，使人乐于受教，并在潜移默化中实现思想品德教育，使人乐善好为。

智育主要是传授知识和技能的教育，其目的在于提高人们认识和把握客观世界规律性的能力，解决一个“真”的问题。智育与美育的关系是由真与美的关系决定的，真是美的基础，美存在于真之中。所谓真就是符合客观世界本质及规律的东西，肯定美就是肯定人的合规律性与合目的性的实践活动及成果。通过美育，可以以美导真，人们在欣赏美的同时，可以了解自然，了解历史，获得各种自然科学与社会科学的知识。恩格斯称赞巴尔扎克的《人间喜剧》“给我们提供了一部法国‘社会’特别是巴黎‘上流社会’的卓越的现实主义历史，他用编年史的方式几乎逐年地把上升的资产阶级在1816年至1848年这一时期对贵族社会日甚一日的冲击描写出来，这一贵族社会在1815年以后又重整旗鼓，尽力重新恢复旧日法国生活的标准……在这幅中心图画的四周，他汇集了法国社会的全部历史，我从这里，甚至在经济细节方面（如革命以后动产和不动产的重新分配）所学到的东西，也要比从当时所有职业的历史学家、经济学家和统计学家那里学到的全部东西还要多”[2]。通过美育，还可以激发人们探索自然与社会奥秘的激情。由于美的事物在其外表感性形态之中包含着事物的内在规律，因而对美的追求往往引起人们对事物客观规律的朦胧的发现和整体的顿悟，修正自己假说的谬误等。审美的（艺术的)把握世界的方式是人们认识世界的重要途径。美育对于人们观察力、注意力、记忆力的训练，想象力、思维力、创造力的培养，乃至非智力因素的开发都是有益的。

其次，素质教育提倡以学生为本的教育理念，突出学生在教育全过程中的主体地位，引导学生积极主动、创新性地去学习。这也是当今国际教育改革关注的重点。

1997年，经济合作与发展组织（OECD）开展了“素养的界定与遴

[1] 德米特里耶娃. 审美教育问题[M]. 上海：知识出版社，1983：36.
[2] 马克思，恩格斯. 马克思恩格斯选集：第4卷[M]. 北京：人民出版社，1972：462-463.

选：理论和概念基础"研究项目，2005 年发布专门报告《核心素养的界定与遴选：行动纲要》（*The Definition and Selection of Key Competencies：Executive Summary*）。2002 年，美国成立"21 世纪技能合作组织"，制订"21 世纪素养"框架；2007 年，发布了该框架的更新版本。2005 年，欧盟（EU）为促进成员国在教育、培训领域的合作，发布《针对终身学习的核心素养：欧洲参考框架》（*Key Competences for Lifelong Learning：A European Reference Framework*）。2008 年，澳大利亚在课程研究中也提出为年轻的澳大利亚人在 21 世纪成功地生存、发展确立核心素养的《墨尔本宣言》。2013 年 2 月，联合国教科文组织发布报告《走向终身学习——每位儿童应当学什么》（*Toward Universal Learning—What Every Child Should Learn*）。各国际组织、经济实体对未来人才的培养有共同的追求，也有不同的价值取向，但核心素养体系的设计均指向应对未来社会的复杂需求，而创造力的培养则是各核心素养体系更深层次的要求。

再次，素质教育把学生健康成长作为教育的重要价值指向，以培养全面发展的人为核心，不仅要教会学生知识和技能，更要教会学生如何做人，让他们具备良好的身体素质、道德素质、审美素质、心理素质和人文素质。

2014 年 3 月 30 日，教育部印发《教育部关于全面深化课程改革　落实立德树人根本任务的意见》，提出研究制订"学生发展核心素养体系"，并指出核心素养的内涵，即学生应具备的"适应终身发展和社会发展需要的必备品格和关键能力"，要求体系应"突出强调个人修养、社会关爱、家国情怀，更加注重自主发展、合作参与、创新实践"[1]。2016 年 9 月 13 日，中国学生发展核心素养总体框架在北京师范大学正式发布，其对"核心素养体系"的表述，以培养"全面发展的人"为核心，分为文化基础、自主发展、社会参与等三个方面，综合表现为人文底蕴、科学精神、学会学习、健康生活、责任担当、实践创新等六大素养，具体细化为国家认同等十八个基本要点[2]。中国学生发展核心素养总体框架与现代素质教

[1] 教育部关于全面深化课程改革　落实立德树人根本任务的意见（摘编）[J]. 青海教育，2014（12）：4-5.

[2] 核心素养研究课题组. 中国学生发展核心素养[J]. 中国教育学刊，2016（10）：1-3.

育思想是吻合的，“学生发展核心素养体系”可以说是现代素质教育思想在当代中国的新发展。

以现代素质教育思想作为美育学的教育学基础，可以使我们进一步明确美育的目的、任务和价值取向。要全面开发学生的创造力和各种潜能，就要促进学生审美方面的发展；要提高学生的总体素质，就不能丢弃培养学生良好审美素质的任务；要提高学生的道德素质、心理素质和人文素质，就离不开美育。总之，只有真正重视素质教育，才能真正重视美育。

四、心理学基础

心理学是研究心理现象及规律的科学。以往，人们往往将心理学与精神及心理疾病的治疗相联系，实际上，这只是心理学的功用之一。心理学针对天赋的培养、内心的丰富层面的理论观点，能够为教育尤其是语文美育提供借鉴。美国人本主义心理学家马斯洛的需要层次理论与瑞士心理学家皮亚杰提出的认知理论，对语文美育的启示尤其值得关注。

马斯洛在《动机与人格》一书中提出的需要层次理论已经被学术界内外所熟知。该理论将人的需要从低级到高级分为五个层次，即生理需要、安全需要、归属与爱的需要、尊重的需要和自我实现的需要。需求层次有由低至高的顺序，但同时马斯洛也指出，自我实现者都献身于追求“存在价值”。在其理论体系中，“存在价值”不仅被类比为“完满人性者的特征”，也被类比为“理想艺术的特征”。无论是作为何种特征，“存在价值”都被认为是“可测”的。以小说为例，马斯洛指出，“‘贫乏’的小说不如‘杰出’的小说更接近存在价值”，并认为，自我实现者在追寻“存在价值”过程中具备“高峰体验”，如“审美体验”“创造体验”“理智领悟”等。[1]

实际上，马斯洛的动机理论经历了修正。在马斯洛晚年所写的《Z理论——两种不同类型的自我实现者》一文中，他认为应当将自我实现

[1] 马斯洛. 人性能达到的境界[M]. 曹晓慧，等译. 北京：世界图书出版公司，2014：123-131.

者再分为两类：一类人“很少或没有超越性体验”，“高效并务实，而不是着眼于审美”；而另一类人可称之为“超越的自我实现者”，即“超越者”，“超越性体验对他们来说很重要，甚至具有核心性意义”，其拥有“更明显的超越动机”。马斯洛在对两者的区别进行详细阐释时明确指出，“超越者”“通常会自如地、无意识地运用存在的语言”，并且“能够更好地理解比喻、修辞、悖论、艺术、非语言性的交流，等等（这是一个易于检验的命题）”。在马斯洛看来，“超越者”对美更为敏感，“或是比别人更容易看到美，或是比其他人更容易产生审美反应，认为美更为重要”，美即为价值。他们也“更有可能善于选拔有创造力的人才”。由此，“超越者”超越了自我实现，与此同时，是“自然协同倾向的增强——心灵内部、人际间、文化之间、国家之间的协同”[1]。

从优势顺序的角度而言，自我实现与超越自我实现以生存性需要的满足为前提，但马斯洛也认为，不应当拘泥于满足需要的先后顺序[2]。他相信，“任何一种存在价值受到威胁或受到挫折，都会引起一种病态或存在不适，或一种人性萎缩感”[3]。实际上，他还相信，绝大多数人都有创造的能力，具备伟大的潜力，甚至具有自我实现者所具备的特点[4]。并且，也不仅是自我实现者能够成为“超越者”，甚至是“不健康的、非自我实现的人”也会有很明显的超越体验。经研究，马斯洛发现人类社会各个领域都存在“超越者”，其中包括教育工作者、知识分子、诗人。那么，是否能够通过教育，推动个体选择“高级乐趣”而非“低级乐趣”？马斯洛对这一问题给出了肯定回答。这不仅因为“‘低级’满足会变得令人厌烦”，并且，如果能够使得选择者“自觉地意识”到，存在价值是被“盲目”的、“缺乏见识”的因素遮蔽了，对“高级乐趣”的选择便成为可能[5]。

在语文教育领域，审美情趣的培养和提高的过程也是学生趋近自我

[1] 马斯洛. 人性能达到的境界[M]. 曹晓慧，等译. 北京：世界图书出版公司，2014：253-270.
[2] 戈布尔. 第三思潮——马斯洛心理学[M]. 上海：上海译文出版社，2006：40.
[3] 同 [1] 131.
[4] 同 [2] 48-49.
[5] 同 [1] 135-136.

实现与存在价值的过程，正如马斯洛所言，教育在这一过程中能够起到引导作用。语文教师首先应当通过理论修养的提高，发掘自身潜能，推动自己不断走向自我实现，不断接近“超越者”的境界。对语文美育而言，立足语文学科特点，借鉴科学有效的理论，以经典文本作为语文美的审美对象进行细致分析，自觉将理论融入阅读教学实践，不仅对提升学生感知美、欣赏美的能力极为重要，而且也能够影响学生创造美的能力。

顾黄初在《阅读中的吸收与倾吐》一文中指出，同样一篇文章，能够因读者“知识基础、生活经验、美感经验”方面的差异而造成读者从中“吸取的营养各不相同”[1]。意识到阅读是吸收还不够，能决定阅读能够有效、有质的，是读者的阅读过程是否伴随着“倾吐”。“阅读中的倾吐，用的手段不是有声的言语或有形的文字，而是无声的内在语言或无形的想象画面。”[2]此处的“倾吐”，实际是指读者调动自身的知识储备，对作品内涵“尽可能全面、深入地去吸收”的过程。他举白居易《琵琶行》的教学为例，认为尽管“座中泣下谁最多？江州司马青衫湿”两句表面的句义不难理解，若读者知道“‘青衫’是指黑色的衣衫，而这种黑色的衣衫在唐代只是官场中品位低下的人才穿，那么对白居易之所以要说‘青衫湿’，其意在抒发被贬江州的满腔悲愤之情，就会有更加深切的体会”[3]。从这一例子不难发现，古代汉语词汇意义的知识积累，在此处能够帮助读者把握诗句的丰富内涵。此外，顾黄初还强调，阅读教学不应局限在课文本身所提供的知识范围之内，师生应当“从较为广阔的知识背景上来深入理解课文”。只有“增加知识的广度和深度”，才能“更有效、更丰富地去吸收课文的精髓”[4]。

从心理学角度来看，已有的知识储备在头脑中形成了“图式”，正是这些不同的“图式”在阅读过程中左右着人们对文本的倾吐与吸收。

“图式”，是瑞士心理学家皮亚杰发生认识论体系中的一个重要概念。面对同样的作品而领会、吸收的程度不同，这与个体心理所具有的图式

[1] 顾黄初. 顾黄初语文教育文集外集[M]. 南京：江苏教育出版社，2013：103.
[2] 同[1] 74.
[3] 同[1] 103.
[4] 同[1] 75.

结构相关。“图式（schemata）指的是认知结构或智力结构，个人通过它在智力上去适应和组织环境。作为结构，图式是与适应环境的生物学意义上的手段相对应的智力手段……图式也是适应环境并且随着智力的发展而变化的结构。”这种智力结构“把有机体所感知的事物，按其共同特征编成各个组”。“图式不仅仅是行为，它们是行为所遵循的内部结构。在认识活动过程中重复发生的行为模式被概括为反射性图式。图式把一些既相区别又相类似的动作程序归为整个集。”[1]皮亚杰还认为，图式与图式之间都是协调一致的，图式这个整体是由分化了的各个部分组成的。因此，只有确保学生建构起的是能够有效吸收作品审美信息的知识“图式”，阅读教学才是真正有效的。而这一知识体系的建构，应当吸纳课本之外的多种符合语文美育学科规律的理论——如阅读学、写作学、语用学理论等。

科学有效的“图式”的建立，是学生在心智结构层面能够顺利完成“同化”“顺应”作用的关键。“同化可以看作把新的刺激纳入已有图式的认知过程。”“同化过程使得图式内蕴增加，但它不会导致图式的改变。”[2]在美育活动之前，学生的审美情趣、审美能力所处层次尚有待提高，在原有积累的基础上，对美的认识和理解往往有所偏差。而“顺应”的过程却不同。“所以顺应是新图式的创造和旧图式的改造。这两者都会导致认知结构（图式）的变化或发展。”在顺应过程中，“主体‘被迫’改变自己的图式以适合新的刺激物。顺应导致发展（质的变化），同化导致增长（量的变化）”。“平衡（equilibrium）是同化和顺应之间的均衡状态，不平衡是同化和顺应的不均衡状态，平衡化（equilibration）是不平衡向平衡转化的过程。”[3]在阅读过程中，当学生无法感知、解读作品形式、内容方面的美感时，其“原有的认知图式无法改造、调整以达到与外部刺激的平衡，顺应也无从发生”。这样一来，学生长期进行的可能会是“同化式平庸阅读”，写作能力也无法提高[4]。因此，教师能否为学生提供真

[1] 万兹沃思. 皮亚杰的认知和情感发展理论[M]. 徐梦秋，沈明明，译. 厦门：厦门大学出版社，1989：13-17.
[2] 同[1]18.
[3] 同[1]18-20.
[4] 赖瑞云. 文本解读与语文教学新论[M]. 北京：北京师范大学出版社，2013：325.

正科学有效的指导，而不是对顺应作用及新的图式造成消极干扰，对学生读写能力、审美能力的提升都有重要影响。

依据马斯洛的Z理论，即便是生存性需要并未得到全部满足的学生，也有可能具备自我实现甚至超越自我实现的欲望。教师不仅需要呵护、发掘学生对美的探求与创造力的发挥这一存在价值的动机，更要从语文学科本身的特殊性出发，引入科学、有效的理论观点，对学生已有的“图式”进行更新与完善，这样才能取得最佳的语文美育效果。

五、语言学基础

语言学是研究语言的本质、结构和发展规律的科学。现代语言学揭示人类语言的深层结构，对语言和语言交际做出客观、科学的描述，是语文美育学的语言学基础。

现代语言学的奠基人、瑞士语言学家索绪尔在《普通语言学教程》中，第一次明确指出了“语言”与“言语”的区别。他说：“语言既是言语的工具，又是言语的产物。但是这一切并不妨碍它们是两种绝对不同的东西。”[1]高名凯、石安石指出：“言语就是说话（或写作）和所说的话（包括写下来的话）。例如我们运用汉语去说话（或写作）的行为和我们运用汉语说（或写）出来的一句一句的话（甚至于可以大到一段演说、一篇文章、一本著作），就是言语。话都是由某种语言的词按照这种语言的语法规则组合起来的，它也有声音和意义两个方面，但它毕竟不是这种语言本身，而说话（或写作）即运用语言的行为当然也不就是语言。因此，不能把语言与言语混为一谈。”[2]

语言是人类最重要的交际工具，是音义结合的词汇和语法的体系。言语就是在特定的环境中为完成特定的交际任务对语言的使用及使用的结果。言语可分为内部言语和外部言语。内部言语指个人运用语言进行思维、谋划的活动过程；外部言语则指相互交际时对语言的运用过程。外部言语包括两个方面：说话（或书写）是言语的表达过程，称为表达

[1] 索绪尔. 普通语言学教程[M]. 北京：商务印书馆，1980：41.
[2] 高名凯，石安石. 语言学概论[M]. 北京：中华书局，1963：17.

性言语；听话（或阅读）是言语的感受过程，即印入性言语。广义的言语指语言的使用（言语活动），即人们使用语言进行表达（说、写）和理解（听、读）的过程，以及由言语过程所产生的结果——话语。狭义的言语指以语音或文字形式表现出来的话语（言语作品）。

索绪尔认为言语是人类语言机能的个人部分，是心理物理现象，它区别于作为心理社会现象的语言，即语言机能的社会部分。索绪尔认为语言是一代人传给另一代人的语言系统，包括语法、句法和词汇；言语指人们具体使用的词句，或指说话者可能说出、可能理解的全部内容。语言指社会上约定俗成的方面；言语指个人说出的具体话语，即语言的具体表现。这种区分可归结为两个方面：（1）语言是社会的，是言语活动的社会方面，是个人以外的东西，个人本身既不能创造语言，也不能改变语言；言语则是个人的活动，具有很大的随意性。（2）语言是本质的，同质的；而言语是偶然的，异质的。索绪尔之所以强调这种区分，是为了把语言从言语活动中区分出来加以单独研究，因为语言学家的研究对象应该是同质的、相当稳定的语言，而不是异质的、很不稳定的言语。但语言与言语又是紧密联系的。要使言语为人们所理解并产生效果，必须有语言；要使语言能够建立，也必须有言语。

必须指出，“语言”是一个多义的术语，它还可以指包括上述“语言”与“言语”在内的更高层次的语言系统。索绪尔在《普通语言学教程》中，把复杂的人类语言现象区分为语言（langue）、言语（parole）和语言（langage）等三个层面，其中“语言”（langage）是指包括语言（langue）与言语（parole）在内的大系统。索绪尔用下图来表示这三个层面的关系。

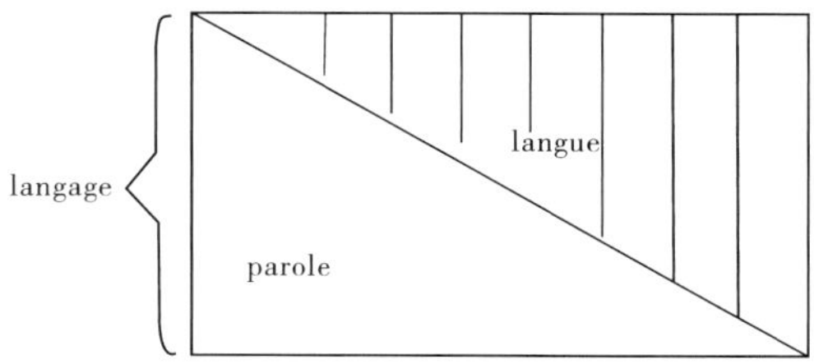

一般说来，langue 可通译为“语言”，指一个社会共同体中每个说话人和听话人共同运用和遵守的规则，这种规则是抽象的、一般的、相对稳定的。parole 可通译为“言语”，指说话的总和，它既是动态的说话行

为的总和，又是静态的说话行为的总和；既是个人言语行为的总和，也是社会言语行为的总和。langage，可以根据上下文理解并译为：(1)“人类语言”;(2)“语言能力”;(3)“言语活动”或“言语行为”[1]。也有学者将 langage 译为“言语体系”[2]。在屠友祥翻译的《索绪尔第三次普通语言学教程》中，上图中的 langue、parole、langage 则分别被译为：“整体语言”(被动和集体固有的，社会符码构织群体语言并形成使用群体语言能力必不可少的工具)、“个体语言”(主动和个体的)、“群体语言”[3]。李幼蒸指出：“一般所谓的语言(langage)实在由一者为潜在，一者为实在的两个语言维面构成。”“作为词语记号之系统的 langue 和作为此系统在现实中之实现或表现的 parole。后者即实际说出的语言。”[4]

为了区分与“言语”相对的“语言”和包括上述“言语”与“语言”在内的“语言”，一些语言学家称前者(与“言语”相对的“语言”)为“狭义的语言”或“严式定义的语言”,称后者(包括了“言语”和“语言”的“语言”)为“广义的语言”或“宽式定义的语言”。王宁指出:“‘语言’不论宽式的定义(含口语和书面语，实际上包括言语在内)还是严式的定义(与言语相对而言),都已经是一个成熟的科学术语定义。”[5]王希杰指出：“语言是语言世界中的潜在物，而言语则是语言世界中的显性的经验和事实。”“广义的语言,绝不是区分语言和言语之后的狭义的语言”,“广义的语言乃是潜性语言和显性言语的总体”[6]。

叶圣陶曾指出：“什么叫语文？语文就是语言，就是平常说的话。嘴里说的话叫口头语言，写在纸面上的叫书面语言。语就是口头语言，文就是书面语言。把口头语言和书面语言连在一起说，就叫语文。”[7]

语文课程就是教学语言的课程，特指教学祖国语言的课程。语文课

---

[1] 姚小平. 研读索绪尔——《普通语言学教程》(第三度讲授)中的langue、langage、parole[J]. 外语教学与研究，2003(5)：387-394.
[2] 裴文. 普通语言学[M]. 广州：广东教育出版社，2006：75.
[3] 索绪尔. 索绪尔第三次普通语言学教程[M]. 上海：上海人民出版社，2007：79.
[4] 李幼蒸. 理论符号学导论[M]. 第3版. 北京：中国人民大学出版社，2007：138-139.
[5] 王宁. 汉语语言学与语文教学[J]. 中国社会科学，2000(3)：169-178.
[6] 王希杰. 语言本质的再认识[J]. 云梦学刊，1994(4)：60-67.
[7] 叶圣陶. 认真学习语文[M]//中华函授学校. 语文学习讲座丛书(一). 北京：商务印书馆，1980：3-4.

程是一门学习祖国语言文字运用的综合性、实践性课程。《中华人民共和国国家通用语言文字法》第十条规定："学校及其他教育机构以普通话和规范汉字为基本的教育教学用语用字。法律另有规定的除外。学校及其他教育机构通过汉语文课程教授普通话和规范汉字。使用的汉语文教材，应当符合国家通用语言文字的规范和标准。"[1]

语文教学即语言教学，特指祖国语言教学。这个"语言"，即是"广义的语言"或"宽式定义的语言"。语文教学既包含口头语言（听话、说话）的教学，又包含书面语言（阅读、写作）的教学；既包含语言形式的教学（如对字、词、句、篇等语言形式的把握），又包含语言内容的教学（如对字义、词义、句义、篇义等语言内容的理解）；既包含一个民族的语言系统和规则的教学，又包含按照这一语言系统和规则进行的言语行为（听、说、读、写）的教学，以及按照这一语言系统和规则形成的言语作品的教学。

"语文"外延的拓展意味着"语言本位"语文课程观的建构迈出了新的一步。语文教学"可以使母语的学习和掌握，由自发的、偏重感性经验的、少慢差费的暗中摸索，走向自觉的、偏重科学理性的、多快好省的明中探讨，这其中便包括语言系统及规则的学习"[2]。当然，不能简单地把学科性的语言知识照搬到中小学语文教学中。刘大为在《语言知识、语言能力与语文教学》一文中指出，"发展学生的听说读写能力，固然不可忽视其中实用性的目的，但是更应该重视的，恐怕就是通过听说读写去发展学生的语言能力和提高他们的整体素质，没有这种能力和素质的形成，听说读写无非是满足眼下生活要求的一种普通技能而已"[3]。这里提到的"整体素质"，包括学生的认知能力、思维能力、情感体验、审美感受等多个方面。此文发表于2003年，在该篇论文的摘要部分，作者称此文是针对当时语言知识淡出语文教学体系而做的理论分析。坚持并拓展"语言本位"的语文课程发展方向，也就肯定并丰富了语文美育的语言学基础。

[1] 中华人民共和国国家通用语言文字法[J]. 语文建设，2000（12）：4-5.
[2] 徐林祥. "语文就是语言"——重温叶圣陶先生关于"语文"含义的论述[J]. 语文教学通讯，2008（7）：10-11.
[3] 刘大为. 语言知识、语言能力与语文教学[J]. 全球教育展望，2003（9）：15-21.

六、阅读学基础

阅读是运用语言文字获取信息、认识世界、发展思维、获得审美体验的重要途径。阅读学是研究阅读活动及其规律的科学。包括中西方传统与现代的文学批评理论在内的阅读理论已经被广泛探讨与实践，下面将着重介绍两种与语文美育密切相关却未得到足够关注的阅读学理论，即“混沌阅读”理论与文学文本解读学理论。

“混沌阅读”理论，可以说是科学主义与人文主义结合的产物。“混沌一词英文为‘chaos’，人们通常用它来描述混乱、紊乱的状态，无规律的运动，不成形的事物。”[1]混沌现象并非自然科学领域所独有，它同样存在于文学领域当中，对作品审美解读的多元化，就是其表现之一。赖瑞云在《混沌阅读》一书中强调，混沌不是混乱，其本质在于“表面混乱而内部有序，是外在随意而内在有规，是局部不稳而整体稳定，是现象复杂而本质简单”。混沌之序的“生机之源”在于“混沌系统内的奇异吸引子”[2]。

赖瑞云指出，奇异吸引子与有界现象紧密相连。“混沌系统的运动轨线是由于被吸引而被束缚在特定范围内的。吸引子和界限相伴而生，也只有这种被吸引而带来的限定才会是自觉自愿的。这就是非线性科学研究中所述的‘自组织’现象。组织在一定界限内，自组织无疑是有序运动。”[3]“多元解读不是乱读”，应当以作品本身为依据，真正进入“作品的吸引中心”[4]。所以，尽管“一千个读者有一千个林黛玉”，但绝不至于将其读成薛宝钗。因此，要鼓励学生进行多元解读，但又要避免误读。此外，按照混沌理论，如果将“文质兼美”视为经典文本的吸引子，围绕在这一吸引子周围的文本便呈现出“自相似特征”。对于审美解读和审美创造而言，“奇异”之处，说明求得“不似”比求“似”更为重要，“全熟悉无美感无艺术；全陌生亦无美感无艺术，越陌生越熟悉，最陌生最熟悉，

[1] 沈小峰，等. 自组织的哲学：一种新的自然观和科学观[M]. 北京：中共中央党校出版社，1993：109.
[2] 赖瑞云. 混沌阅读[M]. 福州：福建教育出版社，2003：270-271.
[3] 同[2] 278-279.
[4] 同[2] 281-282.

美感最强”。因此，对于艺术创造而言，胡言乱语和人云亦云都不是创造，“猛然读之‘出乎意料’，石破天惊，旋即而来‘豁然开朗’，‘拍案叫绝’之举才是真正的创造”[1]。正如王国维在《清真先生遗事》中所说：“夫境界之呈于吾心而见于外物者，皆须臾之物，惟诗人能以此须臾之物镌诸不朽之文字，使读者自得之，遂觉诗人之言，字字为我心中所欲言，而又非我之所能自言，此大诗人之秘妙也。”[2]

“人人心中有，个个笔下无”的艺术奥秘，其美感不仅存在于内容，也存在于形式。赖瑞云在《文本解读与语文教学新论》一书中的“多元有界与文本中心”一章，从梳理世界、作者、作品、读者的关系入手，从实践层面论证了文本中心的必要与重要。尽管作者、作品、读者、背景都不可或缺，但文本却是中心。文本之美，不仅蕴含于其表现出的“对人生、世界的感悟、情怀、探索、思考是一个非同一般的独立的精神存在”，还在于“作品的艺术形式，所采取的具体的语言表现手段更是独立而独特的”[3]。

余秋雨在《艺术创造工程》一书中谈到，艺术是“一种把人类生态变成直觉审美形式的创造”[4]，这种“直觉审美形式”，无论是作为艺术欣赏的对象还是艺术创作的对象，都具有研究的价值。克罗齐提出：“心灵只有借造作、赋形、表现才能直觉。”苏珊·朗格将艺术定义为“情感的形式”。黑格尔认为“美是理念的感性显现”。克莱夫·贝尔提出了“有意味的形式”的命题，它是指“由作品的线条和色彩以某种特定方式排列组合成的关系或形式”，是一种“审美的感人形式”，并且是“艺术品的基本性质，是一切审美对象中普遍的而又特有的性质”。可见，艺术之美的创造，关键在于形式的创造。对于形式的重视，并不必然导致对内容的忽略；相反，对形式的分析有助于更好地理解内容，因为“一旦这种直觉被赋予了一个有魅力的形式，那么，内在意蕴便趋向确定化和提纯化，从而具备更大的审美效能”[5]。

在阅读教学中，教师、学生都作为读者面对经典文本，不应让教学

[1] 赖瑞云. 混沌阅读[M]. 福州：福建教育出版社，2003：290–295.
[2] 刘刚强. 王国维美论文选[M]. 长沙：湖南人民出版社，1987：141.
[3] 赖瑞云. 文本解读与语文教学新论[M]. 北京：北京师范大学出版社，2013：190–191.
[4] 余秋雨. 艺术创造工程[M]. 上海：上海文艺出版社，1987：13.
[5] 同[4]130–134.

解读止步于对文本的某一元素做表面的“滑行”，读者要在审美的过程中也同时“揭秘”,获得“艺术表现唯一性的创作体会”[1]。这就要求教师能够运用科学有效的理论，引导学生在感悟祖国语言文字优美形式的同时，对其承载的民族文化等深层审美奥秘进行恰当挖掘。有效的揭示美的奥秘的阅读教学需要的是基于创作论的阅读学理论，同时，这种理论又应当切合本民族语言文字运用的规律。

孙绍振、孙彦君在其合著的《文学文本解读学》中批判性地指出,“文学文本解读追求对审美感染力和文本的特殊性、唯一性、不可重复性的阐释”，然而，文学理论则“沉迷于从概念到概念的演绎”，其抽象性与文学文本之间存在距离[2]。此外,文学理论脱离了作家创作实践与读者的文本解读，无法透过经典文本生成过程的遮蔽，提炼出作家反复提炼而得的深邃的奥秘，也无法立足于阅读实践，对这一深层奥秘做出微观的、原创性的分析。因此,孙绍振、孙彦君提出“建立中国学派的文学解读学”的理念。“具体分析”被认为是揭示艺术奥秘的唯一方法。

在具体操作层面，首先要立足于文本的不同规范形式。诗歌、散文、小说、剧本，不同的文学形式具备不同的审美规范。以诗与戏剧为例，诗歌追求“心灵的概括性”，人物都是“心心相印”的；而戏剧中的人物心灵表现出的则是“心心相错”[3]。“还原”也是具备可操作性的另一重要方法。还原主要有三种方式：

一是“艺术感知的还原”。此处的“还原”，目的在于“揭示原生状况与艺术形象之间的矛盾”。例如，抒情诗形象的产生是从“日常感知和语言变异的规律出发，进入了想象的假定的境界”。“结庐在人境，而无车马喧”，“海内存知己，天涯若比邻”，“露从今夜白，月是故乡明”等诗句即属此例。[4]

二是“情感逻辑的还原”[5]，亦属于价值的还原。这关涉到另一个概念——“错位”。在《文学创作论》中，孙绍振指出，“越是不强调实用

[1] 赖瑞云. 文本解读与语文教学新论[M]. 北京：北京师范大学出版社，2013：191.
[2] 孙绍振，孙彦君. 文学文本解读学[M]. 北京：北京大学出版社，2015：5.
[3] 同[2] 30-31.
[4] 同[2] 40-41.
[5] 同[2] 42.

价值，就越是富于情感价值”[1]。是否符合科学的理性的逻辑，决定着形象是不是“真”；是否符合审美价值的逻辑，决定着形象是不是“美”；同时，还存在着道德的评判标准，也就是评价人物形象是否是“善”的。审美价值的一个很重要的特点就是强调艺术的理由而非科学的理由。“这不仅是小说的规律，而且是一切艺术所必须遵循的规律。”[2]将审美价值还原出来，与科学、道德价值进行对比，才有具体分析的切入点。

以汉乐府民歌《孔雀东南飞》中刘兰芝离家之前的“严妆”片段为例，教师在分析时不应满足于铺陈手法的介绍，而应当深入文本进行价值还原。刘兰芝在被驱遣之时“严妆”，严格意义上来说已经不具备实用价值，然而，经过“严妆”之前的自遣请归，安慰焦仲卿及为后人留下物品等体现了刘兰芝对他人体谅的细节铺垫，“严妆”离家更能体现出审美价值，它不仅体现了女主人公的刚强、自尊的性格，而且造就了悲剧效果。这一效果的核心便是美的毁灭：兼备美丽容貌与美好品质的刘兰芝就这样被焦母驱遣了。这无疑会引起读者对封建家长专制的愤慨之情。因此，“严妆”段的铺陈描写在实用价值和审美价值“错位”的前提下，使读者充分感受到刘兰芝这个人物形象情感结构的奥秘所在：她的自尊及对丈夫的体谅，对誓言的坚守，尽管遭遇被焦母无端驱遣的命运也始终如一。在艺术效果上，这段描写实现了审美价值对实用价值的超越。

三是从宏观视角出发，进行历史的还原。成功的人物形象源自历代作家对“范型”的不断加工创造，经典的情节故事在文学史中也能够凝结成母题而流传。进行母题史的还原是最简便的方法。“通过历史母题的还原和比较，就不难超越作家精神史的局限，梳理其在母题系列中的定位，从而发现其在母题史中的突破或倒退了。关键是内在的、人物内心情智探索和表现的进展。”[3]例如，如果将李白的《将进酒》放入人生苦短的历史母题，就能够发现，不同于《离骚》《古诗十九首》渲染的悲戚情感，李白将人生苦短写出了豪迈的感觉，这在母题史上是一个突破[4]。不仅诗

[1] 孙绍振. 文学创作论[M]. 福州：海峡文艺出版社，2007：682.
[2] 同[1] 690.
[3] 孙绍振，孙彦君. 文学文本解读学[M]. 北京：北京大学出版社，2015：45.
[4] 同[3] 386-387.

歌，母题史还原还可运用于对小说、戏剧的分析。

无论是“混沌理论”还是文学文本解读学，都强调文学形式本身的丰富性与价值，这是因为文学语言的形式规范与读者运用言语能力发掘文本之美紧密相关。对面对文学作品的读者而言，每一次文本解读的过程都体现着言语能力的发挥。读者普遍具有的言语能力，也就是言语共能，是立足于普通言语，并受制于语言规则进行的解读；读者能否立足于文学语言的形式规范，与作为作家言语活动成果的文学言语进行深入互动、调节，能否发现统一深层的矛盾，发现新的所指，与读者发挥言语异能的程度息息相关，也关系着文本解读的深入程度。

必须指出，虽然以上两种阅读学理论都立足文本，基于对语言形式之美的原创性分析，但这并不意味着对语文学科“人文性”的抛弃。在语文美育的实践环节，对形式之美与内容之美的探索是相互联系、共同进行的。从分析艺术形式出发，有助于更好地发现作品的内在意蕴。

七、写作学基础

写作是运用语言文字进行表达和交流的重要方式，是认识世界、认识自我、进行创造性表述的过程。写作学是研究写作活动及其规律的科学。包括中西方传统与现代的文学创作理论在内的写作理论运用已经被广泛探讨与实践，下面结合语文课程标准的规定来谈谈语文美育对写作的总体要求。

马正平在《高等写作学引论》的“写作美学”一章中指出，从人生终极价值层面而言，“终极的写作审美理想”应该是“境界美”与“节奏美”的融合。“在具体的写作行为中，时间可以空间化，空间也可以时间化。节奏的加快可以拓展文章的空间，使文章产生高远的境界感。同样，空间上的重峦叠嶂也可表现出一种时间的跳跃”，中国古典写作模式“起承转合”即属此例。同时，马正平也指出，对同一写作者而言，审美理想会受到社会文化环境、自身经历等因素的影响，是一个逐渐形成并发展变化的过程。从对人本身终极价值的关怀而言，在写作教学中，教师应当呵护学生的审美理想，在注重读写互动的基础上，指引其追求时空之美。[1]

对审美能力的强调，在《义务教育语文课程标准（2011年版）》和《普通高中语文课程标准（实验）》当中都有所体现。就写作而言，至少有三个方面需要教师特别关注。

第一，语文课程标准强调学生写作时要对文体与表达方式进行把握。

比如，《义务教育语文课程标准（2011年版）》第四学段（7—9年级）写作目标要求学生"写作时考虑不同的目的和对象"，"能变换文章的文体或表达方式等，进行改写"[2]。《普通高中语文课程标准（实验）》针对高中语文必修课程"表达与交流"中的写作提出的目标，也规定学生"进一步提高记叙、说明、描写、议论、抒情等基本表达能力，并努力学习综合运用多种表达方式"[3]。不同文体有不同的审美规范，表达方式也就有所差异。若从思维形式的角度分析，论述类、实用类文体的写作教学侧重培养的是《普通高中语文课程标准（实验）》中关注的学生科学理性精神和逻辑思维能力，文学类文体的写作则需要学生具备形象思维能力。美感的产生，并非只能来自文学类文体的创作，论述、实用类文体具备的理性、缜密、说服力强等特点，同样是美感的来源。然而，如果学生在写作前对何为科学的思维方式茫然无知，其思路将会受到限制，造成对写作的抵触，即便具备了相关材料，仍然无法将其加工为符合不同文体审美规范的内容。

朱行能在其所著的《写作思维学》一书中，从写作教学的角度系统地探讨了培养学生的逻辑思维与形象思维的方法。在论述逻辑思维（又称"理论思维"）的过程中，作者重点论述了辩证思维这一基本形态，指出其始终在对立面的同一中把握思维对象，有助于分析的客观、全面、深刻性[4]。而与辩证思维有关的具体表达方法，如虚实法、抑扬法、张弛法等，对于叙事文体同样适用。与逻辑思维重点把握事物本质、一般规

[1] 马正平. 高等写作学引论[M]. 北京：中国人民大学出版社，2002：149-150.
[2] 中华人民共和国教育部. 义务教育语文课程标准（2011年版）[M]. 北京：北京师范大学出版社，2012：16-17.
[3] 中华人民共和国教育部. 普通高中语文课程标准（实验）[M]. 北京：人民教育出版社，2003：9.
[4] 朱行能. 写作思维学[M]. 北京：人民出版社，2007：115.

律不同，形象思维主要通过感性形象来呈现。能否充分调动形象思维，是学生描写人物、场面、环境等要素能否形象生动的关键。正因为不同文体有不同的审美规范，表达方式有所差异，所以，在写作教学中要引导学生把握不同思维方式的特点，并将其运用于不同文体的写作实践。

第二，语文课程标准强调学生写作时应当通过锤炼语言实现美感。《义务教育语文课程标准（2011 年版）》“写作”总目标要求“文从字顺”[1]，其中第四学段（7—9 年级）“写作”要求学生“借助语感和语文常识，修改自己的作文，做到文从字顺”[2]。《普通高中语文课程标准（实验）》明确提出“能调动自己的语言积累，推敲、锤炼语言，表达力求准确、鲜明、生动”[3]。无论是要求学生写作“文从字顺”，还是表达鲜明生动，都是从行文措辞方面来进行规定的。马正平认为，对行文措辞的关注是写作学研究成熟的标志。对句子、段落、篇章的行文措辞规律的探讨是行文研究的一部分。其中，句子写作是行文的本质，是行文研究的核心对象[4]。对于写作教学而言，生成一个个富有美感的句子，是作者审美表现和创造能力的体现。如何激发学生在遣词造句中发挥审美意识，是写作教学美育必须关注的。

在谈到句内行文措辞的操作原理时，马正平指出，行文措辞的目标和功能在于生成表现力。“产生这种功能的结构是语言的语感与美感。而语言上的语感与美感则是作者心理上的语言感觉和审美感觉所致，即心理的语感与美感对行文措辞的自动调控使然。”这种作者心理上的语感、美感，“是一种语言的心理图式”，也是“作者写作素质中的句子图样、句子图式”。“从语言运用的心理和既成语言作品的层面来讲，语感就是语言的清通明晰感”，也就是语文课程标准中强调的“文从字顺”。而美感表现力则是行文措辞理想的较高层面。富有美感的行文措辞，也就是行文语言具备“鲜明性”“生动性”“得体性”“节奏性”等特征，是“实

[1] 中华人民共和国教育部. 义务教育语文课程标准（2011年版）[M]. 北京：北京师范大学出版社，2012：7.
[2] 同 [1] 17.
[3] 中华人民共和国教育部. 普通高中语文课程标准（实验）[M]. 北京：人民教育出版社，2003：9.
[4] 马正平. 高等写作学引论[M]. 北京：中国人民大学出版社，2002：285-286.

现行文措辞的理想的完美的增值的行文表达”。[1]

美感，归根到底是一种心理图式。根据上文介绍的皮亚杰图式理论，通过阅读教学促使学生积累美感体验，对实现行文措辞的美感就十分必要。在阅读环节，学生积累的经典文本的范例（包括警句、名言、成语、词汇等）和表达范式，都可能在写作环节具备直接模仿性。范例的直接引用往往是较为容易操作的，而优秀文本的表达范式则多需要教师通过具体分析予以揭示。赖瑞云在《文本解读与语文教学新论》一书中，谈到对《在马克思墓前的讲话》一文的分析，指出该文至少有三处运用了让步结构句型，列举如下：

一生中能有这样两个发现，该是很够了。即使只能做出一个这样的发现，也已经够幸福了。但是马克思在他所研究的每一个领域，都有独到的发现，这样的领域是很多的，而且其中任何一个领域他都不是浅尝辄止。

他作为科学家就是这样，但是这在他身上远不是主要的。

老实说，协会的这位创始人即使没有别的什么建树，单凭这一成果也可以自豪。

赖瑞云分析道：“按照黄伯荣的语法分析理论，这里出现了让步转折关系和假设让步关系。即先退一步说，指出较次要的或较少的事实已经很了不起，更不用说更为重要的或更多的事实了。”[2]教师若具备了让步结构知识，就能够揭示这一艺术奥秘。学生在作文过程中，就完全可以直接将其运用于写作，增加句子表达的美感。可见，教师在阅读教学中对优秀表达范式的揭示，有助于学生表达时通过锤炼语言实现美感，实现读写互动。

第三，语文课程标准强调学生写作时力求个性化的、有创造力的表达。《义务教育语文课程标准（2011年版）》第二学段（3—4年级）“习作”要求注意表现“自己觉得新奇有趣”的内容，第三学段（5—6年级）“习作”要求“珍视个人的独特感受”，第四学段（7—9年级）对“习作”同样提出应力求表达“自己对自然、社会、人生的感受、体验和思考”[3]。《普

[1] 马正平. 高等写作学引论[M]. 北京：中国人民大学出版社，2002：296-298.
[2] 赖瑞云. 文本解读与语文教学新论[M]. 北京：北京师范大学出版社，2013：102.
[3] 中华人民共和国教育部. 义务教育语文课程标准（2011年版）[M]. 北京：北京师范大学出版社，2012：11，13，16.

通高中语文课程标准（实验）》则明确提出“在表达实践中发展形象思维和逻辑思维，发展创造性思维”，“力求有个性、有创意地表达”[1]。

无论是何种文体的写作，创造力的合理发挥都能够提升作品的审美价值。教师不仅要鼓励学生通过直接模仿的形式借鉴经典文本中的范例、范式，还要培养学生融会贯通的能力，在吸收提炼的基础上，创造新范式。

马正平借助混沌学理论对传统写作理论中的“物—意—文”线性过程进行了修正，提出“文章结构在心灵上的样态”是控制、决定写作行为的“吸引子”，写作的过程实际上是非线性、非静态的“分形”运动。“写作行为的过程是对写作行为的初始环节——灵感、感思——的重演、重复”，“写作行为的实质就只不过是对写作行为初始环节缩微了的精要信息的放大重演而已”。“立意、构思、传达”，构成了重演阶段的分形运动。在重演阶段，立意的分形规律称为“思想生长律”。在这一规律当中，立意的新颖是通过立意的深刻、高远实现的。要获得深刻高远，就需要变换思维尺度。“深刻的立意是指对社会、自然现象事件的原因的追问，它具有层次品位之分……最高境界是看到关于事件现象原因的层层嵌套的自相似结构。立意的高远是指对自我利益的超越……真正的立意高远应该是在一系列由小到大的尺度上超越否定自我利益，或者说对由小到大尺度上的自我利益的超越和否定，最后指向一个无可超越的境界，这又是一个分形。”[2]

由此可见，培养学生的言语创造力，要深入思维能力培养的层面，更要将其上升至“人”的内在涵养层面。结合上文提到的马斯洛的需要层次理论可知，处于不同需要层次的学生都有可能表现出自我实现者的特征，创造力的发挥就是特征之一。因此，教师在写作教学过程中不仅应当授之以技，更应传之以道，即从树立崇高理想信念，提升人生审美境界的层面，对学生进行诱导、培养。

[1] 中华人民共和国教育部. 普通高中语文课程标准（实验）[M]. 北京：人民教育出版社，2003：9.
[2] 马正平. 高等写作学引论[M]. 北京：中国人民大学出版社，2002：203-206.

第三节　语文美育学的学科特点

语文美育学具有人文性、工具性、综合性的特点。这些特点是由美育与语文教育各自的特点所决定的。

一、人文性

《易·贲》曰："文明以止，人文也。观乎天文，以察时变。观乎人文，以化成天下。"[1] 所谓"人文"，即指人类社会的各种文化现象。我们说语文美育学具有人文性，主要是指语文美育学体现了人类社会的文化精神，表现了人类对美的追求。

语文美育学的人文性是由美育的人文性决定的。

美育以人为本，旨在促进个体的审美发展，并通过个体的审美发展促进个体的全面发展，进而达到个体自身及个体与社会的和谐完美发展。马克思主义的人的全面发展学说、作为生存范畴的审美价值理论和现代素质教育思想都集中地体现了人性完善的理想，语文美育活动正是在具体的教育实践中实现这一理想的途径之一。

语文美育学要求语文教育始终围绕育人这个中心，从人的成长的全面性、人的发展的完整性出发，把语文教育活动看作一个促进和引导学生步入理想境界的过程。充分发挥语文美育的作用，在进行语文教育的同时，重建学生的审美意识；帮助学生在关心物质利益的同时，也追求精神价值；让学生在寻求个人需要满足的同时，也充分尊重社会与他人的需求。这些都是人文性的体现。

语文美育学的人文性也是由语文教育的人文性决定的。

什么是"文化"？《现代汉语词典》的解释为"人类在社会历史发展过程中所创造的物质财富和精神财富的总和，特指精神财富，如文学、艺术、教育、科学等"[2]。

[1] 徐志锐. 周易大传新注[M]. 济南：齐鲁书社，1986：145.
[2] 中国社会科学院语言研究所词典编辑室. 现代汉语词典[M]. 第6版. 北京：商务印书馆，2012：1363.

“语言”与“文学、艺术、教育、科学等”精神财富的关系如下：语言是人类精神文化的形式（或载体），此时“语言”与“文化”的关系是形式与内容的关系（即语言与文化）。“语言”与“人类在社会历史发展过程中所创造的物质财富和精神财富的总和”的关系如下：语言本身也是人类总体文化的内容（或组成部分），此时“语言”与“文化”的关系是种概念（或下位概念）与属概念（或上位概念）的关系（即文化中的语言）。[1]

什么是“语文”？叶圣陶说：“语文就是语言，就是平常说的话。嘴里说的话叫口头语言，写在纸面上的叫书面语言。语就是口头语言，文就是书面语言。把口头语言和书面语言连在一起说，就叫语文。”[2]我们可以这样理解，“语文”与“语言”是两个多义词，当“语文”与“语言”都是指口头语言与书面语言的时候，这两个词的内涵与外延是一致的。语言和语文都既是人类文化的载体，又是人类文化的组成部分。中小学语文教育既要帮助学生凭借语文课掌握语言系统和规则，形成必备的读写听说能力；又要帮助学生通过语文课感受、理解深刻的思想、丰富的感情，提高思想认识，陶冶道德情操。

语文教育的人文性、语文教育中的文化特质——文化知识和文化精神，渗透在阅读、写作、听话、说话等语文教学活动之中。由文质兼美的范文组成的语文教科书饱含着丰富的人文内容——社会生活和人生哲理，历史画卷和心灵历程，从多方面表现的世界之美、人生之美、思辨之美、语言之美，能够给青少年思想认识上的启迪，感情上的熏陶，审美上的愉悦，能够丰富他们的知识，扩展他们的眼界，拨动他们的心弦。在语文教育过程中，学生对人文营养的吸收往往是由浅入深、有层次的。首先是语义，而后是语境，再后是社会内容和相关知识、历史文化背景，再则是主体的人生观、世界观，再则是民族心理特征，以及审美心态、情趣和美的发现与欣赏。这些并不一定都要说出来，有的只是一种感受、一点积累、一些影响。语文美育是随机生成的，是一个日积月累、潜移默化、

[1] 徐林祥. 中学语文课程标准与教材研究[M]. 北京：高等教育出版社，2016：17.

[2] 叶圣陶. 认真学习语文[M]//中华函授学校. 语文学习讲座丛书（一）. 北京：商务印书馆，1980：3-4.

春风化雨、自然而然的过程。

语文美育学还要求在语文教育过程中，注意提高学生的审美能力。语文学科不但要指导学生学习作为信息符号的语言文字，还要指导学生学习作为信息载体的语言文字所承载的人们的情、意、理、趣，指导学生阅读大量古今中外反映各个时代社会思潮和文化现象的诗文名篇，指导学生学会观察和分析历史的、现实的社会和人生，从而写出和说出足以反映自己真情实感的文章和话语来。

总之，语文美育学把语文教育活动看作一个以优秀的人文传统影响、熏陶、滋养和陶冶学生的过程。语文教育所采用的材料主要是以人性、人情为核心的，语文教育是为培养全面发展的人服务的，而语文教学过程中教师与学生的关系也主要体现为一种审美化了的人际关系。因此，语文美育活动亦可看作是人与人之间心灵的对话、理解和融洽的过程。语文美育从本质上说就是一种人文教育。

二、工具性

语文美育学的工具性，是指语文美育学反映了语文美育除了有自身的价值，还有辅助德育、智育的功能。语文美育参与个体的审美发展，并与个体的道德发展、个体的智能发展及个体的身心发展共同构成了人的全面发展的基本框架，进而达到个体自身及个体与社会、人与自然的和谐完美发展。

语文美育学的工具性是由美育的工具性决定的。

美育促进人的审美发展，这是美育自身的价值。除此之外，美育还有辅助德育、智育——以美储善、以美启真的功能，这是美育的工具价值。

一个人的道德情操和审美情感是相互联系的。人的德行和内在美是密不可分的，善的事物从本质上讲都应该是美的。社会美和以表现社会美为内容的艺术美，其本身也是一种善。以美引善，寓教于美，使人在美的事物、美的形象、美的理想的感染中，潜移默化地实现道德教育，这是美育的社会功能之一。鲁迅说："美术之目的，虽与道德不尽符，然其力足以渊邃人之性情，崇高人之好尚，亦可辅道德以为治。"[1] 苏霍姆林

---

［1］鲁迅. 鲁迅全集：第8卷［M］. 北京：人民文学出版社，1981：47.

斯基说："审美教育同人的思想面貌的形成，同儿童和青少年审美和道德标准的形成，密不可分地联系在一起。"[1]他们都强调将道德教育寓于审美教育之中，充分发挥审美教育的道德感化功能，以提高道德教育的效果。语文美育，同样可以在提高学生审美能力的同时，提高他们的道德水平。

一个人的智力水平和审美情感也是相互关联的。作为社会的人，无论从肌体生理方面来说，还是从内在心理结构方面来说，都是一个有机的整体，其中任何一个部分的变化都会引起其他部分乃至整体的变化。因此，对人的教育应从整体着眼，在培养某一方面能力时，要同时兼顾其他方面能力的培养，否则就会出现畸形发展。只重知识传授，忽视情感熏陶，就会影响人的全面发展，而医治这种"病症"的良方之一，就是实施美育。美育是一种情感教育、形象教育，是能够发展右脑的思维能力的教育。美育和智育双管齐下，对于大脑两半球的协调、平衡和完整地发展是很有效用的。以美启真也是美育的社会功能之一。在语文教学中，讲究教学艺术，注意传授方法的生动形象，注意教态的亲切自然和语言的节奏韵律，以美的魅力吸引学生，可以激发学生的学习兴趣，激发他们向更高层次的知识领域进行探求的欲望，提高智育的效果。实践证明：语文美育对全面发展学生的智力，进一步培养他们的创造性思维能力，具有重要的作用。

语文美育学的工具性也是由语文教育的工具性决定的。

语文教育首先是汉语言文字教育，是中华民族通用语言文字的教育。汉语文是中华民族思维和交际的工具，也是中国人毕生学习和工作，乃至生存和发展的基础工具。张志公早在1963年发表的《说工具》一文中，就提出了"语文是个工具，进行思维和交流思想的工具，因而是学习文化知识和科学技术的工具，是进行各项工作的工具"[2]的著名观点。

语文这个工具，作为信息的载体，在实际运用中总是承载着人们所要表达的情、意、理、趣的。学习语文，是学习承载着人们所要表达的情、意、理、趣的语文，而不是孤立的、静止的、不表现任何实际内容的语文。因此，学习语文，同时也是学习人们通过语文工具所表现出的情、意、理、

[1] 苏霍姆林斯基. 帕夫雷什中学[M]. 赵玮，等译. 北京：教育科学出版社，1983：440.
[2] 张志公. 张志公自选集[M]. 北京：北京大学出版社，1998：206.

趣，这是语文学习的重要特点。

学与用的语文总是包含着内容与形式的语文。学习语文，在掌握语言形式的同时，总是伴随着对语言内容的理解与发表。学生在学习语言文字运用的同时，增长了知识，提高了道德水平，也提高了审美修养。

三、综合性

语文美育学的综合性是指语文美育学是一门交叉学科，其理论基础、学科内容都具有综合性的特点。

语文美育学的综合性是由美育学的综合性决定的。

美育学作为美育的基本理论，本身即是美学与教育学的交叉学科。马克思主义关于人的全面发展学说，作为生存范畴的审美价值论、现代素质教育思想，是美育学的哲学、美学、教育学基础。美育学理论的建构整合了哲学、美学、教育学等学科的内容。

语文美育学的综合性也是由语文教育学的综合性决定的。

语文教育学作为语文教育的基本理论，本身也是语言学、文章学、文学学、教育学等学科的交叉学科。语文教育学理论的建构整合了语言学、文章学、文学学、教育学等学科的内容。

因此，语文美育学作为美育学与语文教育学的交叉学科，自然带有综合性的特点。如本书绪论所指出的，语文美育学的理论基础涉及哲学、美学、教育学、心理学、语言学、阅读学、写作学等学科。

在此，有必要梳理一下美育学、语文美育学与教育学、语文教育学之间的关系。教育学是一门以教育现象、教育问题为研究对象，探索教育规律的科学。语文教育学是一门以语文教育现象、教育问题为研究对象，探索语文教育规律的科学。教育学研究一般教育规律，包括美育的内容。语文教育学研究语文教育规律，包括语文美育的内容。美育学与语文美育学必须借助于教育学与语文教育学的研究成果作为理论支柱，反过来，美育学与语文美育学的研究成果又会丰富与深化教育学与语文教育学的研究。从这个意义说，美育学是教育学的组成部分和分支学科，语文美育学是语文教育学的组成部分和分支学科，美育学、语文美育学是教育学、语文教育学中审美教育部分的扩大与延伸。但是，这并不妨碍美育学、语文美育学各自成为独立的学科。语文美育学作为美育学与语文教育学的交叉学科，以美育学与语文教育学所提供的理论作为指导，着力研究语文审美教育的特殊规律。

实施美育，建构青少年学生的审美心理结构，培养他们审美活动的能力和习惯，促进个体的审美发展，塑造全面发展的一代新人，并进而推动社会的和谐、历史的进步，是教育家、美学家面临的共同课题，也是所有教育工作者、美学工作者的共同责任。

第二章　语文美育的目的、任务和价值

对于美育的目的、任务和价值，许多人的认识是模糊的。在他们看来，审美教育在与理智教育、道德教育的结构关系中居于从属地位，美育只是为智育、德育服务的，无所谓自身的目的、任务和价值，语文学科美育也只是语文学科智育和德育的附庸。因此，有必要专门讨论美育与语文美育的目的、任务和价值，为美育与语文美育正名。

第一节　语文美育的目的

语文美育的目的，从根本上说，也就是美育的目的，二者是一致的，并非在美育目的之外另设语文美育的目的，只是通过语文美育的途径来实现美育的目的。所以，在讨论语文美育的目的之前，必须先明确美育的目的是什么。

一、美育的目的

美育的目的在于促进个体的审美发展，并通过个体的审美发展推动个体的全面发展，进而达到个体自身及个体与社会，乃至人与自然的和谐完美的发展。

美育是人类自身生产和再生产的重要组成部分，是个体和人类社会不断发展和完善的前提之一。马克思指出："人也按照美的规律来建造。"[1]美育，从根本上说，就是按照"美的规律"塑造人，塑造"具有人的本质的这种全部丰富性的人"，"具有丰富的、全面而深刻的感觉的人"[2]。马克思还指出："生产不仅为主体生产对象，而且也为对象生产主体。""艺术对象创造出懂得艺术和能够欣赏美的大众。"[3]有了能够欣赏美和创造美的人，人们才能与美的事物构成现实的审美关系，并产生审美主体与审美客体之间的审美活动。有了这样的人，美的事物的潜在的美才能转换为现实的审美对象；有了这样的人，客观的审美对象才能激发审美者的审美意识；有了这样的人，审美对象才能由单纯的自然美而发展成丰富多彩的形态——社会美、文艺美、科技美，并作为新的审美对象构成新的审美关系，形成审美主客体之间双方活动的良性循环。人类社会的进步，就是对美的追求的结晶。

美育作为一项审美育人的系统工程，从时间序列上看，包括婴幼儿

[1] 马克思，恩格斯. 马克思恩格斯全集：第42卷[M]. 北京：人民出版社，1979：97.
[2] 同 [1] 126.
[3] 马克思，恩格斯. 马克思恩格斯选集：第2卷[M]. 北京：人民出版社，1972：95.

美育、青少年美育、中老年美育等阶段；从空间序列上看，包括家庭美育、学校美育、社会美育等三个子系统。早在1922年，蔡元培就指出："我说美育，一直从未生以前，说到既死以后。"他说："照现在教育状况，可分为三个范围：一、家庭教育，二、学校教育，三、社会教育。我们所说的美育，当然也有这三方面。"[1]

关于家庭美育，蔡元培说"照我的理想，要从公立的胎教院与育婴院着手"，这是美育最早的一步。胎教院是给孕妇住的，"孕妇产儿以后，就迁到公共育婴院"。两院都要选择空气清新、风景优美的地方。建筑要"匀称""玲珑"，避免"埃及的高压式，峨特的偏激派"。院中设有广场、庭园，以便漫步赏月。要配置泉水、鱼池、花木，陈列雕刻图画以供赏玩，应用与陈列的器具，要轻便雅致，艺术作品宜古典的、优美的，"凡有粗犷、猥亵、悲惨、怪诞等品，即使描写个性，大有价值，这里都不好加入。过度刺激的色彩，也要避去"。总之，要让孕妇和婴儿在宁静优美的环境中休养生息，"孕妇完全在平和活泼的空气里面，才没有不好的影响传到胎儿，这是胎儿的美育"。育婴院除具备上述条件以外，还要求院内的成人和保姆的言行态度、音容姿势，都堪称儿童的模范，"就是衣饰，也要有一种优美的表示"。如条件不具备，"在这些公立机关未成立前，若能在家庭里面，按照上列的条件小小布置，也可承认为家庭美育"。[2]

关于学校美育，蔡元培更是经常论及。他说"幼稚园是家庭教育与学校教育的过渡机关"，这里不仅舞蹈、唱歌、手工是美育的专课，就是计算、说话，也要具有美感，力戒枯燥。蔡元培多次强调：自幼稚园、小学，到中学、大学，都有美育的任务；"凡是学校所有的课程，都没有与美育无关的。例如数学，仿佛是枯燥不过的了；但是美术上的比例、节奏，全是数的关系，截金术是最显的例。数学的游戏，可以引起滑稽美感。几何的形式，是图案美术所应用的。理化学似乎机械了；但是声学与音乐，光学与色彩，密切得很。雄强的美，全是力的表示。美学中有'感情移入'论，把美术品形式都用力来说明他。文学、音乐、图画，都有冷热的异感，可以从热学上引起联想。磁电的吸拒，就是人的爱憎。有许多美术工艺，是用电力制成的。化学实验，

[1] 蔡元培. 蔡元培美学文选[M]. 北京：北京大学出版社，1983：154-159.
[2] 同[1] 154-155.

常见美丽的光焰;元子、电子的排列法,可以助图案变化。图画所用的颜料,有许多的化学品。星月的光辉，在天文学上不过映照距离的关系，在文学、图画上便有绝大的魔力。矿物的结晶、闪光与显色，在科学上不过自然的结果；在装饰品便作重要的材料。植物的花叶，在科学上作为保护生命的作用，或雌雄淘汰的结果；在美术、文学上都为美观的材料。地理学上云霞风雪的变态，山岳河海的名胜，文学家美学家的遗迹；历史上文学美术的进化，文学家美术家的轶事；也都是美育的资料”。他还认为：“每一个学校的建筑式、陈列品，都要合乎美育的条件。可以时时举行辩论会、音乐会、成绩展览会、各种纪念会等，都可以利用他来行普及的美育。”[1]

关于社会美育，蔡元培说：“学生不是常在学校的，又有许多已离学校的人，不能不给他们一种美育的机会；所以又要有社会的美育。”他设想:一是要设立社会美育的机关,承担美育的任务,如美术馆、美术展览会、音乐会、剧院、影戏馆、历史博物馆、古物学陈列所、人类学博物馆、博物学陈列所与植物园、动物园等;二是地方环境的美化，他列举了道路、建筑、公园、名胜的布置，古迹的保存、公坟的规划等项[2]。蔡元培考虑得很周到：“市中大道，不但分行植树，并且间以花畦，逐次移植应时的花。几条大道的交叉点，必设广场，有大树，有喷泉，有花坛，有雕刻品。小的市镇,总有一个公园。大都会的公园,不止一处。又保存自然的林木,加以点缀,作为最自由的公园。一切公私的建筑,陈列器具,书肆的印刷品,各方面的广告，都是从美术家的意匠构成。所以不论哪种人，都时时刻刻有接触美术的机会。”[3]

在美育的三个子系统中，家庭美育是学校美育和社会美育的基础，社会美育是家庭美育和学校美育的继续，而学校美育上承家庭美育，下启社会美育，指导并协调家庭与社会美育，是实施美育的关键。教育是培养人才的事业，学校是培养人才的地方，培养什么样的人才，是学校教育工作的出发点和归宿。学校教育是否实施美育，直接关系到能否全面贯彻国家的教育方针，培养全面发展的社会主义事业的建设者和接班人。

---

[1] 蔡元培. 蔡元培美学文选[M]. 北京：北京大学出版社，1983：155-156.
[2] 同[1] 156-159.
[3] 同[1] 84.

美育作为促进人的审美发展的教育，其内容包括人类审美文化知识的教育和人类审美活动能力的培养两大方面。人类的审美文化知识主要指美学与美学史知识、艺术与艺术史知识等。人类的审美文化知识是在人类进化的历史过程中逐渐积累形成的，作为个体的人不可能重演这漫长的建构过程，这就需要通过审美教育尽快地使个体获得这种文化知识，并达到自己所处时代应有的水平。人类的审美活动能力是指人对自身美和环境美、自然美、社会美、艺术美、科技美的审美欣赏与创造活动的能力。人类的审美文化是人类审美活动的前提和基础，人类的审美活动又是人类审美文化的丰富和发展，两者互为因果，相互促进。

我们不妨把人类审美文化知识的教育称为理性美育，把人类审美活动能力的培养称为感性美育。理性美育与感性美育的区别在于：前者主要是以理性的形式实施的，可以有明确的教学内容和要求；后者主要是以感性的方式进行的，如杜甫诗云“好雨知时节，当春乃发生。随风潜入夜，润物细无声”[1]。理性美育与感性美育的共同点在于：两者无论是寓教育于审美，还是在审美中实现教育，都必须是美的，能唤起受教育者的美感的，因而也都是自由的。“因为正是通过美，人们才可以达到自由。”[2]“通过自由去给予自由，这就是审美王国的基本法律。”[3]

我们认为：美育包括美学基础知识的教育但不能等同于美学的教育，美育包括审美情感的教育但不能等同于情感教育，美育包括社会美的欣赏与创造的教育但不能等同于德育，美育包括艺术美的欣赏与创造的教育但不能等同于艺术教育（更不能等同于艺术技能的操练），美育包括青少年美育但不能等同于学校美育，美育是美育学原理的实践但也不能等同于美育学原理的教育。

教育的方式主要有两种：科学的方式与审美的方式。作为实施教育的主要场所——学校，目前大都采用或主要采用科学的方式而忽视审美的把握。这无疑是现行教育的一大缺陷，其后果是导致学校中的受教育者（主要是青少年）不能得到全面的发展。

[1] 卢国琛. 杜甫诗醇[M]. 杭州：浙江大学出版社，2006：366.
[2] 席勒. 美育书简[M]. 徐恒醇，译. 北京：中国文联出版公司，1984：39.
[3] 同[2] 145.

学校美育是由教育者对学生进行以高尚社会情感为基本内核，以生动的艺术教育为中心环节的审美教育，它是借助于自然美、社会美、艺术美、科学技术美和各学科本身的美等，培养中小学学生具有健康的审美趣味、正确的审美观点和感受美、鉴赏美、表现美、创造美的能力，养成热爱生活、美化生活的良好习惯的教育。

学校美育一方面促进学生的审美发展，另一方面又促进他们在德、智、体、美、劳等方面全面和谐地发展。根据人的一生接受的学校教育的不同层次，学校美育还可分为幼儿园美育、小学美育、中学美育、大学美育等层次。中小学学生就像一块璞玉、一张白纸，早期的雕琢和描绘来得容易而且有效。因此，美育对于中小学学生的成长，意义是十分重大的。在人的一生接受美育的过程中，学校美育是关键，而小学美育又是关键的关键。包含语文美育在内的学校各学科美育，是学校美育的重要组成部分，也是学校美育实施的重要渠道。

近年来，随着国务院办公厅《关于全面加强和改进学校美育工作的意见》（国办发〔2015〕71号）的颁布，包括语文美育在内的学校美育，更是被摆到了突出的位置，尽快改变学校美育工作薄弱的状况，将美育融入学校教育全过程，已经逐步成为教育主管部门和广大教育工作者的共识。

二、语文美育的目的

《义务教育语文课程标准（2011年版）》指出："语言文字是人类最重要的交际工具和信息载体，是人类文化的重要组成部分。语言文字的运用，包括生活、工作和学习中的听说读写活动以及文学活动，存在于人类社会的各个领域。"

"语文课程致力于培养学生的语言文字运用能力，提升学生的综合素养，为学好其他课程打下基础；为学生形成正确的世界观、人生观、价值观，形成良好个性和健全人格打下基础；为学生的全面发展和终身发展打下基础。语文课程对继承和弘扬中华民族优秀文化传统和革命传统，增强民族文化认同感，增强民族凝聚力和创造力，具有不可替代的优势。"[1]

[1] 中华人民共和国教育部. 义务教育语文课程标准（2011年版）[M]. 北京：北京师范大学出版社，2012：1.

语文美育是在语文教育活动中实施的审美教育。语文美育的目的就是通过语文教育活动进行审美教育，促进学生个体的审美发展，并通过学生个体的审美发展，推动学生个体的全面发展，进而达到学生个体自身、个体与社会乃至人与自然的和谐完美的发展。

学校语文美育的目的，必须通过满足和提高中小学学生的审美需要，发展他们的审美能力，建构他们的审美意识，促进他们的审美创造的展开，进而引导他们审美地生活来加以落实。

学校语文美育应当以学生的审美心理特征为依据。例如，小学低年级学生还处于儿童时代，儿童时代是游戏的时代，游戏是儿童最基本的生活方式和学习方式之一，也是他们最基本的审美方式之一。儿童美育必须为儿童的即兴式创作创设相应的情境，并不断激发儿童创作的兴趣和热情。同时，也应该引导他们逐渐地掌握一些作品结构的方法，提高他们创作的自我意识和自控能力。

学校语文美育应当以美育学和语文教育学的理论作为指导，通过学校语文教学活动中丰富多彩的审美欣赏和审美创造的活动，帮助中小学学生树立正确的审美观，培养和提高他们对语文美的感受、鉴赏、表现、创造的能力，并对他们的生活方式进行审美指导，陶冶其情操，净化其心灵，完善其审美心理结构，促进其身心健康发展，从而造就一代有丰富个性、完美人格的，全面发展的新人。

第二节 语文美育的任务

中小学语文美育作为社会主义教育的一个重要组成部分，应当以马克思主义美育学的理论和语文教育学的理论为指导，通过中小学语文教学活动，完成以下两大任务：一是重建审美意识——帮助中小学学生树立正确的审美观和高尚的人生态度（即艺术地对待生活的态度），养成健康的审美情趣和一定的审美文化修养；二是培养审美能力——培养中小学学生感受美、鉴赏美、表现美、创造美的能力，从而造就一代有丰富个性、完美人格的，全面发展的新人。这是语文美育的任务，从根本上说，也就是美育的任务，二者是一致的，并非在美育任务之外另设语文美育的任务，只是通过语文美育的路径来达成美育的任务。

一、审美意识的重建

（一）审美观

审美观是人们在社会实践活动（主要是审美活动）中形成的对美的本质、美的欣赏、美的创造、美的标准等问题所持有的基本观点，是人们从审美的角度对世界的看法，是人们世界观的组成部分。

审美观作为审美意识的集中表现，受生产方式等社会存在和各种社会意识形态的影响，因而具有时代性、民族性、社会性的特点；由于人们的生活境遇、实践经验、世界观和文化修养等的不同，又因人而异，具有个性化的特点。为什么同样一种事物或现象，在有些人看来是美的，而在另一些人看来却是丑的呢？原因在于人们的审美观的差异。以对人体雕塑美的欣赏为例：断臂的维纳斯是人类文化遗产中一颗光彩夺目的明珠，但在历史上曾有人把维纳斯雕塑当作黄色淫秽的艺术品而查禁，或把它当作资产阶级生活方式的象征加以排斥。这种行为便与审美观有密切的关系。如果我们用正确的审美观去欣赏，就会发现维纳斯雕塑所蕴含的那种耐人寻味的无限诗意，以及难以捉摸的含蓄的美；如果单纯地追求感官刺激，它在有些人的眼中就可能是一种格调低下的形象。

只有树立了正确的审美观，人们才可能确立科学、客观的审美标准，养成健康的审美情趣，树立崇高的审美理想，自觉按照美的规律去改造主观世界和客观世界；否则，就会美丑不分，甚至以丑为美，那自然就谈不上美的追求、美的鉴赏和美的创造了。在现实生活中，我们不难看到少数年轻人或是满嘴脏话，行为粗野；或是消极颓废，精神萎靡。一个很重要的原因，就是他们没有树立正确的审美观。因此，有必要帮助青少年树立正确的审美观，养成健康的审美情趣，树立崇高的审美理想，使他们正确分辨美丑、善恶、是非，不断在审美实践中提高自己的审美水平。这是重建审美意识的核心。

树立正确的审美观主要有两个途径：一是通过长期的审美实践，由审美感知、审美想象、审美情感等积淀、升华而形成；二是通过接受美的教育、学习美学理论知识而获得。中小学学生经过家庭美育、幼儿美育，有了一定的审美实践经验并形成了初步的以直觉为主的缺乏稳定性的审美观点。但由于年龄、知识水平的关系，他们没有接受过美学基础知识教育，对美只有感性的认识，只知其然，而不知其所以然，只有一些零碎的审美观点，而没有系统化的审美观。因此，进入学校后，为使中小学学生对美的认识上升到理论高度，而不仅仅是自己的直觉，明白哪些审美观点正确及其为何正确，形成稳定的、正确的审美观，就有必要向中小学学生传授审美的基本知识。应当逐步让中小学学生懂得一些审美知识，如美是人的本质力量的感性显现，美的形态大致可分为自然美、艺术美、社会美、科学美、技术美等类型。

（二）审美情趣

审美情趣又称审美趣味，是人们在审美、立美活动中以个人爱好的方式表现出来的审美倾向性，也就是人们在现实活动中对各种具有审美价值的事物、现象所表现出来的一种富有情感、具有个性特点的主观偏爱和兴趣。健康的审美情趣就是把对美的需要作为动机，逐渐形成的主观审美的积极的情感和兴趣。

审美情趣虽以个人主观偏爱的形式表现出来，但它并不是纯粹的孤立现象，而是一定时代、民族、社会的审美要求、趋向和理想的反映，具有社会历史的内容。这就是说，审美情趣既表现了主体的差异性、特殊性和多样性，又表现了客观的共同性、普遍性和一致性，二者是同中有异，异中有同的辩证关系。

不同阶层的人，在审美情趣上的差异是很大的。即使是同一阶层的人，审美情趣也可能同中有异。我国封建时代的进步知识分子往往以菊、梅、松、竹来寄托自己的情怀，表现了某种相同或相近的审美情趣。可是，陶渊明独爱傲霜怒放的菊花，陆游偏喜冰肌玉骨的梅花，王安石更爱挺拔不屈的松树，郑板桥尤好高风亮节的青竹，各人的审美情趣又不完全一样。

健康的审美情趣不是审美主体生来具有的，它需要培养教育。现代美育研究者大都非常重视美育“陶养感情”[1]，“使人之感情发达，以达完美之域”[2]的功能。梁启超说：“情感教育的目的，不外将情感善的美的方面尽量发挥，把那恶的丑的方面渐渐压服淘汰下去。这种工夫做得一分，便是人类一分的进步。”[3]马克思主义美学原理告诉人们应当如何正确地鉴别艺术中的美和丑，告诉人们生活和艺术中的美具有什么样的现象形态，每种美的现象又具有什么样的状貌和特征。审美实践同样可以培养和提高人们的审美情趣，丰富人们的精神世界，唤起人们对真正美好的事物的向往。而艺术是培养健康的审美情趣的最好媒介。朱光潜认为：“要真能欣赏文学，我们一定要超过原始的童稚的好奇心，要超过对于福尔摩斯侦探案的爱好，去求艺术家对于人生的深刻的观照以及他们传达这种观照的技巧。”[4]这就是说，健康的纯正的审美情趣来自对艺术作品深刻思想内容和精湛艺术技巧的专注，而不是低层次的猎奇。因此，培养中小学学生健康的审美情趣，就要利用语文教学优势，让中小学学生多懂得一点美学常识，多参与一些艺术实践，尤其是让中小学学生多接受文学艺术的熏陶。

人们的审美情趣是不知不觉而又持续不断地培养和提高的。它在很大程度上是周围环境熏陶的结果，人们虽然经常意识不到周围环境对人

[1] 蔡元培. 蔡元培美学文选[M]. 北京：北京大学出版社，1983：174.
[2] 王国维. 王国维哲学美学论文辑佚[M]. 佛雏，校辑. 上海：华东师范大学出版社，1993：252.
[3] 梁启超. 情趣人生：梁启超美学文选[M]. 合肥：安徽文艺出版社，2015：137.
[4] 朱光潜. 朱光潜美学文学论文选集[M]. 长沙：湖南人民出版社，1980：26.

的作用，但实际上却耳濡目染，处处受到它的影响，或者使高尚趣味得以发展，或者使低级趣味得以滋长。中小学学生年龄小，审美能力弱，辨别能力差，他们审美情趣表现出的一个重要特点是单纯地模仿。一些中小学学生极容易被一时的社会潮流影响，以至一时美丑不辨，而对某些本来并不美的现象产生兴趣，争相效仿。所以，营造包括语文美育环境在内的审美教育环境也是十分重要的。

（三）审美文化修养

审美意识的重建，也包括审美主体具备一定的审美文化修养。正如马克思所说："如果你想得到艺术的享受，那你就必须是一个有艺术修养的人。""对于没有音乐感的耳朵来说，最美的音乐也毫无意义。"[1]

学习美学理论知识，对于提高审美修养是十分重要的。学习美学理论最有效的方法是结合文学艺术的实践来学，因为美学最主要的研究对象是文学艺术，许多审美范畴、名词术语是从文学艺术的创作和欣赏中概括出来的。学习美学理论还要了解相关学科的知识，美学与哲学、心理学、伦理学、文艺学、历史学等都有密切联系。

那么，怎样在语文教学中提高中小学学生，特别是高年级学生的审美文化修养呢？

第一，要结合语文教学帮助中小学学生了解美的特征和美的形态。按照马克思主义的观点，美是人的本质在对象世界的感性显现，具有形象性、情感性、社会性、功利性等特征。一个事物之所以有美的魅力，能引起人们的喜爱、愉悦之情，究其根由即在此。一些缺乏美学修养的人，因为不懂得这个道理，就只能从表面现象上去认识美，结果会做出错误的判断，并且容易导致行为上的失误。要让中小学学生了解，体现了人的本质力量、人的自由创造能力的人，具有崇高理想、能为社会做出贡献的人，才是真正美的人。

第二，要结合语文教学帮助中小学学生了解美感的特征和审美心理过程。中小学学生了解了这方面的知识，就可以自觉提高自身的审美修养，增强审美能力，更加细致、深入地感受美和理解美。

---

[1] 马克思，恩格斯. 马克思恩格斯全集：第42卷[M]. 北京：人民出版社，1979：126，155.

第三，还要结合语文教学帮助中小学学生了解有关“美的规律”的知识。“美的规律”是马克思提出的著名命题。所谓“美的规律”，就是人自觉、自由地创造美的规律。美的规律是真与善的统一，合规律性与合目的性的统一。中小学语文美育不仅要让中小学学生懂得美、鉴赏美，更要引导他们去追求美、创造美，使人类自身和整个世界变得更加美好。

需要说明的是，中小学学生学习美学知识的基本目的是提高审美修养，而不是从事美学研究；提高中小学学生审美修养的基本途径是广泛阅读和反复揣摩优秀的文学艺术作品，而不是过多地介绍美学理论和相关的名词术语。

（四）高尚的人生态度

培养高尚的人生态度（即艺术地对待生活的态度），也是美育的任务之一。引导人们审美地生活是美育积极的社会功能的体现。它一方面发掘社会生活中固有的美来启迪人心，培养高品位的生活情趣；另一方面又以自身特有的方式来提高人的艺术化生活的能力，从而提高人们的生活质量。

美和艺术应当成为人的必需品，渗透人的生活的方方面面，无论在家庭、学校还是社会，到处都有美和艺术培养人艺术地对待生活的态度，并通过它将丑的低级的趣味从自己的生活中驱逐出去。列夫·托尔斯泰早就写道：“我们惯于把‘艺术’一词理解为我们在剧院里、音乐会上和展览会上所听到和看到的东西，以及建筑、雕像、诗、小说……但是所有这些只不过是我们在生活中用以互相交际的那种艺术的很小一部分。人类的整个生活充满了各种各样的艺术作品——从摇篮曲、笑话、怪相的模仿，住宅、服装和器皿的装饰，以至于教堂的礼拜式、凯旋的行列。所有这些都是艺术活动。”[1]高尔基更明确地说：“人，按其本性来说，就是艺术家。他无论如何处处力求给自己的生活带来美。”[2]

中国现代学者也有类似的论述。如：朱光潜主张“人生的艺术化”[3]，

［1］托尔斯泰. 艺术论[M]. 北京：人民文学出版社，1958：49.
［2］德米特里耶娃. 审美教育问题[M]. 上海：知识出版社，1983：1.
［3］朱光潜. 朱光潜美学文集：第2卷[M]. 上海：上海文艺出版社，1982：245.

宗白华提倡“艺术的人生观”[1]等。“人生的艺术化”是现代美学家朱光潜谈美的起点，也是他谈美的落脚点。朱光潜在1932年所著的《谈美》一书中将全书收束提升到人生与审美艺术的内在一体化高度。朱光潜说：“离开人生便无所谓艺术，因为艺术是情趣的表现，而情趣的根源就在人生；反之，离开艺术也便无所谓人生，因为凡是创造和欣赏都是艺术的活动，无创造、无欣赏的人生是一个自相矛盾的名词。”在他看来，“人生本来就是一种较广义的艺术。每个人的生命史就是他自己的作品。这种作品可以是艺术的，也可以不是艺术的，正犹如同是一种顽石，这个人能把它雕成一座伟大的雕像，而另一个人却不能使它‘成器’，分别全在性分和修养。知道生活的人就是艺术家，他的生活就是艺术作品”[2]。“人生的艺术化”，就是强调人艺术地对待生活的态度，即主体对生活抱着一种审美态度。有了艺术地对待生活的态度，“有一双慧眼看世界，整个世界的动态便成为他的诗，他的图画，他的戏剧，让他的性情在其中‘怡养’。到了这种境界，人生便经过了艺术化”[3]。因此，朱光潜又把“人生的艺术化”的思想总结为一句话：“慢慢走，欣赏啊！”[4]

爱读小说、会朗诵诗、能欣赏音乐等，这些还是次要的，只有当正确的审美观和健康的审美情趣成为人的心理气质的一部分，能够影响到人的行为准则、人生态度、对同学亲友的关系，影响到人的日常生活的时候，才谈得上是真正的审美修养。如果一个人仅仅爱好艺术，而对生活中的美丑缺乏鲜明的爱憎，那就不能说他有审美修养，而只能说他善于用艺术打扮自己。美育的首要任务，不是培养人们懂得一点艺术或成为艺术家，而是帮助人们树立正确的审美观，养成健康的审美情趣，提高审美文化修养和学会艺术地对待生活。

那么，怎样在语文教学中培养中小学学生，特别是高年级学生艺术地对待生活的态度呢？

第一，帮助中小学学生树立美好的生活观。人的生活观是世界观在

[1] 宗白华. 美学与意境[M]. 北京：人民出版社，1987：30.
[2] 朱光潜. 谈美[M]. 北京：北京大学出版社，2008：166.
[3] 朱光潜.朱光潜美学文集：第2卷[M]. 上海：上海文艺出版社，1982：245.
[4] 同[2] 163.

生活实践中的具体体现。正确的、健康的生活观能够引导人们积极地投身于现实生活的美好建设。因而，树立美好的生活观，体现在一定社会生活方式和实践背景下逐步成长起来的人的生活趣味，体现理想与现实的统一，既是引导人的审美生活的内在要求，也是实现审美生活的主观条件。

第二，培养中小学学生对大自然的亲近态度。鼓励人们从儿童时代就经常与大自然打交道，是引导审美生活的一个重要途径。儿童应该尽早，而且长时间地投身于大自然，从中吸取对它的印象，体验大自然在心中激发的思想和感受。

第三，营造中小学学生审美生活的氛围。从教室的环境布置，到校园的整体美化，再到班级、学校的精神生活气氛，这一切都可以潜移默化地作用于人的审美趣味、审美理想。

第四，提供中小学学生审美实践的机会。要充分利用语文教材的优势，特别是其中的文学作品，结合阅读、写作和口语交际教学，开展丰富多彩、形式多样的审美活动，培养中小学学生艺术地对待生活的态度。

二、审美能力的培养

（一）审美感受能力

审美感受能力是指审美者凭借自己的感觉器官，主要是从形式上感受美，并获得美感的能力。审美感受能力是人们进行一切审美活动的出发点，是整个审美能力中最初始、最基本的能力，是审美鉴赏能力、审美表达能力和审美创造能力得以萌生和发展的前提和基础。

人类的审美感受能力与人的特殊的生理结构、机制和功能是分不开的，但人类的审美感受能力主要是后天养成的。每个人的生理基础是大致相同的，但由于种种原因，各人的审美感受能力很不一样。苏联作家巴乌斯托夫斯基在《金蔷薇》中记载了这么一件事：法国画家莫奈到英国伦敦去画著名的威斯敏斯特教堂。他是在平常的雾天里工作的，在他的画上，教堂的哥特式建筑的轮廓在雾中隐约可见，画是极精美的。可这幅画展出时，却在伦敦惹起了一场风波。他们对莫奈把教堂尖顶上空笼罩的雾气画成紫红色惊愕万分。莫奈的大胆妄为引起了人们的愤懑，但当愤懑的人们走出展览大厅，仔细观察伦敦上空的雾气时，他们才第一次发现那雾确实是紫红色的，原因是浓郁的尘烟和伦敦的红砖瓦房使雾气染上了紫红的色彩。这时，人们无不赞叹莫奈敏锐的审美感受力，将他誉为“伦敦雾的创造者”[1]。这个故事生动地说明：“美是到处都有的。对于我们的眼睛，不是缺少美，而是缺少发现。”[2]

审美感受的范围很广，它包括简单的、初级的形式和内容，也包括复杂的、高级的形式和内容。前者如对声音、颜色、形状等的感知，人们从中获得感官的快适；后者如对交响乐曲、山水画或雕塑的欣赏，人们从中获得精神的满足。无论是前者还是后者，都包含着情感与认识的双重因素。因而，充分地感受美的能力是建立在发达的感官能力、正确的认识能力和情趣体验的基础上的。这种能力并不是天生的，而是人类在长期的社会实践过程中形成和发展起来的。

如果审美者缺少对美的敏锐的感受能力，他就不可能将丰富多彩的美的因素极其迅速地输入到大脑中去，也就不可能获得丰富多彩的审美感受。试想：读诗不能感受到音节韵律的美，看电影不能感受到多种蒙太奇的美，听音乐不能感受到旋律节奏的美，欣赏自然风光不能感受到形、声、色、光、影的美，这样岂不是“身在美中不知美”？其结果，势必会使美感的广度和深度大受影响。因而要积极引导人们去发现、感受现实世界的美，增强人们的审美感受能力。

美育最基本的任务之一，就是要引导人们自觉地加强对审美感觉器官的训练，通过审美实践，培养和提高对各种美的事物的感受能力，使之具有一双能聆听音乐的耳朵和一双能感受美的眼睛。正如席勒所说：“感受能力的培养是时代最急迫的需要，这不仅因为它是一种改善对人生洞察力的手段，而且因为它本身就会唤起洞察力的改善。”[3]

提高中小学学生的审美能力，首先要提高他们的审美感受能力。中小学语文美育最基本的任务之一，就是要引导中小学学生自觉地加强对

[1] 巴乌斯托夫斯基. 金蔷薇[M]. 上海：上海译文出版社，1980：227.
[2] 罗丹. 罗丹艺术论[M]. 葛赛尔，记. 北京：人民美术出版社，1978：62.
[3] 席勒. 美育书简[M]. 徐恒醇，译. 北京：中国文联出版公司，1984：60-61.

审美感官的训练，通过审美实践来培养和提高他们对美的事物的感受能力。在中小学语文教学中，要有意识地培养他们自觉地去发现美、感受美的能力。我们可以结合语文教学，组织和引导他们阅读优秀的文学作品，分析其中的审美内容；组织和引导他们接触名曲名画，品味其中的审美情愫；组织和引导他们去游览风景名胜，领略祖国山河的大好风光。通过这些内容丰富、形式多样的审美教育活动，训练他们的感官，提高他们的审美感受能力。

（二）审美鉴赏能力

审美鉴赏能力是指审美者凭借自己的生活经验、思想水平和艺术修养，有意识地对审美对象的内容和形式进行思索和品评，并从中获得美感的能力。审美鉴赏是在审美感受的基础上进行的，当人们接触到艺术作品、社会事物或自然景物时，审美对象的美给人们以感受和影响，同时，人们对审美对象做出审美评价并获得审美享受（感官的快适，心灵的愉悦）。按照狄德罗的说法，鉴赏能力就是“由于反复的经验而获得的敏捷性，它表示在能使它美化的情况下，抓住真实与良好的东西，并且迅速而强烈地为它所感动”[1]。

审美鉴赏包括对美的事物的鉴别和欣赏。在审美活动中，鉴别和欣赏两者是密不可分的，有鉴别才有欣赏，鉴别是为了更好地欣赏。审美鉴赏的范围很广，既有简单的、初级的内容和形式，也有复杂的、高级的内容和形式。前者如对日常生活中服装用具的鉴定，从而识别它们的美丑，后者如对美的形态（自然美、社会美、艺术美、科学美、技术美）、范畴（优美、崇高、悲剧美、喜剧美等）和程度（比较美的、美的、最完美的）的评定。审美鉴赏能力的高低主要由审美者的审美观、审美情趣和审美文化修养等决定。

爱美之心，人皆有之，但是，人们的审美鉴赏力是有差异的。面对同一审美对象，有人说美，有人不知美在哪里，即使都认为对象美的人，认识也不完全一致。造成这种审美差异的原因，除了审美观、审美情趣和审美文化修养等不同，人们的审美鉴赏能力的高低也是重要的原因。

[1] 北京大学哲学系美学教研室. 西方美学家论美和美感[M]. 北京：商务印书馆，1982：141.

具有较高的审美鉴赏能力的人，能辨别事物的美丑，区别不同的审美对象，通过对美的事物的品味、玩赏，发现蕴藏在对象内部的深刻意蕴。一般说来，文化素养、艺术修养、思想水平愈高，知识面愈广，生活阅历愈多，审美经验愈丰富的人，审美鉴赏能力就愈强，也就愈能在审美、立美活动中发挥自己的主观能动性。

无论审美鉴赏能力高还是低，人们在鉴赏美的时候，总持有一定的尺度。审美鉴赏尺度通过鉴赏者的审美感受表现出来，因而它具有个体差异性。审美鉴赏需要对对象的美做出评价和判断，因而审美鉴赏尺度又应具有普遍适用性，为社会所公认。这就是说，审美鉴赏尺度是差异性和普遍性的统一。我们在培养中小学学生的审美鉴赏能力时，一方面要强调发展审美个性、尊重个人的审美选择和审美爱好；另一方面又要加强引导，培养中小学学生的符合时代、民族和社会要求的审美意识。个人的审美鉴赏尺度总是要受时代的、民族的、社会的普遍要求规范和制约。不能以尊重个人爱好为借口，掩盖落后、低级的审美趣味和审美标准，应当使审美鉴赏尺度与时代的要求、民族的风采、社会的利益协调起来。

歌德说："鉴赏力不是靠观赏中等作品而是要靠观赏最好作品才能培育成的。所以我只让你看最好的作品，等你在最好的作品中打下牢固的基础，你就有了用来衡量其他作品的标准，估价不至于过高，而是恰如其分。"[1] 培养中小学学生的审美鉴赏能力，就要结合语文教学，引导中小学学生多接触优秀的文学艺术作品，取法乎上，日积月累，耳濡目染，审美鉴赏能力自然会逐步形成并得到提高。

在现实生活中，既有美，又有丑，美和丑是相比较而存在的。雨果说过："丑就在美的旁边，畸形靠近着优美，粗俗藏在崇高的背后，恶与善并存，黑暗与光明相共。"[2] 培养中小学学生的审美鉴赏能力，特别要注意提高他们对事物美丑的辨析能力。通过美和丑的对比、鉴别和评判，让他们真正懂得什么是美、什么是丑，为什么美、为什么丑，这是提高

[1] 爱克曼. 歌德谈话录[M]. 北京：人民文学出版社，1978：32.
[2] 北京大学哲学系美学教研室. 西方美学家论美和美感[M]. 北京：商务印书馆，1982：236.

中小学学生审美鉴赏能力的有效途径。

（三）审美表现和创造能力

人们认识世界的目的在于能动地改造世界；同样，人们感受美、鉴赏美的目的是为了表现美、创造美。事实证明，一个人只有当他表现美、创造美的能力有了发展和提高以后，他的审美感受能力、审美鉴赏能力才能得到巩固、深化和拓展。因此，美育的又一重要任务，就是要通过审美实践活动，进一步培养、训练和提高人们按照"美的规律"直接表现美、创造美的能力，自觉地美化主观世界和客观世界，从而创造出具有高度精神文明和物质文明的美好生活。

审美表现和创造能力是指审美者在社会实践活动（主要是审美活动）中充分发挥自己的主观能动性，认识、掌握"美的规律"，并利用"美的规律"来表现和创造美的能力。从根本上说，审美表现和创造能力也就是人类使自己由必然王国步入自由王国的能力。

人的审美表现和创造能力体现在人的实践活动的方方面面，主要包括以下几个方面：（1）人的美（包括人体美和人格美）的表现和创造；（2）环境美（包括自然环境美与社会环境美）的表现和创造；（3）艺术美的表现和创造（包括艺术的表现和创造，以及艺术欣赏中的再创造即创造地接受艺术）；（4）科技美（包括科学美和技术美）的表现和创造；（5）劳动美的表现和创造；（6）生活美的表现和创造等。审美表现和创造能力的培养，也包括传授各种表现和创造美的技巧技法（如音乐、美术、文学表达的方法与技巧，乃至交往、言语、行为、服饰、美容的方法与技巧）等方面。

培养中小学学生的审美表现和创造能力，首先要激发他们的表现欲、创造欲和想象力。中小学语文美育要引导中小学学生热爱美，欣赏美，追求理想境界，唤起他们不安于现状，敢于探索，勇于创新的创造冲动和想象能力，使他们渴望去改造周围的客观世界，改造自身的主观世界，在对未来美好前景的想象中，表现和创造理想的生活和美。为此，要在中小学语文教学过程中，对中小学学生进行审美理想的教育，通过各种途径和方法，让他们了解生活怎样才美，人怎样才美，自然和艺术怎样才美，激发他们的超越意识，使他们充分发挥具有创造性的想象能力，积极地去追求美、表现美和创造美。

培养中小学学生的审美表现和创造能力，就要使他们初步懂得表现和创造美必需的各种规律性知识，并初步掌握表现和创造美的才能和技巧。无论是物质产品美的创造，还是精神产品美的创造，都离不开一些专门知识的掌握。表现和创造美的技巧是熟练地运用一定的物质手段，将头脑中构想的美的蓝图表达出来的能力。技术是技巧的基础，技术是创造主体支配他使用的物质材料的能力。比如，甲、乙两人演同一出戏，观众认为甲的表演“够味”，而乙表演的“不是那么一回事”。其实，乙在表演中并没唱错一句，也没走错一步；也就是说，乙的唱白和做工都合规格。但尽管都合规格，可惜整个表演缺乏神韵。合乎规格的唱白和做工，是技术；能把剧中人物随时在变化的思想情绪恰到好处地表现出来，演得神韵盎然，这才算有技巧[1]。由此可见，技巧不是一些个别方法的总和，而是一种用完美的形式反映生活、塑造物体的本领。人们只有掌握表现美、创造美的技巧，才能按照美的规律表现和创造出内容和形式完美统一的作品。

培养中小学学生的审美表现和创造能力，还要注意培养和尊重他们的创作个性。美是千姿百态的，人的审美需要是多种多样的，美的表现和创造也应该是个性化的。清代大画家石涛主张在艺术创作中“我自发我之肺腑”[2]。在他看来，绘画艺术绝不是对自然万物的刻板的复制和描摹，当然更不是师古不化、仿制前人的画迹。绘画艺术只能是艺术创作主体的审美意向、审美情感和审美理想的反映和表现。清代艺术家郑板桥也主张:“学者当自树其帜。”[3]他提倡为文作画应摆脱一切外来的干预和束缚，大圣大贤、古今法则都不应成为牢笼。作家对生活要有自己的见解，表现在作品中，就是要有自己的创作个性，形成自己的艺术风格。在审美教育中，不仅应培养个人独特的审美感受、审美理解，更应尊重个人的独特创造。

中小学语文美育要十分注意发展学生的独特个性，尽可能地满足他们进行审美表现和创造的要求和欲望。指导中小学学生提高审美表现和

[1] 仇春霖. 美育原理[M]. 北京：中国青年出版社，1988：258.
[2] 石涛. 石涛画语录[M]. 南京：江苏美术出版社，2007：32.
[3] 郑燮. 郑板桥集[M]. 上海：上海古籍出版社，1979：191.

创造能力的方法和途径有很多，比如：结合写作教学举办征文评奖活动，有效地调动中小学学生的表现和创造美的积极性；组织各种课外兴趣小组，充分发挥他们的爱好和特长。

中小学语文美育任务的各方面是密切联系的，培养感受美的能力是美育的基础，培养鉴赏美的能力是美育的发展，培养表现和创造美的能力是美育的提高，而重建人们的审美意识——树立正确的审美观，培养健康的审美情趣和艺术地对待生活的态度，以实现个体的审美发展并进而推动个体的全面发展，达到个体与社会、人类与自然的和谐完美的发展，才是美育的最终目的或最高境界。

第三节　语文美育的价值

美育的价值，可以从不同的视角去考察。语文学科美育的价值，同样可以从不同的视角去考察。本书将语文学科美育的价值概括为审美价值与工具价值两大方面。

一、审美价值

美育最重要的价值是什么？是培养人，培养具有审美修养的人，或者说培养具有审美态度的人。美育主要的目的并不是培养掌握艺术技能的具体艺术家，而是培养具有健康审美态度的“生活的艺术家”。态度就是一种世界观、价值观、人生观，这是人的素质中最基本、最主要的方面。具有健康审美态度的人能够正确对待自己和他人，正确对待社会、国家和人类，也能正确对待自然和环境，具备对群体、社会、国家和世界的责任感。

培养具有审美修养的人，或者说培养具有审美态度的人，反映了人类的一种本质特性，是人与动物的界限。康德提出“美是道德的象征”[1]，强调了自然的人经过审美成为社会的人，成为有文化、有道德的人。审美是人的本质特性，是人与动物的区别之所在，我国古代学者对此早有认识。《乐记》指出：“知声而不知音者，禽兽是也。”[2]这强调了人不只是像动物那样能发声，更能知晓音乐，能够通过音乐获取美感。孔子认为仁人君子的培养须经“兴于诗，立于礼，成于乐”的过程[3]，更是深刻地揭示了美育对于人的世界观的养成作用。

如上文所说，语文美育是在语文教育活动中实施的审美教育。语文美育的直接目的就是通过语文教育活动进行审美教育，促进学生个体的审美发展，重建学生的审美意识——帮助中小学学生树立正确的审美观和高尚的人生态度（即艺术地对待生活的态度），养成健康的审美情趣和一定的

[1] 康德. 判断力批判（上卷）[M]. 宗白华，译. 北京：商务印书馆，1964：201.
[2] 沈风笙，陈成国. 周礼·仪礼·礼记[M]. 长沙：岳麓书社，1989：424.
[3] 朱熹. 四书集注[M]. 长沙：岳麓书社，1985：132-133.

审美文化修养；培养学生的审美能力——培养中小学学生感受美、鉴赏美、表现美、创造美的能力，从而造就一代有丰富个性、完美人格的，全面发展的新人。

语文是美育的广阔的课堂。语文与美有着非常紧密的联系。语文教学活动是具有艺术化、审美化特征的活动。语文课本中的诗词歌赋，有着充沛的、细腻的、多彩的情感。因此，在语文课堂教学中，教学双方形成一个流动着热烈、浓郁情感的“情感场”。教师的教学热情与学生的学习热情相互影响和促进，使语文教学活动充满教与学双方的成就感、满足感和沉醉感等高级审美情感——语文最有利于培育人的审美态度，塑造人的美好心灵，激发人的想象力。当语文课堂出现这样一个问题：“雪化了。化成了什么？”如果有学生回答：“化作了春天。”那么我们应当为他击节叫好！因为这样的答案与“化成了水”“化成了泥浆”有着显著不同。这是一种诗意的答案，是一种充满想象、充满美感的答案。审美体验是语文教学的最高目标。

语文教科书中文质兼美的课文及丰富的语文课程资源，为学生语文审美价值的实现提供了基础。语文学科美育的审美价值正是在语文教师和学生开发与利用语文课程资源、开展富有创造性的语文学习活动中实现的。

二、工具价值

我们说，语文美育除了能促进学生的审美发展，还有其工具价值。学生个体的审美发展可以推动学生个体的全面发展，进而实现学生个体自身、个体与社会乃至人与自然的和谐完美的发展。

爱因斯坦说：“想象力比知识更重要，因为知识是有限的，而想象力概括着世界上的一切，推动着进步，并且是知识进化的源泉。严格地说，想象力是科学研究中的实在因素。”[1]想象力就是美育培养的最重要的能力之一。长期以来，我们的教育重视智力的开发，重视知识的传授，而学生的学习和运用知识的活动却是一种富于想象力的创造性活动。教育应使受教育主体在获取知识的同时发挥想象力和创新能力。这正是美育

[1] 爱因斯坦. 爱因斯坦文集：第一卷[M]. 许良英，范岱年，编译. 北京：商务印书馆，. 1976：284.

具有工具价值的证明。

2015年12月27日第十二届全国人民代表大会常务委员会第十八次会议第二次修正的《中华人民共和国教育法》第五条规定："教育必须为社会主义现代化建设服务、为人民服务，必须与生产劳动和社会实践相结合，培养德、智、体、美等方面全面发展的社会主义建设者和接班人。"第六条规定："教育应当坚持立德树人，对受教育者加强社会主义核心价值观教育，增强受教育者的社会责任感、创新精神和实践能力。"[1]

根据国家的教育方针，语文教育目标应当是一个多元的结构体系，包括语文智育目标（包括语文知识、语文能力、智力等子目标）、语文德育目标和语文美育目标。语文教育应追求真（智育）、善（德育）、美（美育）的统一。不能为美育而美育，丢失语文学科的德育目标和智育目标，恰恰相反，应当通过美育促进德育、智育目标的达成，通过美育提升学生的社会责任感、创新精神和实践能力。这也就是语文美育工具价值的体现。

事实上，语文学科美育在增进学生对祖国语文的美感体验、鉴赏文学作品、表达美和创造美的同时，对于学生语言积累与建构、语言交流与沟通、语言梳理与整合，对于学生发展形象思维和逻辑思维、提升思维品质，对于学生传承中华文化、理解多样文化、关注参与当代文化，都是有积极意义的。

我们今天生活的时代，是信息的时代，是从技术时代发展而来的人文时代，是从机器时代发展而来的生命时代。正如德国诗人荷尔德林所描绘的、海德格尔所赞赏的："人充满劳绩，但还诗意地安居于这块大地之上。"[2]在这个时代，美育是培育一代新人，弘扬新的人文精神，协调人与环境，协调社会发展的重要法宝。

[1] 中华人民共和国教育法[N]. 人民日报，2016-02-23.
[2] 海德格尔. 人，诗意地安居：海德格尔语要[M]. 郜元宝，译. 桂林：广西师范大学出版社，2000：74.

第三章 审美主体

审美活动是人类最基本的活动之一。它是一种以审美客体为基础，审美主体为主导，旨在满足人们的审美需求的社会实践活动。审美是一种积极主动的价值取向活动或者说价值实现活动，其内涵是领会事物或艺术品的美。它既不等同于感性认识，也不等同于理性认识。它是人类（主体）对世界（客体）的一种特殊体验，是主体与客体的沟通。

本章讨论学校审美主体的类型，以及审美意识的特殊表现形式——美感。

第一节 审美主体的类型

作为审美主体的人必须具备两个条件：一是要有健全的大脑和感觉器官；二是要有一定的美学和艺术修养。审美意识的产生必须有它的生理与心理基础；审美意识又是由不断建构的现实审美关系和特定的审美对象双重决定的。“从主体方面来看：只有音乐才能激起人的音乐感；对于没有音乐感的耳朵来说，最美的音乐也毫无意义。”[1]语文美育的审美主体包括教师和学生，主要是学生。

与此相适应，作为审美对象的客体必须具备两个条件：一是要符合“美的规律”，二是要发出能为主体所接受的美的信息。审美对象可以是客观世界本身存在的事物（如自然美），也可以是人的本质力量对象化的客体（如社会美、文艺美、科技美）。前者所引起的审美活动是审美主体观照客体对象美的活动；后者所引起的审美活动是审美主体“在他所创造的世界中直观自身”[2]的活动。语文美育的审美对象主要指语文美。

一般来说，学校审美教育过程是教师审美传播过程和学生审美接受过程的统一。在这个过程中，教师和学生虽然同为审美主体，但两者的地位和作用却有所不同。教师从事的活动主要是一种审美传播活动，即指导学生进行审美认识和实践的活动，因而处于主导的地位；学生从事的活动主要是一种审美接受活动，即在教师的指导下感受美、鉴赏美、表现美、创造美的活动，因而处于被指导的地位。教师作为教育者是立美主体，其活动主要是立美活动；学生作为受教育者是受美主体，其活动主要是自身的审美认识和实践活动。学校美育要以立美主体（教师）为整个审美教育活动的主导，以受美主体（学生）为整个审美认识和实践活动的主体。

必须指出，在学校审美教育活动中，教师作为立美主体并非没有审

[1] 马克思，恩格斯. 马克思恩格斯全集：第42卷[M]. 北京：人民出版社，1979：125-126.

[2] 同 [1] 97.

美接受活动，教师也会受到美的熏陶、美的教育；学生作为受美主体也并非没有审美传播活动，学生同样会有美的展示、美的创造。我们区分立美主体和受美主体，意在强调教师与学生在学校审美教育活动中各自的特点。一方面，在学校审美教育活动中，教师处于教育者的地位，学生处于受教育者的地位；另一方面，在学校审美认识和实践活动中，学生又是审美认识和实践活动的主体，教师的指导作用必须通过学生的审美认识和实践活动才能最终实现。教师的立美活动要考虑为学生的审美活动创设一定的条件，学生的审美认识和审美实践活动要在教师的指导下进行。在学校美育活动中，要调动和发挥这两个主体的积极性。

一、立美主体

教师是人类灵魂的工程师。他们在传授知识、启迪智慧的同时，也在陶冶学生的情操，铸造学生的灵魂。作为立美主体，教师在美育过程中无疑起着举足轻重的作用。教师应当自觉地运用“美的规律”进行教学，做到以美育人、寓教于美，在学校美育中发挥主导作用。

在教育教学过程中，教与学的关系是既对立又统一的。一方面，教师处于施教者的地位，在教学活动中起着主导的作用，学生处于受教者的地位，在教学活动中必须不同程度地服从教师的领导；另一方面，学生又是学习的主体，教师的指导作用必须通过学生的学习活动才能实现。将教师和学生分别称作“主导”和“主体”，反映了教学过程中的“教”与“学”既是不可分割、互相依存的，又是各自独立、不能代替的。

在学校语文审美教育过程中，语文教师的主导作用主要表现在以下几个方面：一是集中学生的审美注意力，激发他们的审美欲望，让其尽快进入审美学习的主体角色；二是要使每个学生都参与审美活动，让他们的审美认识互相补充和完善，起到引导的作用；三是要为学生对审美对象的“入境”（步入审美境界）排难解困；四是强化审美对象的审美信息对学习主体的刺激作用，让学生的审美心理尽快达到顺应和同化。

在学校语文审美教育过程中，语文教师的主导作用还表现为在学生（审美主体）与语文教材（审美客体）之间的中介作用。语文教师要引导好学生的审美活动，自己首先要挖掘语文教材中的审美因素，欣赏、品味语文教材中的美，并努力创造出新的美，进而指导学生发现、感受、鉴赏语文教材中的美，借助审美想象，创造审美意象，激发审美情感，产生审美愉悦，提高审美认识。在整个语文教育过程中，语文教师把语文教材的内容之美转化为一种容易被学生接受的有意味的形式，并将其物化为学生的语言美、情操美，等等。

中小学语文美育的对象是可塑性强、模仿性强的中小学学生，语文教师的一言一行，一举手一投足对中小学学生都有潜移默化的影响。春秋时的孔子就已经意识到身教的作用："其身正，不令而行；其身不正，虽令不从。"[1] 语文教师的服饰、教态、言行、风度、审美趣味、思想观念等，同样会对中小学学生产生影响。所以，我们的教师在进行"言教"的时候，千万别忘了"身教"，要时时处处成为学生心目中美的楷模。

总之，在中小学语文审美教育过程中，语文教师既是立美主体，又是审美中介。他们在激发学生的审美兴趣，引导学生的审美追求，组织美育活动，评价美育效果，指导学生学会自我美育与自我进行美的评价等方面，都起着积极的主导作用。具备了强烈的实施美育意识的语文教师，既是日常语文教学活动的组织者、领导者，又是语文美育活动的组织者、领导者，大到传授哪些美学知识、树立怎样的审美观念、培养何种审美情趣，小到怎样设置课堂教学情境、如何上好一节课，乃至布置一道练习题，都要精心设计、精心安排。他们把自己对教材的审美感受转化为学生的审美感受，把教师的美、教材的美物化为学生的美。

作为立美主体，语文教师应不断提高自身的审美修养。如在繁重的教学教研工作之余，静下心来，读点美学、美育学著作，徜徉于美的殿堂，了解美学研究、美育研究的动态与最新成果；更多地参与审美实践，感受自然美、社会美、艺术美、科技美，形成审美的眼睛与耳朵，让自己具有诗歌、散文、小说、戏曲、音乐、舞蹈、书法、绘画、影视等诸多艺术的鉴赏能力，以游刃有余地进行美育。

语文美育活动的主体既是受教育者——美的欣赏者（受美主体），同时又是教育者——美的创造者（立美主体）。学生和教师一方面在感受、

[1] 朱熹. 四书集注[M]. 长沙：岳麓书社，1985：175.

鉴赏美，另一方面又在创造、表现美。因此，开展语文美育活动，必须重视教育者（立美主体）与受教育者（受美主体）相互转换的原则。

教师在语文美育活动过程中具有双重地位。一方面，他们是教育者，是语文美育活动的引导者和组织者，是美的知识的传播者，负有引导、组织学生追求、发现、感受、鉴赏、表达、创造美的责任，他们本身也是美的创造者，教师的服饰、教态、言行、风度、审美趣味、思想观念等，都表现着教师的审美追求，同样会对学生产生影响；另一方面，他们自己也在语文美育过程中得到陶冶、受到教育。

二、受美主体

青少年学生是审美主体，不同年龄段、不同年级段的学生的审美能力，乃至生理与心理发展水平、认识事物的能力都存在差异。作为审美对象的事物也存在繁简、深浅、难易的差异。因此，在学校语文审美教育过程中，要使中小学学生主动投入、积极参与，关键在于培养其主体意识，使语文美育活动成为中小学学生的主观心理需求。这就要求语文美育活动必须符合青少年身心发展规律，顾及审美主体与审美客体相适应的原则，从而使语文美育活动切实有效地开展。

在中小学语文教学过程中，课堂教学气氛的和谐、师生间心理距离的缩短、教育教学内容的亲切感和审美性等，都有利于培养中小学学生的主体意识，使他们形成审美心理需求。但是要使中小学学生持久地、主动地、积极地介入语文美育活动的全过程，就需要持续地强化其主体意识，强化其主观审美心理需求。

中小学阶段是人的心理发育由无知到有知，由低级到高级的重要的起步阶段。了解和掌握中小学学生的心理特征，对于正确实施中小学学生美育是非常重要的。中小学学生的心理内容是多方面的，这里主要从生活、求知和审美等三个方面来讨论。

（一）中小学学生的生活心理

中小学学生的生活心理主要在独立性和感受能力、注意能力、记忆能力等方面表现出来。

首先，中小学学生特别是小学生，在独立性方面，幼稚天真，学习的课程较浅，知识面较窄，由于活动能力所限，他们往往只注意周围环境中的一些细小的事物；记忆力强，但注意力不易集中；他们喜欢模仿，但创造力较弱；他们对一切都感到好奇，但对每件事又只知其皮毛；感情比较脆弱，同学之间遇到小事容易吵闹。随着年龄的增长，特别是进入高中阶段后，随着活动范围的扩大和智力的发展，他们独立活动、主动学习和思考问题的能力也开始形成和发展。

其次，中小学学生的感知能力在教育的影响下，发展是迅速的，比如视觉和听觉的感受能力，在小学阶段发展最快，但同时又是不完善的。在知觉过程中，中小学学生还不能自觉地组织和支配自己的各种心理活动，知觉的持续性也比较差。在感觉过程中，中小学学生的目的不够明确，也不能够精确感知审美对象。因而，在语文美育过程中，教师要努力培养学生的审美感受能力。

此外，中小学学生的注意能力和记忆能力也在不断提高。从发展趋势来看，中小学学生年级越高，注意的有意性和注意的各种品质的发展水平也越高。中小学学生注意的这些特点在美育中也有所表现，如美的事物，特别是富于变化、具有新异性的审美对象，更容易引起中小学学生的注意。因此，在美育实践中，特别要注意运用多种形式开展活动。为了促进中小学学生有意注意的发展，美育过程中还应该有意识地布置任务，并进行检查督促，使他们有意地掌握美育的基本知识。从记忆的内容来看，中小学学生擅长形象记忆。他们喜欢记具体事物，而不善于记抽象道理。在美育活动中，要使学生掌握具体的实际材料，同时也要从实际出发，不断发展他们的抽象记忆能力，逐步把感性认识提高到理性认识。从记忆的方法来看，中小学学生特别是小学生，擅长机械记忆，教师要尽可能地采用儿童喜欢的儿歌、顺口溜等形式，把美育的内容和要求传授给学生。

（二）中小学学生的求知心理

在中小学阶段，学生在身心的各个方面都经历着较大的变化。他们的求知心理主要有两个特点：一是思维能力不断增强，二是兴趣爱好逐步形成。

中小学学生的思维发展表现出以形象思维为主要形式，好奇好问，求知欲强的特点。他们不仅能感受美的形式，而且能初步理解一些美的内容。所以，在美育活动中，教育者要采用比较、分析、综合等方法，引导中小学学生通过思维来辨别现实生活中的真与假、美与丑、善与恶，逐步提高他们对于美的认识和鉴别能力。

中小学学生从入学起，就开始在学习中逐步产生某种兴趣或倾向。如有的学生喜欢画画，有的喜欢唱歌，有的喜欢弹奏乐器，有的喜欢体育运动，有的喜欢动物，等等。当然，中小学学生的这些兴趣爱好，多数是不太稳定的。教师对中小学学生的兴趣爱好应给予正确的引导，使他们的兴趣爱好逐渐趋向于专一和稳定，并对复杂的形象思维和抽象思维产生兴趣。

想象能力是思维能力的重要组成部分。中小学阶段，学生的想象力呈现如下特点。首先，想象的有意性迅速发展。中小学学生的有意想象力与教师有目的地构思的教学内容的形象性是分不开的。比如，在语文教学中生动地讲述或有感情地朗读等，这些活动都能激发学生的想象，完成了这些教学任务，学生的有意想象力也得到了发展。其次，想象中的创造性成分日益增多。低年级学生的想象富有模仿性和再现性，想象的内容常常是事物或现象简单的重复，创造加工的成分很少。在教育活动的影响下，随着语言和思维能力的发展，中小学学生想象中的创造性成分才日益增多。但是，总的来讲，在整个小学阶段，学生想象的概括性和逻辑性的水平是不高的，他们对那些自己缺乏必要的知识经验或不熟悉的事物的想象总是形式简单、内容贫乏的。中小学学生的想象能力表明他们对美的事物的欣赏和创造的能力还处在低水平阶段。当然，中小学学生的审美能力是在逐步提高的。低年级学生对事物的认识受家长和老师的影响较大。但是到了高年级，由于受到影响的渠道多了，知识和经验也丰富了，学生也逐步形成了自己的标准。当然中小学学生想象中的审美标准不一定都是正确的，因此教师在尊重中小学学生意见的同时，还应加强引导。再次，想象更富有理想性。低年级学生总是带着理想色彩去听童话故事、看卡通片，而到了中高年级则逐渐对英雄故事、惊险小说产生兴趣。因为这些作品的内容与童话更接近，更贴近中小学学生爱幻想、好奇的心理。

中小学学生想象能力的强化不仅扩大了他们认识活动的范围，而且使他们初步具备欣赏美和创造美的能力。通过想象，他们能比较形象地理解书本知识；通过想象，他们在理解书本知识的同时，也接受了美的熏陶；也正是通过想象，中小学学生在美育实践活动中创造了各种形式的美，如文娱表演、书法绘画、环境装点等，这些都表达了他们对美的认识和追求。

（三）中小学学生的审美心理

加强中小学美育，必须研究中小学学生的审美心理，研究中小学学生的审美心理的发展规律，塑造中小学学生的审美心理结构。

审美心理发展的一个重要方面是形象思维能力的发展。形象思维是离不开形象和情感的，整个思维过程具有直观、可感的性质。现代心理学认为：形象思维是包括表象、联想、想象和情感等因素，且有抽象思维参与的、具有必然性和普遍性的一种完全独立的思维活动。形象思维在中小学学生欣赏文学艺术作品，感知并理解自然美、社会生活美，接受美好事物的陶冶，满足美感需求等心理活动中，有着独特的作用。

中小学学生的形象思维比较活跃但不够成熟。在中小学语文课本中，有许多优美的诗歌、小说、散文、童话，恰好是培养中小学学生形象思维能力的材料。学习优秀文学作品可以培养中小学学生对文学的兴趣爱好，同时也能训练和提高他们的形象思维能力。

多年来，由于学校教育忽视了美育，语文这一门主课也往往只注意讲解字词句篇，分析段落大意和主题思想，忽视了对语文课文美的欣赏。这不仅不利于中小学学生形成稳定的审美兴趣，而且严重影响中小学学生审美心理的健康发展。

中小学语文美育还要顾及中小学学生抽象思维能力的培养。由于先天素质、环境和教育条件的不同，形象思维能力与抽象思维能力中到底哪一种思维能力在个体心理活动中更占优势是因人而异的。所以，在中小学语文美育过程中，要量体裁衣，因材施教，既要培养中小学学生的形象思维能力，又要注意发展他们的抽象思维能力。

在中小学学生的成长过程中，生理的健康成长能促进他们心理的健康发展；反过来，心理的正常发展对他们的生理发育也大有好处。所以，中小学语文美育要从学生的实际情况出发，既注意锻炼并强化中小学学生的生理能力，又积极引导中小学学生的心理向着健康向上的方向发展，以各种具体生动、灵活多样的审美内容和形式，促进中小学学生健康成长。

同教师一样，中小学学生在学校语文美育活动过程中也具有双重地位。一方面，他们是受教育者，是美育的对象，是教师塑造的对象；另一方面，他们又是美的知识的认识者和美的事物和现象的追求者、发现者、感受者、鉴赏者、表达者、创造者，是整个学校美育活动的主人——学习、认识、欣赏、创造美的主体。中小学学生与语文教师同是学校语文美育活动的主体，而且是更为重要的主体。教师的施教只能是学生丰富美学知识、提高审美修养的外因，而这外因必须通过学生的内因才能起作用。学生才是学习与审美发展的真正的主人。

第二节　审美意识的特殊表现形式：美感

审美意识是人类特有的一种精神现象，是客观存在的审美对象在审美主体头脑中引起的能动的反映与反应。审美意识作为社会意识的一种形式，与科学意识、道德意识既相互联系又相互区别。审美意识以审美主体的感觉和精神系统为生理基础，以审美主体的感觉、知觉、表象、判断、思维、想象、情感等相互作用的活动为心理基础，以人们在审美实践中所建立起来的特有的把握现实的感性方式为认识基础。审美意识是在人类长期的审美实践的基础上产生的，是在人的社会化的生理、心理基础上实现的，并且是在一定的哲学、伦理、政治、艺术等思想观念的影响下形成的。

审美意识是人类社会生活实践和审美实践活动的产物，是人类审美经验的总结和提升，它蕴含着自然文化和人类文化历史积淀的成果，因而总与一定的社会功利及理性认识、思想观念有着不同程度的联系。然而，个体审美活动所获得的审美愉悦则是远离功利目的的。因为审美主体在审美活动中所获得的快感，并不是因为审美客体的某种物理属性满足了他的实用目的，而是因为审美主体从审美客体的审美属性中得到一种形式美的享受、精神的自由和自我的肯定。审美意识是非功利的，但其结构中又深蕴着社会功利性。正是这种矛盾的辩证统一构成了审美意识在内容上的复杂性、深刻性。

审美意识主要表现为审美者的审美观、审美情趣、审美文化修养和人生态度等。美感则是审美意识的特殊表现形式。本书第二章讨论了审美意识重建的问题：帮助中小学学生树立正确的审美观和高尚的人生态度（即艺术地对待生活的态度），养成健康的审美情趣和一定的审美文化修养。而与之密切相关的美感由于具有情感性、愉悦性和不确定性等特征，不适宜作为美育的任务。以下就美感及其层次性、获得美感的条件、在语文教学中激发学生的美感稍做讨论。

一、美感及其层次性

美感，亦称审美情感，是审美者在审美活动中形成的由客观对象的审美属性引起的主观感情上的愉悦的心理状态。

美感具有情感性、愉悦性、不确定性等特征。情感是美感发生的内在动力。所谓情感性，是指情感体验贯穿于美感心理活动的全过程，情感体验的强弱是美感强弱程度的标志。愉悦是美感发生的主要特征。所谓愉悦性，是指伴随着情感体验具有赏心悦目的快感。美感必然伴有快感。但是，美感和快感终究是两回事，快感是生理上的舒适和愉快，美感则是精神上的享受。美感的愉悦性，不等于物质利益上的满足，也不等于道德上的完善。所谓不确定性，是指美感的产生是因人而异的，具有丰富的个性差异，面对同样的审美对象，有人产生美感，有人不产生美感，有人情感愉悦强烈，有人情感愉悦不那么强烈。

美感在审美活动的不同阶段，又呈现出不同层次的特点。

审美感知阶段的美感是审美情感的第一个层次。在这一阶段，审美者的感官接受审美对象的刺激，引起神经分支的冲动，将所摄取的美的信息输送到大脑的相应部位，在大脑皮层上产生富于情感的脑电波扩散活动，当客体刺激的信息与主体生理心理结构对应、相似、契合、交融的时候，审美者便产生感官快适和心灵愉悦的审美情感体验，可称之为“美感一”。审美者对审美对象的线条、颜色、形状、音韵、协调、鲜艳和匀称等的感知是“美感一”产生的基础。观泰山之雄壮的人，或有“会当凌绝顶，一览众山小”的感受，或有“高矣、极矣、大矣、特矣、壮矣、赫矣、骇矣、惑矣”的体验。目睹万里长城之雄姿的人，会产生“不到长城非好汉”的感叹。置身于妩媚多姿的杭州西湖和清奇秀丽的桂林山水，又会有“人在画中游”的感觉。审美情感建立在主客体之间的精神联系上，审美客体在何种程度上能满足主体的精神需求，影响着主体对客体采取何种情感态度。

审美鉴赏阶段的美感是审美情感的第二个层次。美感作为审美意识的一种表现形式，是审美主体对审美客体的反映，又是客观存在的美和审美主体意识的统一。也就是说，审美主体对审美客体并非被动接受，而是调动主体意识，发挥主观能动性，对审美客体进行鉴赏。譬如：我们读一首诗、一篇散文，领悟到诗的意境、韵味，把握住散文的线索、文眼，领略到作者的匠心独运之处，有了自己的独特发现，或拍案叫绝，或会心微笑，甚至是感动流泪，等等，正是审美鉴赏阶段的美感，可称之为“美感二”。

美的观念是连接美与美感的中介，是人们对审美对象进行审美观照的基础，也是美感发生的基础。正是在美的观念的基础上，形成了人们的审美趣味和偏爱。也正是由于个体的美的观念的差异，人们对同一对象是否形成美感与所形成的美感程度也会有所差异。所谓美的观念，是人们在对美的认识的基础上产生的对审美对象的审美价值的自觉意识和规范性观念，它是以形象思维的方式形成的。美的观念既有鲜明生动的形象，又反映美的事物的普遍内容；既有感性认识中的具体形象，又有理性认识中的高度概括性。这是美的观念的二重性。正确的美的观念应是现象与本质，感性与理性，形与神的有机统一。

一方面，因为审美主体的审美鉴赏包含感性成分，美的观念就不可避免地带有浓厚的情感因素。情感是人对客观事物审美的一种特殊的心理反应。在审美过程中，情感具有重要作用，它不仅是审美需要得以发生的机制，而且是审美展开得以持续的动力，所以，情感也是审美活动的核心因素。在审美实践中，审美既表现为情感宣泄的需求，又表现为情感满足的需求。中国古代美学思想中关于“感物而动”“即景生情”“哀乐之心感，歌吟之声发”“情哀则景哀”“象忧亦忧，象喜亦喜”等论述，都是指审美活动中的情感性特点。

美的观念的形成是一个复杂的过程。美的事物刺激人的感官形成初级美感体验之后，人的大脑对这种多次出现的美感体验进行处理加工，会形成比较稳定的反映美的事物的观念。美的观念一旦形成又有助于人们的高级美感体验的形成：现实的审美对象与原有包括美的观念在内的主体审美意识同构，美的事物符合、充实、丰富了美的观念，从而引起审美者理智的满足、精神的愉悦。《红楼梦》中贾宝玉与林黛玉初次相会时双方都觉得仿佛在哪里见过对方，暗暗叫奇。这种一见如故的现象之所以发生，正是由于他们会面时所见到的对方暗合了各自心中原先有的一个理想人物形象（美的观念）。

另一方面，美的观念含有的理性成分，又不同于理论形态的美学观点或概念，也不同于具体审美过程中产生的审美意象。它有一定的理性内容，具有概括性和普遍性，但是，这种理性内容不具备概念的确定性与抽象性，而是具有模糊性与直观性，并具有情感因素。因此，美的观念是一种具有理性内涵的规范性图式，是情感与理智、个别性与一般性的有机统一。

进行美的观念的教育具有重要意义。首先，它是一种审美价值观的教育。它的主要任务是通过积累审美的经验，提高审美能力和审美趣味，享受审美的自由愉悦，使人们确认审美价值，树立审美态度，追求更高的审美境界。其次，它也是人生观、价值观、世界观教育的有机组成部分。审美需要是一切健康儿童的自发要求，却不是他们的自觉意识。在人生的历程中，现实的压抑和各种错误思想观念的误导，会使这种自发的审美倾向趋于泯灭。美的观念的教育，可以帮助人们在关心物质利益的同时，也追求精神价值；在关心外在功利目的的同时，也重视内心世界的丰富与提高；在寻求个人需要满足的同时，也充分顾及他人的要求。再则，美的观念的教育可以使学生自觉意识到审美的情感生活的合法性和必要性。发展学生的美的观念的意识对他们自觉地追求生存的丰富性和发展的全面性是必要而有益的。

美的观念的核心是审美理想，积极的审美理想应符合事物的发展规律（真），体现社会的发展方向（善）。审美理想是人们向往和追求的真善美的境界，它直接影响人们的审美情趣，指导人们欣赏美和创造美的实践活动。只有树立了正确的审美理想，人才能正确地衡量和鉴别生活和艺术中的美和丑。人没有崇高的审美理想，就会变得庸俗无聊，美丑不分，甚至以丑为美。

当然，审美理想在个体那里不是自发产生的，它需要长期有意识地培养、灌输和陶冶。帮助中小学学生树立正确的审美理想，就要帮助他们树立正确的世界观、人生观、价值观，使他们自觉追求至真、至善、至美的理想境界。帮助中小学学生树立正确的审美理想，还要指导他们参加审美实践活动。理想源于现实，审美理想是现实生活美、艺术美的升华。通过审美实践，让中小学学生在审美的愉悦中净化心灵，陶冶情操。

美的观念的培养需要较长的时间才可能完成。在一定程度上，它是审美趣味发展和提高的必然结果。所以，美的观念的培养可从发展审美趣味入手，与提高审美趣味相适应。当前学校美育有一个误区，就是把美的观念的教育等同于美学知识教育，或是等同于道德观念的教育。实际上，任何脱离具体生动的审美经验过程的美的观念的教育，任何脱离个体的审美趣味的美的观念的灌输，都不可能取得应有的美育效果。当然，这并不意味着要一味地迎合学生原有的趣味水平，而应该在基本适应的情况下，发展和丰富学生的审美趣味；这也并不意味着不需要适当的讲解和指导，而应该使对某些优秀艺术作品中包含着的美的观念的讲解成为有助于学生主动和自愿地去领会和确认的美的观念的指南。

由于具体的审美过程常常是人的感知、情感、想象和理性相辅相成的过程，所以，美育便成为沟通人的感性和理性的桥梁。黑格尔曾明确地说："因为艺术的任务在于用感性形象来表现理念，以供直接观照，而不是用思想和纯粹心灵性的形式来表现，因为艺术表现的价值和意义在于理念和形象两方面的协调和统一，所以艺术在符合艺术概念的实际作品中所达到的高度和优点，就要取决于理念与形象能互相融合而成为统一体的程度。"[1]可见，美育并不只是发展人的感性，它既发展人的感性，同时也发展人的理性。语文美育中情感与认识相统一的原则正是建立在这一审美特质之上的。

审美表达和创造阶段的美感是审美情感的第三个层次。这也是审美情感的最高层次。譬如：我们都有这样的经验，写一篇文章，常常为一个词、一句话反复推敲，苦思不得结果，有时却又豁然开朗，真是"山重水复疑无路，柳暗花明又一村"；或是写就一篇满意的文章，画上最后一个句号，那种情感满足、审美愉悦，等等。这正是审美表达和创造阶段的美感，可称之为"美感三"。

[1] 黑格尔. 美学：第1卷[M]. 北京：商务印书馆，1979：90.

值得注意的是，美感的三个层次是相互关联、相辅相成的。我们从郑板桥谈画竹的艺术创作过程，便可以看出这种统一。

江馆清秋，晨起看竹，烟光日影露气，皆浮动于疏枝密叶之间。胸中勃勃，遂有画意。其实，胸中之竹，并不是眼中之竹也。因而磨墨展纸，落笔倏作变相。手中之竹，又不是胸中之竹也。[1]

“眼中之竹”：烟光日影露气，皆浮动于疏枝密叶之间。这是画家对外在客观美的反映，唤起审美感知阶段的美感（“美感一”）。“胸中之竹”：胸中勃勃，遂有画意。这是画家对美的反映和美感意识的统一，形成审美鉴赏阶段的美感（“美感二”）。“手中之竹”：磨墨展纸，落笔倏作变相。这是画家对这种统一的物化，产生审美表达和创造阶段的美感（“美感三”）。从中可以明确美和美感的关系：美的事物、美的现象是第一性的，是客观的，是不以人的意识为转移的；美感是第二性的，是派生的，是主观与客观的统一。所谓“物中有我，我中有物，物我两忘”，体现着主观与客观的完美统一，是美感的最高境界。

二、获得美感的条件

人要获得美感，一般来说，应具备以下几个条件：

一是要有审美的心境。所谓心境，是长时间萦绕在心头的情绪状态。所谓审美的心境，也就是指人在审美时比较稳定的情绪状态。没有审美心境，就会对美熟视无睹。鲁迅说过“饥区的灾民，大约总不会去种兰花”[2]。一个整天为生活所困，奔波于生计的人，无心赏美，再美的东西也不会引起他的审美情趣。相反，有了审美的心境，即便有外界干扰，也不会影响他对美的欣赏。美的春风只有吹拂蕴含着热情和生机的心田，才能催放使人愉悦兴奋、积极向上的美感之花，让人沉醉在美感的琼浆里。

二是要有审美的感觉器官。美的欣赏是离不开人的感觉器官的，健全的感觉器官是人们感受美的必要条件。没有健全的感觉器官，对于美，我们会充耳不闻，视而不见。盲人无法欣赏王羲之行云流水般的书法，

[1] 郑燮. 郑板桥集[M]. 上海：上海古籍出版社，1979：154.
[2] 鲁迅. 鲁迅全集：第4卷[M]. 北京：人民文学出版社，1981：204.

听力障碍者无法倾听贝多芬的《命运交响曲》。当然，仅仅具有健全的感觉器官还不够。目不识丁的人无法体会李白诗中的豪情壮志；一个不懂艺术的人难以体会凡·高《向日葵》的美。可见美感的产生需要有健全的、审美的感觉器官。

三是要有审美修养。一片落叶，何其寻常。有人却说："这片落叶虽已枯萎，但却在诗歌里发着永恒的金光。"一个没有审美修养的人，是不会对飘零的落叶产生丰富的美感的。正如毛泽东所说："感觉到了的东西，我们不能立刻理解它，只有理解了的东西才能更深刻地感觉它。"[1]这也说明审美修养对于美感产生与持久的意义。

情感在整个审美过程中是普遍存在的现象。无论是对美的欣赏，还是对美的创造，审美主体总是或多或少、或强或弱地进行着各种情感的体验。当然，审美情感在审美活动中的表现是极为复杂的。不同的对象会引起同一主体不同的情感，也可以引起相同或相近的情感；而对同一个对象，不同的主体可能会产生不同的情感，也可能会产生相同或相近的情感。例如李渔在谈到元代高则诚的《琵琶记》中"赏月"一出戏，描写蔡伯喈与牛氏共同赏月而情感不同时指出："同一月也，牛氏有牛氏之月，伯喈有伯喈之月。所言者月，所寓者心。"[2]同一月也，出于牛氏之口者，言言欢悦；出于伯喈口者，字字凄凉。其原因是不同审美主体有不同心境，虽共赏一月，而所生之情感各异。

三、在语文教学中激发学生的美感

在语文教学中，教师在发挥审美情感的功能方面大致有以下几种情形：

一是怀情而教。语文教师在教学过程中感知的主要对象是语文教材中那些情文并茂、文质兼美的典范文章。就其思想内容来讲，既有对真理的追求，对未来的向往，对英雄的赞颂，对祖国的爱恋，也有对谬误的批判，对现实的针砭，对邪恶的诅咒，对敌人的愤恨。语文教师在钻

[1] 毛泽东. 毛泽东选集（一卷本）[M]. 北京：人民出版社，1967：263.
[2] 李渔. 李渔随笔全集[M]. 成都：巴蜀书社，1997：22.

研和讲授这些教材内容时，心灵必然会受到不同程度的感染，并相应地做出或爱或憎，或喜或忧，或褒或贬的情感反应。教师只有自己真正动情，才能以情感染学生。如果没有教师动情以教，也就不会有学生动情以学。

二是以情取舍。无论是教学艺术的构思，还是教学美的欣赏，都明显地表现出以情取舍的特点，即按主体自己的情感来决定对客体对象某些属性的舍弃或挑选。如对语文教材中同一篇文学作品，不同的审美主体可以形成各自不同的美感。造成这种情形的主要原因是人们以自己的情感对同一篇作品进行了各自的取舍。有的人偏重于艺术技巧，有的人专注于思想内容，有的人注重故事情节，有的人喜爱其人物性格。

三是含情评价。在语文审美教育活动中，人们会依照自己的审美情感和审美需要对审美对象做出评定。如有人喜欢生动活泼的课堂气氛，在这样的气氛中他才能达到主动求索、兴味盎然的境界，这说明他对这一审美对象做出了肯定性的情感评价。而当他置身于以逻辑推演、思辨论证为主的扎实严谨的教学氛围中时，他可能会感到不适应，不自在，从而做出否定性的评价。审美评价的发生机制尽管比较复杂，但不能否认其中有一个情感问题。在不同的审美情感的支配下，人们必然会产生不同的评价。

教师应在语文课堂教学中充分发挥审美情感的功能，促使立美主体和受美主体和谐发展，进而达到语文美育的目的。

第四章 语文美

人们通常将审美对象分为自然美、社会美、文艺美、科技美四大类。语文教师实施语文美育，首先应挖掘语文学科本身的美。汉语文是一座美的宝藏，具有丰富的美的资源，从审美的角度看，汉语语言、文字、文章、文学都可以作为审美对象。本章从静态视角针对“语文美”的语言、文字、文章、文学等四个层面逐一进行考察。

本章第一节“语言美”中的“语言”是指与“文字”并举时的口头语言。第二节“文字美”中的“文字”特指语言的书面形式。口语与书面语各有特点，但并非截然对立，二者交互使用也能够产生美感。比如，我们通常用“文绉绉”一类词来形容说话一方在表达过程中使用书面语所带来的效果；而通俗的文学作品往往要求口语化，尤其要写出符合人物个性的对话。本章第一节与第二节从口头语言与书面语言两个层面关照“语文美”。第三节“文章美”与第四节“文学美”则分别以语文教材中的实用文章与经典文学作品作为审美对象进行考察。在语文教学审美化的动态实践过程当中，无论是口语交际教学，还是阅读与写作教学，对上述四个层面的审美对象的静态考察都是必要准备和重要基础。

第一节　语言美

“语言”是个多义词。如本书第一章第二节所指出：语言既可以指与言语相对的“狭义的语言”或“严式定义的语言”；又可以指包含言语和与言语相对的语言在内的“广义的语言”或“宽式定义的语言”。

语言，还可以指口头语言和书面语言。自然形态的语言是口语，也就是有声的语言。有了文字以后，利用文字这种视觉符号系统，可以把口语加工为书面语。所以，一般来说，“语言”应是口头语言和书面语言的总称。叶圣陶曾指出：“什么叫语文？语文就是语言，就是平常说的话。嘴里说的话叫口头语言，写在纸面上的叫书面语言。语就是口头语言，文就是书面语言。把口头语言和书面语言连在一起说，就叫语文。”[1]叶圣陶这里说的“语文就是语言”中的“语言”,就是指口头语言和书面语言。

“语言”有时也专指口头语言。《现代汉语词典》解释“语言”时即指出：“‘语言’一般包括它的书面形式，但在与‘文字’并举时只指口语。”[2]吕叔湘说：“‘语言’和‘文字’这两个名词都不止一种意义，这里所说的‘语言’是‘口语’的意思，这里所说的‘文字’是‘书面语’的意思。”[3]

本节标题“语言美”中的“语言”，即指口头语言；本节讨论的“语言美”，即指有声的口头语言呈现的美。

一、音韵美

有声的口头语言的美，主要表现为语音的音韵美。

语音是人类语言的声音。语言是声音和意义的结合体，语音是语言的物质外壳。它从说话人的发音器官中产生，通过空气或其他物质引起听话人的耳膜振动，最终在对方的头脑中形成某种有意义的印象。在人类的口语交

[1] 叶圣陶. 认真学习语文[M]//中华函授学校. 语文学习讲座丛书（一）. 北京：商务印书馆，1980：3-4.

[2] 中国社会科学院语言研究所词典编辑室. 现代汉语词典[M]. 第6版. 北京：商务印书馆，2012：1591.

[3] 吕叔湘. 吕叔湘语文论集[M]. 北京：商务印书馆，1983：323.

际中，说话者借助语音这种物质形式来传递一定的信息，听话者则借助语音这种物质形式来接收信息。语音在这个过程中充当一定意义的物质载体。

语音的自然属性表现为生理属性和物理属性。语音的生理属性指发音器官活动的方式和方法。语音是人的发音器官协作发出来的声音。发音部位、发音方法决定了语音的生理属性。如上、下唇同时起作用发出来的音b〔p〕、p〔p′〕叫双唇音。语音的物理属性指声音的高低、强弱、长短和音色。音高、音强、音长、音色是语音的四个要素。音高是声音的高低，是由发音体在一定的时间里颤动的快慢来决定的。颤动快，声音高；颤动慢，声音低。语音的高低取决于声带的长短、厚薄、松紧。声带短、薄、紧，音波振动快，音高；声带长、厚、松，音波振动慢，音低。汉语里音高有区别词义的作用，如“扒（bā）、拔（bá）、把（bǎ）、爸（bà）”4个字的声调不同，就是音高的不同。音强是声音的强弱，由音波振动幅度的大小来决定。音波振动幅度大，声音强；反之，声音就弱。音强不同有时也有区别词义的作用，如“东西”两个字，若读音一样长，表示两个方向；若前字强后字弱，表示物件。音长是声音的长短，由音波存在的时间的长短来决定。音波存在的时间长音长，存在的时间短音短，音长不区别字义，但有时可以表达不同语气。音色是声音的特色，由音波振动的形式来决定。音色虽然因发音人不同而有差异，但就语音来说，主要取决于人们发音器官部位的不同和发音方法的变化，如发音时口开的大小、舌位的高低、气流是从鼻腔出来还是从口腔出来，这些差异就形成了不同音色。

语音又有社会属性。语音所表达的语义是社会赋予的，语音的这种社会属性是语音的本质属性。不同语言有各自的语音成分和语音结构系统。例如：汉语普通话语音有21个声母、39个韵母、4类声调。声韵调按一定规律配合形成普通话音系。语音的社会属性表现在各个方面。如一定的语音形式表示一定的意义。在汉语普通话中，“hóng”（红）就表示“红的颜色”。再如语音具有社会特征。在英语中，送气辅音和不送气辅音没有区别意义的作用；但在汉语普通话中，送气辅音和不送气辅音则能区别词的意义，如“pā”（趴）不同于“bā”（八），“pān”（攀）不同于“bān”（班）。

音韵是汉字字音中声母、韵母、声调三要素的总称。

汉语的音节有阴、阳、上、去四种声调，这四个声调或升，或降，或高，或低，或平，声调变化总是由一点滑向另一点，具有旋律性，听上去富有一种音乐的美感。古汉语声调按平仄二分：平指平声，仄指古汉语四声中的上、去、入三声。汉语的语流，像潺潺流水，平声是波峰，仄声是波谷，形成一种和谐而有韵律、有变化的音乐美感。古人说："平声者哀而安，上声者厉而举，去声者清而远，入声者直而促。"又说："平声平道莫低昂，上声高呼猛烈强，去声分明哀远道，入声短促急收藏。"平仄区别的是语音的轻重，一般来说，仄声较短促，平声较柔长，平仄声调相重相间，适当配合，能显示声调的各种变化，如抑扬顿错、急舒有致。以成语为例：有平平仄仄式，如"天翻地覆"；仄仄平平式，如"柳暗花明"；平仄平仄式，如"肝胆相照"；平仄仄平式，如"身体力行"；仄平平仄式，如"海枯石烂"；仄平仄平式，如"趾高气扬"等。

汉语中有许多双声、叠韵词语。双声指两个汉字的声母相同，如"仿佛、流离、蜘蛛、参差、慷慨、忐忑"等都是双声词。叠韵指两个汉字的韵部相同（韵腹、韵尾相同，韵头不一定相同），如"葫芦、昆仑、逍遥、苍茫、叮咛、绸缪"等都是叠韵词。还有一些词既是双声词又是叠韵词，如"辗转、辘轳"等。《诗经》中就有不少使用双声、叠韵词语的诗句。如"参差荇菜"[1]、"蒹葭苍苍"[2]、"搔首踟蹰"[3]中的"参差""蒹葭""踟蹰"都是双声。"窈窕淑女"[4]、"陟彼崔嵬"[5]、"绸缪束薪"[6]中的"窈窕""崔嵬""绸缪"都是叠韵。李重华的《贞一斋诗说》称："叠韵如两玉相扣，取其铿锵；双声如贯珠相联，取其宛转。"[7]双声如"玲珑"（líng lóng）声同韵异，叠韵如"灿烂"（càn làn）韵同声异，相间相谐，读来和谐悦耳，也极富美感。

运用叠字是汉民族语言的一个特点。叠字是两个单音节重复使用而形成的一个双音节词。叠字既是双声，又是叠韵，因此既有"两玉相扣"之铿锵，又有"贯珠相联"之婉转，具有优美的听觉效果。有叠字的句

[1] 陈子展. 诗经直解[M]. 上海：复旦大学出版社，2015：30.
[2] 同[1] 239.
[3] 同[1] 96.
[4] 同[1] 30.
[5] 同[1] 33.
[6] 同[1] 221.
[7] 王夫之，等. 清诗话[M]. 上海：上海古籍出版社，1978：935.

子音韵和谐，节奏明快，抑扬顿挫，如珠走玉盘、新雨滴阶，朗朗上口，便于诵读。我国先秦诗文中就出现了叠字。如《尚书·尧典》："汤汤洪水方割，荡荡怀山襄陵，浩浩滔天。"[1]再如《尚书·汤诰》："栗栗危惧，若将陨于深渊。"[2]《诗经》中也收有大量运用叠字的诗歌，其中不少是模拟声音的。有直接模拟鸟类鸣声的，如"关关雎鸠"[3]、"鸟鸣嘤嘤"[4]；有模拟虫类或兽类叫声的，如"喓喓草虫"[5]、"呦呦鹿鸣"[6]；有模拟自然界声音的，如"习习谷风"[7]、"飘风发发"[8]、"北流活活"[9]；至于模拟人的活动的种种象声词，更是不胜枚举。中国古典诗歌中有很多运用叠字写景、状物、抒情的诗句。如杜甫《登高》："无边落木萧萧下，不尽长江滚滚来。"如白居易《琵琶行》："大弦嘈嘈如急雨，小弦切切如私语。嘈嘈切切错杂弹，大珠小珠落玉盘。"刘勰在《文心雕龙·物色》中专门论述了叠字能使思想感情和景色表现更为深刻、生动、准确的功能。"是以《诗》人感物，联类不穷。流连万象之际，沈吟视听之区；写气图貌，既随物以宛转；属采附声，亦与心而徘徊。故灼灼状桃花之鲜，依依尽杨柳之貌，杲杲为出日之容，瀌瀌拟雨雪之状，喈喈逐黄鸟之声，喓喓学草虫之韵；皎日嘒星，一言穷理；参差沃若，两字穷形；并以少总多，情貌无遗矣。虽复思经千载，将何易夺。"[10]

现代汉语中，重叠音节构成的叠音词带有更为浓郁鲜明的形象色彩，如红彤彤、绿油油、亮晶晶等。而拟声叠音词，比如嘀嘀咕咕、嘻嘻哈哈、噼噼啪啪等，具备的色彩义更为多样，此类词语"不仅逼真地摹拟了自然的声音，而且能给人以形象感，因此，其运用便能给人如闻其声、如见其人、如临其境之感，特别是拟声词，除给人以听觉外，还有视觉的、

[1] 李民，王健. 尚书译注[M]. 上海：上海古籍出版社，2010：8.
[2] 同[1] 123.
[3] 陈子展. 诗经直解[M]. 上海：复旦大学出版社，2015：30.
[4] 同[3] 318.
[5] 同[3] 50.
[6] 同[3] 309.
[7] 同[3] 85.
[8] 同[3] 423.
[9] 同[3] 126.
[10] 刘勰. 文心雕龙注译[M]. 郭晋稀，注译. 兰州：甘肃人民出版社，1982：479.

触觉的动态的感受。恰当地运用拟声词可以获得用‘声音绘制色彩，声音绘制形象，声音绘制感情’的审美效应”[1]。

汉语言的音韵之美，不仅表现在具备回环往复的音响效果方面，而且在特定的语境之中，往往能够强化作者试图表达的情感思绪。

以李白的《静夜思》为例，“床前明月光，疑是地上霜。举头望明月，低头思故乡”。诗人由屋内月光，再至望得见的明月，进而推及望不见的故乡，由近及远。同时，诗人秋夜怀乡，愁绪纷至沓来，逐渐加深。“光”“霜”“乡”三字所押的都是声调高昂嘹亮的平声“阳”韵，这就与整首诗博大的空间感和诗人难以入眠的情态暗合，与诗情诗意紧密关联，令读者回味无穷。[2]

再以李清照的《声声慢》为例，这首词开头用了14个叠字“寻寻觅觅，冷冷清清，凄凄惨惨戚戚”。孙绍振指出，此处叠字之妙，并不在于所用叠字数量之多，而在于其韵律与词人感情特征的和谐。“寻觅”不够，要“寻寻觅觅”，说明词人自己也说不清自己究竟失落了什么，是“一种不知失落的隐忧”，“她不但孤独、冷清，而且凄惨；一个凄惨不够，再来一个；再来了一个还不够，还要加上一个‘戚戚’，悲伤之至”。此处叠字，隐含着孤独地承受失落感的女词人断断续续的逻辑，造成的是“飘飘忽忽、迷迷茫茫”的感觉。这种感觉，正是依靠叠字韵律感的特殊性传递出来的。[3]

又如，鲁迅在《阿Q正传》中写阿Q与王胡抓虱子：“他看那王胡，却是一个又一个，两个又三个，只放在嘴里毕毕剥剥的响。”这里，鲁迅用“毕毕剥剥”形象地模拟出王胡连续不断咬虱子的声响，让读者不仅好像听到了声音，更似乎看到了王胡的动作。在读者看来，越是强化这一声响，王胡的行为就越是不雅观的，令人厌恶的。而作者从阿Q的性格逻辑出发，写他因自己抓咬的虱子不如王胡的多就怒不可遏，和王胡打了起来。由此，“毕毕剥剥”一词除了带有听觉形象感，还带有阿Q的羡慕色彩，更凸显出这一人物的愚昧、麻木。

[1] 蒋从安. 诗文的音韵美[J]. 语文教学与研究，1999（9）：39–41.
[2] 孙书杰. 古汉语语音的修辞功能探析[D]. 保定：河北大学，2003.
[3] 孙绍振. 经典文本的深层结构（上）[M]. 上海：上海三联书店，2016：189.

二、朗读美

除了有声的口头语言的语音美，无声的书面语言也可以通过朗读呈现出语音美。

朗读，是书面语言的有声化，是把无声文字材料转化为有声语言的创作活动，是书面材料的一种口头表达方式。由书面语言到有声语言的转换，要求对文稿内容的传达规范正确、清晰流畅、充满感情、富有感染力，以适应听觉接受语言信息的需要，充分发挥有声语言易懂、可感的优势。朗读的有声语言中渗透着朗读者对文字作品的理解、感受，贯穿着由具体的朗读目的所引发的态度情感，以及与之相切合的诸种表达技巧。

《义务教育语文课程标准（2011 年版）》对各学段的学生都提出了“有感情地朗读”的要求，这是指要让学生在朗读中通过品味语言，体会作者及作品中的情感态度，学习用恰当的语气语调朗读，表现自己对作者及其作品情感态度的理解。朗读要提倡自然，要摒弃矫情造作的腔调。

朗读美主要表现在以下几个方面：

一是吐字清晰。朗读的第一个要求是吐字清晰。所谓清晰，是指发音字字清晰可辨，不含混，不吞字。吐字清晰的基础是音量足够大。如果没有足够的音量，吐字就不可能是清晰的，也就失去了朗读的意义。

二是发音正确。发音正确有两方面的意义。其一指认识字，该读什么音就读什么音，不读成别的字。其二指要按普通话的规范来读。

三是停顿合理。停顿，是句子当中、句子之间、层次之间和段落之间的语音间歇，是语言节奏的重要表现。停顿对于传情达意具有重要的作用，错误的停顿可能会改变内容的意思，甚至使词句变得难以理解。[1]

停顿有语法停顿和心理停顿的区别。语法停顿一般与段落、标点相一致。停顿的长短依次是段落、句号、分号、逗号、顿号。例如，范仲淹的《岳阳楼记》共分六个段落，段与段之间在内容和情感上有较大的转换，停顿应当长些。关于段落内部的停顿，如朗读“若夫淫雨霏霏，连月不开，阴风怒号，浊浪排空；日星隐曜，山岳潜形；商旅不行，樯

[1] 张中原，徐林祥. 语文课程与教学论新编[M]. 南京：江苏教育出版社，2007：147-149.

倾楫摧；薄暮冥冥，虎啸猿啼。登斯楼也，则有去国怀乡，忧谗畏讥，满目萧然，感极而悲者矣”，在两个长句之间应做稍长的停顿，在各分句间应做较短的停顿，在小分句间应做更短的停顿。

语法停顿中含有心理停顿的因素，心理停顿还常表现在与段落、标点不一致的地方。在句中的非标点处可以有心理停顿。以鲁迅的《记念刘和珍君》为例：“始终微笑的和蔼的刘和珍君/确是/死掉了，这是真的，有她自己的尸骸为证；沉勇而友爱的杨德群君/也/死掉了，有她自己的尸骸为证；只有一样沉勇而友爱的张静淑君/还在医院里/呻吟。当/三个女子从容地转辗于文明人所发明的枪弹的攒射中的时候，这是怎样的一个惊心动魄的伟大呵！中国军人的屠戮妇婴的伟绩，八国联军的惩创学生的武功，不幸/全被这几缕血痕/抹杀了。”这一段中，在“刘和珍君”“杨德群君”“张静淑君”之后应有停顿，在两个“死掉了”、“呻吟”和“抹杀”之前应有停顿，在“当”和“不幸”后应有停顿。

四是速度适宜。速度也是朗读的重要因素。速度的确定既与思想内容相关，也与文本形式相关。一般来说，韵文，特别是古典诗词应慢些；描写，特别是景物描写应慢些；记叙中的说明、人物对话、情调低沉的内容应慢些，欢快的情调、快速的动作、紧张的场面、迅猛发展的进程应快些。例如，“苍黄的天底下，远近横着几个萧索的荒村，没有一些活气。我的心禁不住悲凉起来了”，这是《故乡》中的一段景物描写，情调低沉，应当读得较慢。

五是重音得当。重音，就是把句子中的某个音节读得重些、强些，以突出这个词语。重音可分为语法重音和逻辑重音。汉语的语法重音一般在句末。述宾谓语句的重音在宾语上，“把”字句的重音在动词及其连带成分上。例如，“弟弟打碎了杯子”和“弟弟把杯子打碎了”。前者重音在“杯子”上，后者重音在“打碎”上。逻辑重音一般在新信息上，或者是强调信息上。例如，“有亭翼然临于泉上者，醉翁亭也”，重音当在“醉翁”之上，因为“醉翁”是新信息。

六是语调鲜明。语调，就是语音的高低、强弱、快慢的变化，也就是人们常说的抑扬顿挫。既然是一种变化，语调这一因素就要比其他因素更为复杂，更需要综合考虑文章的思想情感，更需要在实践中细心体会。

一般来说，喜悦、兴奋、活泼、紧张、坚决的情绪应当读得高昂而响亮，宁静、平淡、疑虑、抑郁、忧郁的情绪应当读得舒缓而幽沉。文学作品的朗读，应当把人物语言与叙述语言区别开来，人物语言的语调读得高些，叙述语言的语调读得低些。

此外，在朗读过程中，一串音节连续发出时，因音素或声调互相影响而产生的语音变化，如轻声、语气词“啊”的音变、儿化和变调等语流音变也会影响表达效果。以语尾“儿”与前面的音节合音形成的儿化音变现象为例，汉语词在儿化之后，如“小鱼”“小盘”“小孩”儿化为“小鱼儿”“小盘儿”“小孩儿”，后者比前者增加了一层可爱的感情色彩。

学生在进入学校进行系统的母语学习之前，就已经具备了一定的运用母语进行日常口语表达的能力。语文美育所传递的“语言美”并不局限于教会学生如何应付浅层次的日常表达需求，而更多地强调从审美层面感受并把握口头语言之美。口头语言具有书面语言所不具备的优越性。王富仁曾做过如下表述：“人类语言的最高级的表现形式不是文字的书面语言，而是日常生活中的口头语言。在人类的语言中，口头语言永远是表现力最丰富的一种语言形式。口头语言的最大特征是它的直接性和整体性，它的直接性是由于发话者和听话者同处于一个时空结构中，它的整体性是视觉、听觉、触觉、味觉、嗅觉和心智等所有感觉、感受器官同时发挥作用的结果。在日常生活的口头语言中，发话者不但以自己的嘴巴说话，同时还以自己的手势、眼神、表情、姿态、动作说话，即使是声音，它的节奏的快慢、旋律的变化、声音的高低大小粗细等因素是同时得到呈现的，它表达的不仅仅是‘意思’，同时也是欲望、感情、情绪和意志。听话者是在这个时空结构的整体氛围和环境条件中，从发话者的整体表现中，从语言的全部因素中，感觉、感受和理解发话者的语言的。口头生活语言中的语词是提示性的，而不是内包性的。它本身并没有多么丰富的内涵，但它却唤起了听话人对周围环境的注意，使他把关注力集中到了与语词有关的诸多事物上。所有这一切，都决定着听者对这个语言信息的感受、理解和反应方式，而写在纸上的同一词语是绝对没有这么复杂的意蕴和这么丰富的表现力的。”[1]

[1] 王富仁. 口头生活语言·书面传媒语言·语文教学语言[J]. 北京师范大学学报（社会科学版），2003（1）：103-111.

第二节　文字美

《现代汉语词典》中“文字”有三个义项：“（1）记录语言的符号系统，如汉字、拉丁字母等。（2）语言的书面形式，如汉文、英文等。（3）文章（多指形式方面）。”[1]

本节标题“文字美”中的“文字”，即指“语言的书面形式”；本节讨论的“文字美”，即指无声的书面语言蕴含的美，主要是汉字之美，也包括词句之美。

汉字在数千年的发展过程中积淀着中华民族的文化，无论是由于生活需要读写的汉字，还是作为书法艺术作品的汉字，都能够让我们从认读、书写的过程中得到审美感受。李运富指出，应当从字形、结构和职用三个角度认识汉字的本体属性。本节将从形体、结构、职用及词句四个方面去发掘汉字之美。

一、形体美

汉字美首先表现在字形图像上。

方块汉字是一种形象性非常强的文字符号。古人传述仓颉造字，“仰观奎星圆曲之势，俯察龟文鸟迹之象，博采众美，合而为字”[2]。宗白华指出：“中国字在起始的时候是象形的，这种形象化的意境在后来‘孳乳浸多’的‘字体’里仍然潜存着、暗示着。在字的笔画里、结构里、章法里，显示着形象里面的骨、筋、肉、血，以至于动作的关联。后来从象形到谐声，形声相益，更丰富了‘字’的形象意境，像江字、河字，令人仿佛目睹水流，耳闻汩汩的水声。”[3]象形字，如“‘山’（）字的形体像三个错置有序的直立山峰，突出了‘山’之高峻；‘水’（）字，三道波纹弯弯曲曲，尽现了‘水’之柔美；‘木’

[1] 中国社会科学院语言研究所词典编辑室. 现代汉语词典[M]. 第6版. 北京：商务印书馆，2012：1365.
[2] 蔡邕，等. 书品[M]. 哈尔滨：北方文艺出版社，2005：81.
[3] 宗白华. 美学散步[M]. 上海：上海人民出版社，1981：138.

（）字，树干上面三个分枝，树干下面一个主根两个侧根，树枝旁逸向上，树根稳扎大地，‘木’字将树的挺拔与稳健表现得淋漓尽致。‘山’‘水’‘木’等字抓住了物体的内在神韵，以抽象的图画展现了大自然之美，一个字仿佛就是一幅写意画”。形声字中，“水”（）简化为偏旁“氵”进而构成“江”“河”；“‘页’（）是象形文字，本义为人面，现‘页’也作部首使用，‘额’‘颌’‘颜’‘颊’都是与人的头面有关的形声字”[1]。

二、结构美

汉字美还表现在字体构造上。

汉字讲究间架结构的比例、对称、均衡。“字的结构，又称布白，因字由点画连贯穿插而成，点画的空白处也是字的组成部分，虚实相生，才完成一个艺术品。”[2]就独体字而言，具备“有支点”（如“大”“兴”“欠”等）、“有底边”（如“尴”“之”“主”“延”等）、“分主次”（如“水”“小”“求”“尔”等，左右两点或其他部件对竖钩起到衬托、突出作用）、“讲和谐”（如“串”“丰”“川”等，相同部件或笔画的间距、长短都要安排得当）等特点。而“合体字的出现本身就是人们对美的一种追求。中国人历来崇尚以和为贵，这种中庸思想的痕迹在建筑上、装修上都体现得很明显，汉字中也同样有这种思想的烙印。合体字的结构就体现了这种中和的对称美。比如纯粹中心对称的字：林、从、吕。再就是上下结构：歪、态、袭、簧、辔、蠢。左右结构：栋、清、射、狗、蚪、瑕。半包围结构：边、闭、间、历、勾、庄、凶、南、画、区、裹、裁。全包围结构：田、园。上中下结构：意、慧。左中右结构：粥。品字结构：磊、森、晶、众。这些结构要么完全对称，要么力求对称，总之尽量让组成这个字的各个部件之间保持平衡，彼此协调，达到和谐”[3]。

中国汉字，从一开始就具有审美的性质。一个个汉字，像一幅幅图画，表达着丰富的意义，创设出深远的意境，唤起人们无限的联想和想象，给人以美感。这一特点，也是人们在修辞活动中借助汉字结构特点进行

[1] 孟华. 汉字之美[J]. 中学语文，2008（6）：120-121.
[2] 宗白华. 美学散步[M]. 上海：上海人民出版社，1981：145.
[3] 杨惠栋. 汉字的形态美和结构美[J]. 安徽文学（下半月），2009（10）：179，181.

审美信息传递与接受的重要条件。如“学会忍耐”与“‘忍’字心上一把刀”，从语义来看，都强调人的自我克制。但是，“‘忍’字心上一把刀”是从汉字具象美的视角出发进行的“审美化陈述”，“突出忍耐所需要的心理承受力，借此唤起主体的自我体验，把抽象语义转换为鲜活的画面。这是一般性陈述‘学会忍耐’所不具有的”[1]。因此，实现对汉字传递的审美信息的顺利接受，需要接受者立足于本民族审美文化语境。

三、职用美

李运富指出，在汉字的三平面当中，职用相比形体、结构，有更高的地位和价值。“人们学习和研究汉字的目的主要不是为了写字和分析字，而是为了用字表达自己的思想和理解别人用字表达的思想。”[2]汉字职能的变化性与复杂性同样呈现了汉字之美。

由古至今，汉字职能的演变有多种变化方式，有扩展，有减缩，有转移。形声字即在母字的基础上增加表义或示音的构件，也就是通常所说的形旁或声旁，从而造出分化字以承担母字的某项或某几项职能，这样母字的职能自然就减少了。因为在母字基础上增加的构件是表义或示音的，这就为明确字词关系提供了方便。此外，汉字还有一些独特的使用方式。比如，明明有本字，却出于避讳或因委婉、典雅等修辞需要，而有意选用音同或音近的字，也就是“通假字”。例如，古代诗文中有时用“棣”代替“弟”，后人信札中将“贤弟”写为“贤棣”，实际上，此处通假现象的产生与《诗经·小雅·常棣》这一讲述兄弟友爱的诗篇有关。同样，遇到需要避讳的姓名，古人也往往用音同、音近的字代替，体现出尊敬的态度。[3]

汉字职用方面的复杂性还体现在字与词并非一一对应，同字异词、同词异字的现象普遍存在。这为语文美的发掘提供了丰富的资源。沟通字词的不同的对应关系，能够提高解读文本的能力，也能够更清晰地看

[1] 谭学纯，唐跃，朱玲. 接受修辞学[M]. 合肥：安徽大学出版社，2000：7-8.
[2] 李运富. “汉字学三平面理论”申论[J]. 北京师范大学学报（社会科学版），2016（3）：52-62.
[3] 李运富. 汉字学新论[M]. 北京：北京师范大学出版社，2012：205-207.

出由字构词的文化背景。本书将在第五章“识字写字教学的审美化”一节中结合实例进行论述。

四、词句美

相比形体、结构，汉字组词、造句所表达的意义更加为人们所重视。

词义由词汇意义、语法意义、色彩意义共同构成。词义当中的色彩意义与包括文本审美情趣在内的语文美的联系尤其值得关注。色彩意义与其他两种意义既有联系，又有独立的词义内容，并且有独立的审美价值。所谓“词彩”，即词的色彩意义，是指“词中所蕴含的某种独特的格调、韵味、倾向、气息等，一般视之为词义内容的一部分”[1]。词的色彩意义具体可分为“感情色彩、形象色彩、风格色彩、时代色彩、外来色彩、民族色彩、地方色彩等类聚”[2]。

立足于瑞士语言学家索绪尔对语言和言语的划分，可以把词彩分为静态色彩意义与动态色彩意义。前者是“词在语言的静态状态下所呈现的色彩意义”，而后者则是指“词在动态的状态下所呈现的色彩意义，既包括了共时动态，也包括历时动态”[3]。动态色彩意义要对作品的审美价值发挥影响，需要依赖语境。动态色彩意义在不同语境的笼罩之下，“在相邻的词、词组、句子、话语的包围之中，在特定的停顿、重音、语调以及其他语言外因素的衬托和制约之中，往往会得到相应的调整和重新规定，主要表现为与语境整体氛围、格调保持一致性”[4]。除了要适合语境需要，动态色彩意义的运用具有“强烈的主观渗透”，“主体往往依据‘此情、此景、此时、此地’的需要，选择符合自己表达意愿的词语，甚至于不惜改变词语的正常运用以达到有利于表达思想的目的”[5]。在这一过程中，色彩意义在语境中“从价值的潜藏阶段转化为价值的实现阶段”[6]。

作为“主体对客观对象的态度或感受”的感情色彩，有多种多样的

[1] 杨振兰. 现代汉语词彩学[M]. 济南：山东大学出版社，1996：1.
[2] 同[1]295.
[3] 杨振兰. 动态词彩研究[M]. 济南：山东人民出版社，2003：26.
[4] 同[3]20.
[5] 同[1]298.
[6] 同[3]20.

存在方式，既存在于词句、语段之中，也存在于人物非语言交际手段的动作、神态、心理活动，在表义的同时，包含、显示感情内容和感情倾向。它一方面受语境的规约，能够发生从无到有、从淡到浓、从单一到多彩等多种变化[1]；另一方面，它“在语境中一如其他色彩甚至比其他色彩更突出地表现出了极大的主观性、灵活性、变化性”[2]。正是因为感情色彩“属于情感的范畴，而情能动人，则是人所共知的。所以带有情感色调、情感意味、情感倾向的感情词汇正是以其特有的情而显示着独有的感染力”[3]。经典文本给读者带来的审美愉悦感，既来自作者的思想情感，也来自作品的艺术形式，是两者的统一。

一个普通的字眼，只要用得恰到好处，常常能收到平中见奇的艺术效果。为获得这种效果，古人甚至不惜打破语法规范。例如，叶绍翁的《游园不值》：“应怜屐齿印苍苔，小扣柴扉久不开。春色满园关不住，一枝红杏出墙来。”诗中一个“关”字，寓意无穷。这首诗写主人不在，客人因闭门不得入，却有“一枝红杏”这一新发现。“春色满园关不住”一句的正常语序应为“关不住满园春色”，这一句省略的主语应当是园主人。同时，“关不住”属于“V住”动补结构的扩展形式，在“V住”动补结构中，当V为双音节动词时，搭配的名词可以是具体的，也可以是抽象的；当V为单音节动词时，搭配的名词多为具体的，并且是施事直接接触受事，带有［+使稳固］的语义特征[4]。而“春色”是抽象名词，并且是一个带有静态色彩的名词。诗人在此处打破了汉语的语法规范，一个“关”字，赋予“春色”呼之欲出的生命力，给读者带来了审美愉悦。再如，王安石的《泊船瓜洲》：“京口瓜洲一水间，钟山只隔数重山。春风又绿江南岸，明月何时照我还？”诗中的“绿”字同样被传为佳话。夏丏尊说：“在语感敏锐的人的心里，‘赤’不但只解作红色，‘夜’不但只解作昼的反对吧。‘田园’不但只解作种菜的地方，‘春雨’不但只解作春天的雨吧。见了‘新绿’二字，就会感到希望焕然的造化之功、少年的气概等说不尽的情趣。

［1］杨振兰．现代汉语词彩学［M］．济南：山东大学出版社，1996：295-297．
［2］同［1］51．
［3］同［1］74．
［4］王晓红．“V住”及其相关问题考察［D］．上海：上海师范大学，2009．

见了‘落叶’二字，就会感到无常、寂寥等说不尽的诗味吧。”[1]

根据语境需要正确选择词汇的色彩意义，有助于使作品获得更为强烈的艺术感染力，也有助于塑造人物性格。如朱自清的《荷塘月色》中使用的“蓊蓊郁郁”“田田”“亭亭”“袅娜”“羞涩”“明珠”“碧天”“美人”“清香”“凝碧”“倩影”“和谐”“丰姿”“艳歌”“风流”“热闹”“嬉游”等。类似的，还有一些在语境中临时带上了喜爱、赞美、亲切、喜悦的情感色彩的词，如“缕缕”“密密”“脉脉”“静静”“淡淡”“弯弯”等，上述词语具备的喜爱、赞美、亲切、喜悦的情感倾向构成了散文的情感主格调[2]。再比如曹雪芹写“林黛玉进贾府”一节王熙凤的登场，当见到林黛玉时，王熙凤说道：“天下真有这样标致的人物，我今儿才算见了！况且这通身的气派，竟不像老祖宗的外孙女儿，竟是个嫡亲的孙女，怨不得老祖宗天天口头心头一时不忘。”[3]其中，“标致”“气派”“嫡亲”，以及受语境影响临时带上了赞美、喜悦的感情色彩的词“竟”“怨不得”“天天”等，既夸了林黛玉，又取悦了贾母，充分表现出王熙凤善于逢迎而又能不露痕迹的性格特征。

汉语句子成分讲究整齐，主谓宾如同主干，定状补如同枝叶，主干配以枝叶，枝繁叶茂，显现出旺盛的生命力。汉语句式丰富多变，有整句有散句，有长句有短句，有顺序有倒序，有主动有被动，有肯定有否定，有陈述有反问，不一而足，适应多样的题旨语境，极尽变化之能事，既有工巧整齐的美，也有参差错落的美。

例如，我国古代诗歌中常用的铺陈修辞格，就是以整齐对称的句式极言艺术形象之美。如歌颂卫庄公夫人庄姜的《诗经·卫风·硕人》一诗中，作者就对庄姜的美貌进行了铺陈：“手如柔荑，肤如凝脂。领如蝤蛴，齿如瓠犀。螓首蛾眉，巧笑倩兮，美目盼兮。”[4]又如东汉辛延年在乐府诗《羽林郎》中，对反抗权贵调戏的卖酒胡姬的美貌同样进行了铺陈：“长裾连理带，广袖合欢襦。头上蓝田玉，耳后大秦珠。两鬟何窈窕，一世

[1] 夏丏尊，刘薰宇. 文章作法[M]. 北京：中华书局，2007：123.
[2] 杨振兰. 现代汉语词彩学[M]. 济南：山东大学出版社，1996：75.
[3] 曹雪芹. 红楼梦[M]. 北京：人民文学出版社，1982：41.
[4] 陈子展. 诗经直解[M]. 上海：复旦大学出版社，2015：125-127.

良所无。”[1]两者都采用句式工整的铺陈手法，一方面形成优美的韵律感，另一方面又极言女性外表之美，用以衬托其高贵品质。

柳宗元的《小石潭记》在正面描写小潭时写道："下见小潭，水尤清冽。全石以为底，近岸，卷石底以出，为坻，为屿，为嵁，为岩。”孙绍振在此处评道："‘为坻，为屿，为嵁，为岩’，强调形态的不统一，一派自然本色。多姿的山石与统一的潭底形成对比。后四个短句没有用一个形容词却达到了描写的效果，表现出复杂的山石形态，这不但是自然景色的奇观，而且是语言的奇观。前面是参差的长短句，后面是整齐、并列、没有形容和夸张的短句，发挥了古文的自然优于骈文的长处，构成了一种有张有弛的节奏；从心理感受上，又给人一种历历在目、应接不暇的感觉。”[2]

再如，面对鲁迅的杂文《记念刘和珍君》，许多人都能感受到这篇文章饱含作者的哀悼之情，同时也感受到它是作者掷向黑暗社会现实的投枪，而鲜有人注意到鲁迅个性化的话语形式在其中起到的重要作用。其话语形式突出表现在转折词的运用。数一数《记念刘和珍君》一文当中的转折词，竟有 28 处之多。除了少数转折词只起连接作用，多数转折词都是作者情感脉动的外在形式，大体可分为两类。

第一类，转折连词与其他词语构成组合出现，分为下列两种：

1.“倘使……但是……”型。“倘使”意味着假设，与其后的“但是”构成了先假设后转折的形式，也构成了对先前假设的情景的偏离、扭转。例如：

倘使我能够相信真有所谓“在天之灵”，那自然可以得到更大的安慰，——但是，现在，却只能如此而已。

鲁迅耳闻昔日的学生惨遭执政府残忍杀害，内心是无比悲痛的，却没有直抒胸臆，而是先用“倘使”提出一种可能，继而加以否定。作者明白人没有“在天之灵”这个事实，不免从希望回到绝望。“只能如此而已”透出无尽的遗憾、悲伤。

[1] 余冠英. 汉魏六朝诗选[M]. 北京：人民文学出版社，1958：21.
[2] 孙绍振. 可欣赏而不可久居——《小石潭记》的诗意境界和散文现实的矛盾[J]. 语文建设，2007（9）：44.

2.“虽然（虽、向来）……但（却、然而、而）……”型。“虽然”“虽”是让步连词，而“向来”是时间副词，但是它们在与转折连词组合后发挥了相似的作用，故归为一类，如下例：

我目睹中国女子的办事，是始于去年的，虽然是少数，但看那干练坚决，百折不回的气概，曾经屡次为之感叹。

我向来是不惮以最坏的恶意，来推测中国人的，然而我还不料，也不信竟会下劣凶残到这地步。

无论是让步连词还是时间副词，都是一次话语的出发点，是对进入特定语境的提示，紧随其后的转折连词，又与先前的叙述或作者的某种惯常思维形成对立甚至形成一种驳斥，这要比直接的质疑与驳斥更为深刻有力。

第二类，转折连词“但、但是、然而”等单独出现。这一类情况在文中居多数，不过要排除转折连词单纯起语法作用的情况。举例如下：

然而即日证明是事实了，作证的便是她自己的尸骸。

但段政府就有令，说她们是“暴徒”！

但接着就有流言，说她们是受人利用的。

鲁迅曾经将“三一八”惨案发生的当天称为“民国以来最黑暗的一天”，内忧外患的国情、流言家们的卑劣行径，以及青年们的鲜血，这一切都造成作者心里一次次的“转折”：既有对黑暗现实的无法接受，又有对爱国青年的深深痛惜。上述语句中，大多数转折连词被放于句首，从表面上看，大多可以去掉，可是作者却突破了语法规则的限制，在其后接抒发强烈感情的短句或短语，在文本这个整体中，就构成了作者内心最铿锵有力的呐喊。

上述例子中，转折词若去掉，并不影响语义。但在《记念刘和珍君》一文中，转折词构成的大量转折句式的存在，一方面可以为作者特定的表达需要提供足够的空间，这恰恰是表面看上去或许更为简洁的其他形式难以完成的；另一方面，这些话语形式因为指向的是作者曲折的心理情感，其自身也受到语境的感染，具备感情色彩辐射功能，相比其他语境中仅起到语法作用的转折词，更具有审美价值。

第三节 文章美

文章是用文字表达一定内容的成篇的作品，也泛指著作。广义的文章包括实用文章和文学作品。狭义的文章专指实用文章。语文教材的编者通常把实用文章分为记叙文、说明文、议论文三大类。本节讨论的文章美，即指这三类文章的美。

一、记叙文的美

记叙文是以记叙、描写为主要表达方式，以记人、叙事、写景、状物为主要内容来反映社会生活，表现作者的思想感情的文章。记叙文的美是通过记叙文的内容表达出来的，又是通过记叙文的形式呈现出来的。

语文教材所选记叙文大都是颂扬真美善、鞭挞假丑恶，内容与形式俱佳的美文。侧重记人、叙事的记叙文往往较多地反映人物美、社会美。《闻一多先生的说和做》赞美了卓越的学者、热情澎湃的优秀诗人、革命烈士闻一多的崇高品质。《老王》描写了老王虽生活艰难，却有一颗善良的心。从《背影》中，我们看到了一个父亲对儿子的深厚情感。从《再塑生命》中，我们看到了一个在无光、无声的黑暗世界里摸索的弱女子，以惊人的毅力和不屈不挠的精神创造了奇迹。《散步》记录了一家人在一起散步时表现出的浓浓的亲情。侧重写景、状物的记叙文往往较多地反映景物美。《三峡》描写三峡的四季美景，让读者领略多样化的审美情趣。《春》描写了春的美景、春的气息、春的声响。《那树》写大自然中的强者，人类的朋友树，在疾速奔驰的人类文明车轮的碾压下倒下，留给读者无尽的思考。

优美的记叙文的作者对生活中的人、事、景、物的认识和感受都不是一般性的或普遍意义上的，而是具有表现力的、个性化的。要实现这一点，作家需要细心观察生活。然而，生活是无限的，作家的心灵是有限的。作家凭借有限的心灵，“选择了与之相契合的生活，艺术形式也选择了与之相适应的内容。经过筛选的生活意象在进入艺术形式的假定熔炉以后，和作家个性化的情趣化合成为创造性的形象，形成一个不可分割的统一体”[1]。正因如此，进入形象契合点的生活，“不但要和作家在感情上性质上相应，而且在程度上相当，形象才能和谐”[2]。如朱自清的散文《背影》，作者避开了更易于刻画的父亲的正面言行，转而将目光投在父亲去为自己买橘子时笨拙的、不雅观的攀爬月台的背影上。这是因为，“父亲越是感觉不到自己的费劲，自己的笨拙，越是忘却了自己不雅观的姿态，就越是流露出心里只有儿子，没有自己的情感”[3]。“艺术形象的细节，虽然来自生活的细枝末节，但是它是其中少量的、精粹的、有特点的一部分”[4]，此处朱自清正是抓住了有特点的细节，使得情感的审美价值超越了实用价值，具备了抒情散文的诗意美感。再如，阅读鲁迅的《社戏》，读者除了被夏夜行船的景色描写所吸引，更会因鲁迅对乡村少年天真淳朴、热情好客的传神的白描而体会到艺术的感染力。如：

阿发一面跳，一面说道，“且慢，让我来看一看罢，”他于是往来的摸了一回，直起身来说道，“偷我们的罢，我们的大得多呢。”

不料六一公公竟非常感激起来，将大拇指一翘，得意的说道，“这真是大市镇里出来的读过书的人才识货！我的豆种是粒粒挑选过的，乡下人不识好歹，还说我的豆比不上别人的呢。我今天也要送些给我们的姑奶奶尝尝去……”

上述两例，“一是与作品的主旨密切相关，同时活画出了富有情趣的纯朴好客的乡村古风”[5]。同时，阿发和六一公公两个人物形象具有浓厚的生活气息，形象生动。

在以描绘三峡自然美著称的郦道元所写的《三峡》中，作者主体心灵对景色的同化作用，甚至超越了所谓的“逼真”。孙绍振在《三峡地貌万年不变，散文形象千年更新》一文中，援引《钦定四库全书总目·卷六十九·史部二十五·地理类二·水经注》的记载，证实郦道元并未亲临三峡。然而，郦道元却能将《三峡》写成传世名文，让读者忽略其“不

[1] 孙绍振. 文学创作论[M]. 福州：海峡文艺出版社，2007：9.
[2] 同[1] 11.
[3] 孙绍振. 名作细读——微观分析个案研究[M]. 上海：上海教育出版社，2006：321.
[4] 同[1] 14.
[5] 赖瑞云. 文本解读与语文教学新论[M]. 北京：北京师范大学出版社，2013：95-96.

真实性”，原因就在于作者融入的情感把读者带入假定的、审美的境界，其自身的独特情感特征也超越了写于《三峡》之前的袁山松的《宜都记》和盛弘之的《荆州记》。孙绍振在文章中分别列出袁山松、盛弘之二人笔下的三峡，用以对照艺术手法的不同。《宜都记》中的三峡是这样的：

自西陵溯江西北行三十里入峡，山行周围，隐映如绝，复通高山重障，非日中夜半，不见日月也。

而在《荆州记》中，盛弘之这样描写三峡：

峡长七百里，两岸连山，略无绝处，重岩叠嶂，隐天蔽日。常有高猿长啸，属引清远。渔者歌曰：“巴东三峡巫峡长，猿鸣一声泪沾裳。”

《宜都记》中的“日中夜半”，在郦道元笔下被改为“亭午夜分”，“日月”则被改为“曦月”，“口语性质的白话因用了典故（日神羲和）而变得高雅。本来袁山松的原文直接从‘高山重障’转入‘非日中夜半，不见日月’多少有些突兀，郦道元增加了‘隐天蔽日’，为下面的‘自非亭午夜分，不见曦月’提供了自然的过渡，意脉更加流畅”。

《三峡》的成功，不仅在于郦道元在袁山松、盛弘之二人的语言基础上增加了语句，还在于作者通过想象的笔触，把不同的情调和谐地进行了统一，使文章不局限于写出三峡的“壮美”，更写出了它的“秀美”：

春冬之时，则素湍绿潭，回清倒影，绝巘多生怪柏，悬泉瀑布，飞漱其间，清荣峻茂，良多趣味。

孙绍振指出，从理性逻辑出发，长江三峡水流湍急，不可能在春冬之际呈现“素湍绿潭，回清倒影”的景色，这一景色显然出自作者的想象。“‘素湍绿潭’‘回清倒影’‘清荣峻茂’的妙处，与其说是对长江三峡景观的描述，不如说是在情调上和朝发暮至、乘奔御风的豪情之对比。”“雅趣”二字，点出作者营造的是与壮美完全不同的情调，二者能完美统一而又让读者忽略地理散文的实用性质，正是因为郦道元运用想象使得读者进入“忘我”“无我”的艺术之境。[1]

二、说明文的美

说明文是以说明为主要表达方式，介绍事物的形状、构造、类别、关

[1] 孙绍振. 经典文本的深层结构（上）[M]. 上海：上海三联书店，2016：375-385.

系、功能，解释事物的原理、含义、特点等，给人们以知识的文章。说明文的美是通过说明文的内容表达出来的，又是通过说明文的形式呈现出来的。

在苏教版高中《语文》（必修五）说明文专题的“写作指导”中，编者将说明文分为三类。第一类为阐述性说明文，它“着眼于对事物形成、发展等原理进行探讨，有着较深的内涵”，以阐述明白并使人有所知为写作目的。如《〈物种起源〉绪论》《人类基因组计划及其意义》。第二类为程序性说明文，阐释的是某种事物的演变过程，或是某一物品的制作过程，或是某一计划的实施过程。一般以程序或时间先后为写作顺序。如《景泰蓝的制作》和《足下的文化与野草之美》。第三类为文艺性说明文，“是用文艺笔调或形式写成的说明文”。其写法多样，“甚至采用故事、童话或寓言的形式，让读者觉得活泼有趣，使人们在艺术享受之中接受科学熏陶”。如《南州六月荔枝丹》和《斑纹》。[1]

语文教材所选的说明文也都是文质兼美的文章，读者从中获得的不仅是科学智慧的启发，更是美的吸引与美的发现。如：《花儿为什么这样红》《南州六月荔枝丹》描写的植物美，《绿色蝈蝈》《马》描写的动物美，《核舟记》《景泰蓝的制作》描写的工艺美，《中国石拱桥》《故宫博物院》《苏州园林》描写的建筑美，《宇宙里有些什么》《看云识天气》《大自然的语言》展示的自然美，《月亮上的足迹》表现的人类征服自然之美，《斜塔上的实验》《奇妙的克隆》呈现的科学美，《生物入侵者》警示人们保护环境美，等等。

上述说明文之所以被选为范文，很重要的一个原因就是作者巧妙运用各种艺术形式，将具有科学性、专业性的概念、知识，用直观生动的方式进行呈现，易于被读者接受。从这一角度而言，优秀的说明文与文学作品一样，都具有审美价值。教师在进行说明文阅读教学时，可以引导学生关注其中可仿效性强的范例，从而实现阅读奥秘到写作奥秘的转化。以《宇宙里有些什么》为例，其较为突出的形象化的创作手法便是数字与比较法相结合，形成了“形象数字”的表达效果。如：“‘有些恒

[1] 丁帆，杨九俊. 普通高中课程标准实验教科书语文：必修五[M]. 南京：江苏凤凰教育出版社，2014：41.

星的体积可以装下八十万万个太阳’‘一些恒星的质量很大，火柴头那么大的一点点东西可以抵上地球十几个成年人的重量’，既有数字又有比较，读者一目了然，印象深刻；既比那些单调地罗列一些数字的写法形象得多，又比那些孤立地进行比较的写法清晰得多。”[1]另外，运用修辞格营造形象生动的表达效果也值得学生在写作中借鉴。如《中国石拱桥》一文的首段即用比喻修辞格，并通过引用神话、诗歌，生动地描摹石拱桥的外部形态，引起读者阅读的兴趣：

石拱桥的桥洞成弧形，就像虹。古代神话里说，雨后彩虹是“人间天上的桥”，通过彩虹就能上天。我国的诗人爱把拱桥比作虹，说拱桥是“卧虹”“飞虹”，把水上拱桥形容为“长虹卧波”。

而在说明赵州桥大拱与小拱的造型特色时，作者写道“大拱的两肩上，各有两个小拱”，则是运用拟人化的手法，将桥梁构造模拟为人体，对大拱小拱的位置关系进行生动的说明。

除了具有较强的可仿效性的范例，有的说明文将美感蕴含于文本深层脉络与情趣之中，这就需要对文本进行更为深入的细读，对美感奥秘进行揭示。以《花儿为什么这样红》为例，该文作者贾祖璋是生物学科普作家，这篇科学普及小品的结构特点在于打破一般论说文论点、论据、论证的简单组合，巧妙运用了“层层深化的模式”。作者先是提出问题作为论述的起点；接着用细胞液的酸碱性这一化学原理来阐释花朵呈现各种色彩的原因；再从物理学角度，阐释光波长短和颜色之间的关系；最后从生理学科角度，论述光波长短与热效应的关系。并且，三个层次并不是相互割裂的，而是后者以前者为基础，层层递进。再结合作者富有趣味性的语言，“深邃的智慧和奇特趣味天衣无缝”。作者不满足于三个层次的统一，又增加了自然选择与人工选择两个层次：

我们可以说，花色以绿色为起点，向长波一端发展，由黄而橙，由橙而红；向短波一端发展，是蓝色和紫色。红色的花最鲜艳，最耀眼，可以说在进化途程中是最成功的。

作者不仅用简练的语言概述了花色的历史进化过程，又列举两个有说服力的例子，论证人工选择的优越性。例子从宋代中叶培育多种色彩

[1] 赖瑞云. 语文课程理论与应用[M]. 福州：海峡文艺出版社，2008：134.

的牡丹花，扩展至墨西哥地区大丽花的栽培，有较广的覆盖面。文末，作者放弃了一般论说文写作中依次总结分析结论的做法，而是将五个层次归结为“大自然的杰作”和“人工培育”两个对立统一的方面，实现了高度概括。[1]

科学与文学的完美融合，还可以《斜塔上的实验》一文为例。该文既可以作为人物传记来读，也可被视为上文提到的“文艺性说明文”。作为人物传记及说明文，《斜塔上的实验》一方面注重真实地记载伽利略成功在比萨斜塔进行不同重量铅球自由落体实验，另一方面又使得这一历史人物形象具备艺术价值。作者没有对伽利略的人生历程及重力实验的前因后果进行平面化、线性化的表述，而是多处运用小说故事营构的艺术手法，营造出富有戏剧性的冲突场面，从中凸显伽利略坚持运用实验探求真理与他人对其举止的误解偏见之间的情感“错位”。例如，写伽利略勇敢挑战亚里士多德学说的权威地位，周围的人对此的反应是：

学生们听了他的讲课，不客气地嘲笑他。有些教授也骂得他狗血喷头。这个不知天高地厚的后生小子想要干什么？他居然把亚里士多德的神圣的卷帙从书架上搬走，而代之以绳索、锡块、杠杆，圆形的、多角形的、平面的这样那样滑稽的玩意儿。不是吗，这些都是小孩子的玩具，是不可以作为严肃地研究宇宙秘密的工具的。“制止这种胡闹！”他们威胁说，否则，他们就将给他一顿教训，叫他永不会忘记。

当伽利略登上比萨斜塔进行试验时，情境同样交织着不同的感情逻辑：

当伽利略一步一步爬上斜塔时，大家都嘘他。他一只手拿着一个10磅重的铅球，另一只手拿着一个1磅重的铅球。时间到了，伽利略让两个铅球从塔顶同时落下。大家先是一阵嘲弄的哄笑——随之是大吃一惊的窃窃私语。难以相信的事情真的发生了！

作者不写他人对伽利略质疑时的言语神态，对人物传记本身要求的真实性也没有影响。但作者正是通过旁人对前人理论观点的僵化信服及由此造成的对伽利略的贬低嘲笑，激发读者的同情，更有力地衬托出伽

[1] 孙绍振. 名作细读——微观分析个案研究[M]. 上海：上海教育出版社，2006：112-118.

利略无怨无悔、坚定执着地追求真理这一独特情感逻辑。冲突越是剧烈，越有利于构成与读者内心期待的矛盾，从而让读者更为伽利略的高尚、伟大的品质所感动。

三、议论文的美

议论文是以议论为主要表达方式，主要运用概念、判断、推理的思维形式来论证观点、阐发道理、批驳谬误、明辨是非，从而直接揭示事物的本质及规律的文章。议论文的美是通过议论文的内容表达出来的，又是通过议论文的形式呈现出来的。

语文教材所选议论文，无论是立论文章，还是驳论文章，同样追求语言内容美与语言形式美的统一，渗透着社会主义核心价值观。如在《谈生命》中，冰心把生命比作一江春水、一棵小树，引发人们关于生命的思考。在《人生》中，勃兰兑斯把人生比作攀登高塔、挖掘坑道，引发人们关于人生的思考。在《敬业与乐业》中，梁启超主张有责任心和有趣味的生活态度。在《论美》中，培根告诫人们“把美的形貌与美的德行结合起来吧。只有这样，美才会放射出真正的光辉”。

刘勰在《文心雕龙·论说》中对“论”这种文体做出如下阐释：“论者，伦也；伦理无爽，则圣意不坠。昔仲尼微言，门人追记，故抑其经目，称为《论语》；盖群论立名，始于兹矣。自《论语》以前，经无‘论’字。”[1]刘勰以“伦”训“论”，将记载孔子言行的《论语》视为以“论”命名著作的源头，从而把不违背圣意的正确的道理视为立论的根本。孟子就曾以“浩然之气”四字评价自己的论辩。这一点对后世的议论文也有深远影响。在以人的崇高品德为议论中心的作品中，深刻的思想内涵本身就是审美对象。如《谈骨气》阐述的“富贵不能淫，贫贱不能移，威武不能屈”的英雄气概，《最后一次讲演》蕴含的“前脚跨出大门，后脚就不准备再跨进大门”的力量气势，不都是一种惊心动魄的崇高美的展示吗？《纪念白求恩》展现的白求恩毫不利己、专门利人的国际主义精神，不也感动着一代又一代读者吗？优秀议论文都是从新的方面、在新的层次上

[1] 刘勰. 文心雕龙注译[M]. 郭晋稀，注译. 兰州：甘肃人民出版社，1982：213.

向人们揭示客观世界的本质、规律，从而把人们的认识引向新的高度、深度和广度的，它为人们认识世界、改造世界提供新的动力和武器。从这一角度来说，议论文的审美价值还表现为一种理论美。理论之所以美，最根本的是由于它是人们的真理性认识，它从错综复杂中找到秩序、规律，使之臻于和谐，达到统一，从而使人们体验到理智的满足和感情上的愉悦。

议论文之美，除了体现在观点合乎道理，还体现在观点的鲜明性和独到性。“原夫论之为体，所以辨正然否”[1]，刘勰这句话揭示了鲜明的观点对于议论文的重要意义。“论”就是要“辨正然”，要对是非黑白进行明确判断。而这又要以对问题进行全面而深入的思考为基础，只有对问题涉及的方方面面都有深入思考，才能形成个人化的观点，而不是人云亦云。比如在《最后一次讲演》中，闻一多审时度势，纵观历史发展与现实情势，对反动派的丑恶嘴脸进行深刻揭露，才使得李公朴的牺牲具备重大意义，爱国青年将紧随其脚步完成历史使命这一观点更为振聋发聩。再如《人的高贵在于灵魂》一文，作者周国平引用国外名人名言及事例，并结合日常生活当中的案例，提出人的高贵不在于物质财富的多寡，而在于灵魂是否高贵。这一论点无疑超越了世俗功利层面的标准，上升到了普通人在社会生活中难以深刻体会的审美价值的层次。不同的创作者由于自身主体条件的差异，面对同一事物、同一问题、同一情境，往往形成各不相同的观点态度。例如，同样是探讨六国灭亡的原因，苏洵在《六国论》中认为“弊在赂秦”，而在苏轼、苏辙，以及清代李桢的同名文章中，又出现了“养士”说，助“韩、魏以御秦”说，“不行王道”说等。21 世纪初有一名中学生也有同题文章发表于《新民晚报》，主张“人才”说。[2]

论点有可能多种多样，独创性的论点在产生之初尽管具备鲜明性，但往往带有直觉色彩。对于篇章而言，这样“初感”虽然是议论的开端，甚至是全文的灵魂，但还需要经过全面、缜密的论证过程，这样“初感”

[1] 刘勰. 文心雕龙注译[M]. 郭晋稀，注译. 兰州：甘肃人民出版社，1982：214.
[2] 丁帆，杨九俊. 普通高中课程标准实验教科书语文：必修二[M]. 南京：江苏凤凰教育出版社，2014：72.

才能上升到理性层面，从而“立得住”，有说服力。古往今来，经典议论文的作者对同一问题的看法或许不尽相同，但论辩的强大说服力却是共同的追求。这一追求，用《文心雕龙》里的话来说，就是“穷于有数，追于无形，钻坚求通，钩深取极，乃百虑之筌蹄，万事之权衡也。故其义贵圆通，辞忌枝碎，必使心与理合，弥缝莫见其隙；辞其心密，敌人不知所乘；斯其要也”[1]。这一过程体现的是形式上的“雄辩”之美。“‘穷于有数’，就是把握全面资源，‘百虑之筌蹄，万事之权衡’就是深思熟虑，把所有的可能都加以权衡，‘弥缝莫见其隙’，严密到没有任何漏洞，‘敌人不知所乘’，让论敌反驳无门。”[2]因此，议论贵在全面、缜密。以梁启超的《敬业与乐业》为例，在这篇文章中，作者的核心观点一望即知：对待工作要有责任心，要敬业，同时又要从中得到乐趣，即乐业。二者在作者看来是同等重要的。那么，在论证过程中，敬业与乐业两个方面的论证次序是否可以任意安排？答案是否定的。作者选择先对敬业进行论述，是因为敬业与否与道德高低和个人得失都紧密相连。不敬业，不仅亵渎了各行各业的神圣，更于人生无益。而其后论述的乐业，相对敬业而言是更高层次的要求。正如文中所说，兢兢业业对待事业的从业者，必然要比不敬重事业的从业者更为艰辛，才会让从业者流露“做工好苦呀”的感叹，这就自然引出了作者关于职业所具有的趣味性的论证。先谈敬业，是对论证乐业的铺垫；而对乐业的论述，又是对因敬业辛苦而试图对其有所质疑的观念的有力反驳。

[1] 刘勰. 文心雕龙注译[M]. 郭晋稀，注译. 兰州：甘肃人民出版社，1982：214-215.
[2] 孙绍振. 经典文本的深层结构（上）[M]. 上海：上海三联书店，2016：344.

第四节　文学美

文学是以语言文字为工具形象化地反映客观现实的艺术，也是帮助学生学习语言、认识生活、培养审美能力、提高思想品德修养的有力工具。现行语文教材中，文学作品往往占全部课文的一半以上，其中大多数是古今中外的名家名篇，这些从中外文化发展史上筛选出来的精神财富，也是我们进行美育的极佳资源。

西方接受美学理论家伊瑟尔在《阅读行为》一书中认为，文学文本的重要特点是具备交流功能。对于当下来说，许多经典文学文本承载的信息不再具有现实意义，已经成为历史的陈迹；但文本仍然具有“言说”的能力，也即具有鲜活的生命力。具有鲜活生命力的文学作品的美同样是通过文学作品的内容表达出来的，又是通过文学作品的形式呈现出来的。阅读经典文学作品，不仅要解读作品内容之美，而且要领悟作品形式之美。

实际生活中的真善美三种价值，并不总是统一的。朱光潜曾在《我们对于一棵古松的三种态度——实用的、科学的、美感的》一文中，以不同的人面对同一棵古松的反应为例，对此进行了生动的说明。

比如园里那一棵古松，无论是你是我或是任何人一看到它，都说它是古松。但是你从正面看，我从侧面看，你以幼年人的心境去看，我以中年人的心境去看，这些情境和性格的差异都能影响到所看到的古松的面目。古松虽只是一件事物，你所看到的和我所看到的古松却是两件事。假如你和我各把所得的古松的印象画成一幅画或是写成一首诗，我们俩艺术手腕尽管不分上下，你的诗和画与我的诗和画相比较，却有许多重要的异点。这是什么缘故呢？这就由于知觉不完全是客观的，各人所见到的物的形象都带有几分主观的色彩。

假如你是一位木商，我是一位植物学家，另外一位朋友是画家，三人同时来看这棵古松。我们三人可以说同时都“知觉”到这一棵树，可是三人所“知觉”到的却是三种不同的东西。你脱离不了你的木商的心习，你所知觉到的只是一棵做某事用值几多钱的木料。我也脱离不了我的植物学家的心习，我所知觉到的只是一棵叶为针状、果为球状、四季常青的显花植物。我们的朋友——画家——什么事都不管，只管审美，他所知觉到的只是一棵苍翠劲拔的古树。我们三人的反应态度也不一致。你心里盘算它是宜于架屋或是制器，思量怎样去买它，砍它，运它。我把它归到某类某科里去，注意它和其他松树的异点，思量它何以活得这样老。我们的朋友却不这样东想西想，他只在聚精会神地观赏它的苍翠的颜色，它的盘屈如龙蛇的线纹以及它的昂然高举、不受屈挠的气概。[1]

显然，古松“苍翠的颜色，它的盘屈如龙蛇的线纹以及它的昂然高举、不受屈挠的气概”对于木商、植物学家来说，不具备实用、科学价值。古松造型之美及其承载的人文内涵之美，在画家看来，是审美价值的体现。可见，实用、科学与审美价值存在“错位”。“错位”美理论是由孙绍振提出的。所谓“错位”，指“既有统一的一面，也有矛盾的一面”[2]。孙绍振在《文学性讲演录》中谈到，“错位”是其文学理论的核心范畴。其中，“真善美三维错位”审美理论可运用于分析人物创作的审美价值。“善的不一定是美的，恶的不一定是丑的。”“文学作品的价值追求，不在于善恶，更重要的在于美丑。”[3]由此，无论是作家创作文学文本，还是读者鉴赏文学文本，都要避免实用、理性价值逻辑对审美价值逻辑的遮蔽，而要力求进入审美的境界，这就要运用本书第一章所介绍的“还原”法，进行价值逻辑的还原。对文学美育而言，这是至关重要的。

除了能够看到三种不同价值逻辑的差异，对文学文本的解读而言，读懂了文字内容，并不意味着读懂了作品的美。文学文本的结构并非平面化的，一望即知的，而是多层次的立体结构。文学文本的文体结构存在“表层感觉、知觉和空间、时间的推移”，存在“意象”和“意象的群落”[4]。譬如《从百草园到三味书屋》中有这样一段话：“不必说碧绿的菜畦，光滑的石井栏，高大的皂荚树，紫红的桑椹；也不必说鸣蝉在树叶里长吟，肥胖的黄蜂伏在菜花上，轻捷的叫天子（云雀）忽然从草间直窜向云霄里去了。单是周围的短短的泥墙根一带，就有无限趣味。油蛉在这里低唱，蟋蟀们在这里弹琴。翻开断砖来，有时会遇见蜈蚣；还有

[1] 朱光潜. 谈美[M]. 北京：北京大学出版社，2008：9-11.
[2] 孙绍振. 文学性讲演录[M]. 桂林：广西师范大学出版社，2006：60.
[3] 孙绍振. 演说经典之美[M]. 福州：福建教育出版社，2009：331.
[4] 孙绍振. 经典文本的深层结构（上）[M]. 上海：上海三联书店，2016：290.

斑蝥，倘若用手指按住它的脊梁，便会拍的一声，从后窍喷出一阵烟雾……”这段文字既写景状物，又写人叙事。作者用“碧绿”“光滑”“高大”“紫红”“肥胖”“轻捷”等形容词作为定语描绘了园中的景物，同时又描绘了油蛉悦耳的“低唱”、蟋蟀有节奏的“弹琴”，以及人“翻开断砖来”的活动。作者用“不必说”“也不必说”“单是”“就”等关联词，将15种景物、4件趣事写了出来，把静态描写与动态刻画和谐统一起来，构成一幅生趣盎然、色彩绚丽的百草园图。这仅属于文本结构的表层，文本的艺术奥秘更在于深层的“意脉”。百草园的图景表达了作者幼时好奇、求知的心理和对这个乐园的热爱之情。艺术家独特的情致意脉需要读者在鉴赏时突破表层意象，进行深入的揭示。

进行文学美的分析还要避免孤立地以文本论文本。经典文本的形成并非仅仅依靠个人，而是一代又一代作家对审美规范进行革新与创造的结果。这就需要把文本的艺术奥秘置于母题史发展进程中，对文本进行“母题史的还原”，显示“内在的、人物内心情志探索和表现的进展”[1]，通过对文本在母题史历程中进行定位，发现作者在对传统的继承与突破的基础上创造的文学杰作之美。

诗歌、散文、小说、戏剧剧本等文学样式是在长期的重复使用中形成的审美经验积淀的载体。不同样式的作品，有着各自相对稳定的各不相同的审美规范。即使是同一文学样式的作品，由于作家的不同，作家创作时间、地点、心境等的不同，而异彩纷呈：或繁丰、或简约，或刚健、或柔婉，或平淡、或富丽，或谨严、或疏放，或幽默、或庄重，不一而足。但只要是好作品，都会显示出一种独特的风格美。孙犁的《荷花淀》和彭荆风的《驿路梨花》同是小说，前者充满诗情画意，具有清新淡雅之美，后者悬念重重，透出引人入胜之美。《荷塘月色》和《绿》同是朱自清的散文，前者朦胧含蓄，后者却明丽奔放。

一、诗歌美

诗歌是借助具有节奏感和音乐美的语言，构造具有诗美意象，表现诗

[1] 孙绍振，孙彦君. 文学文本解读学[M]. 北京：北京大学出版社，2015：385-386.

人强烈而凝练情致的一种文学体裁。中国古代，把不合乐的称为诗，合乐的称为歌，现代一般统称为诗歌。诗歌源于原始人的劳动呼声，一开始便和音乐舞蹈结合为一体，是各类文学中最早出现的文学形式。古人说“诗言志”“诗缘情而绮靡”“诗者，根情、苗言、华声、实义”[1]，说诗歌“托物言志，状物抒情”。可见，表达诗人主观的情致，比之文学的其他门类，在诗歌中尤为强烈和重要。只有当诗歌语言的节奏和声律音韵通过艺术意象或意境，完美地表现了诗人内在的感情的波动起伏，这首诗才能称为好诗。诗歌从不同的角度看可有不同的分类：从描写的对象看可分为抒情诗和叙事诗；从表现的形式看可分为格律诗和自由诗；从描写的具体内容看可分为哲理诗、田园诗、山水诗、爱情诗、讽刺诗、赠别诗；等等。

中国是诗的国度，自孔夫子以来，一直有着诗教的传统。“入其国，其教可知也。其为人也，温柔敦厚，《诗》教也。”[2]近年来随着美育的推进，“诗教”引起了人们的重视，一些语文教育专家重提“诗教”，呼唤“诗教”的回归。语文教材所收诗歌，有古代《诗经》、楚辞、乐府、唐诗、宋词、元曲中的代表作，也有“五四”以来新诗中的优秀作品。从古至今，诗歌传达出的内涵广泛而又深刻：我们可以从《氓》《孔雀东南飞》了解古代社会的生活图景和诗中主人公对美好爱情的追求。陶渊明的《归园田居》描绘的田园风光充满了恬淡自然的美。王之涣的《登鹳雀楼》展示的落日余晖下的黄河入海图充满了豪放雄伟的美。王维的《山居秋暝》清新柔美，使人产生自然、幽雅的生活情趣。李白的《赠汪伦》真挚感人，使人觉得景美情更美。张继的《枫桥夜泊》意境清远，使人领悟到隽永的诗意美。陆游的《十一月四日风雨大作》饱含作者强烈的爱国之情、报国之志。辛弃疾的《永遇乐·京口北固亭怀古》充满沉郁悲壮的美。李清照的《如梦令》浸润着细致缠绵的愁。睢景臣的《哨遍·高祖还乡》在嬉笑怒骂中撕破了封建社会统治者的神圣面具。艾青的《大堰河——我的保姆》表达了对勤劳、纯朴、善良的保姆大堰河的怀念和赞美。毛泽东的《沁园春·雪》抒发了宏大的政治理想和抱负。语文教材还收录

[1] 北京大学哲学系美学教研室. 中国美学史资料选编[M]. 北京：中华书局，1980：130，156，298.
[2] 沈凤笙，陈戍国. 周礼·仪礼·礼记[M]. 长沙：岳麓书社，1989：478.

了一些外国优秀诗歌作品，如雪莱的《致云雀》等。

与中国古代诗教注重礼仪教化不同，语文美育对诗教的倡导，不仅包括对中华民族道德伦理精华的继承，更要让学生从诗歌中受到美的熏陶和感染。金代刘祁说："夫诗者，本发其喜怒哀乐之情，如使人读之无所感动，非诗也。"[1]在诗歌创作中，诗人的"主观感情特征比之客观生活特征更占优势，想象的假定性比之写实性更占优势"[2]。刘熙载曾以"诗善醉"一语来形容诗歌相比散文对现实的超越："文所不能言之意，诗或能言之。大抵文善醒，诗善醉，醉中语亦有醒时道不到者。盖其天机之发，不可思议也。故余论文旨曰：'惟此圣人，瞻言百里。'论诗旨曰：'百尔所思，不如我所之。'"[3]即便在具有写实性特征的民歌中，也仍能够看到诗人想象的自由。以民歌体的《孔雀东南飞》和《木兰诗》为例，两首诗的铺陈手法都加入了夸张的成分，如汉乐府《孔雀东南飞》描写刘兰芝"严妆"，以及太守迎亲的场面；其后出现的《木兰诗》描写木兰出征前的准备和征途的艰辛，等等。

诗人在诗歌创作中追求的特征，是"个性化的意蕴的假定和意象符号的创造"[4]。意象"既有鲜明的可感性，又有隐含的情感性"[5]。诗歌意象十分丰富，既有自然万物，又有人间万象。如用以传达思乡愁绪的"月"意象：王建的"今夜月明人尽望，不知秋思落谁家"（《十五夜望月寄杜郎中》），张九龄的"海上生明月，天涯共此时"（《望月怀远》）。如表现物我交融，欣然融洽的"青山"意象：李白的"相看两不厌，只有敬亭山"（《独坐敬亭山》），辛弃疾的"我见青山多妩媚，料青山、见我应如是"（《贺新郎》）。再如象征爱情与相思的"红豆"意象：王维的"红豆生南国""愿君多采撷，此物最相思"（《相思》），王国维的"南国秋深可奈何，手持红豆几摩挲""留取他年银烛下，拈来细与话相思"（《红豆词》）。除单个意象之外，诗歌中多个意象与意境的营造也密切相关。如陶渊明的《归园田居》（其一）：

[1] 转引自：陈一琴. 聚讼诗话词话[M]. 上海：上海三联书店，2012：19.
[2] 孙绍振. 文学创作论[M]. 福州：海峡文艺出版社，2007：233.
[3] 刘熙载. 刘熙载文集[M]. 南京：江苏古籍出版社，2000：117.
[4] 同[2]247.
[5] 孙绍振，孙彦君. 文学文本解读学[M]. 北京：北京大学出版社，2015：185.

少无适俗韵，性本爱丘山。误落尘网中，一去三十年。

羁鸟恋旧林，池鱼思故渊。开荒南野际，守拙归园田。

方宅十余亩，草屋八九间。榆柳荫后檐，桃李罗堂前。

暧暧远人村，依依墟里烟。狗吠深巷中，鸡鸣桑树颠。

户庭无尘杂，虚室有余闲。久在樊笼里，复得返自然。

这首诗中的意象是一系列的：丘山、尘网、羁鸟、旧林、池鱼、故渊、南野、园田、方宅、草屋、榆柳、桃李、远人村、墟里烟、狗吠、深巷、鸡鸣、桑树、户庭、樊笼。此处所有的意象都统一于陶渊明“无意的、从容的、不为任何外部动机，也不为自身内在欲望所役”的美好心境里。诗人对美的发现与欣赏是从容不迫的，“不着一字，尽得风流”。[1]

隐藏于意象群落中的情感的运动则为“意脉”。动态的情感“更能显示出不可重复的唯一性特征”，情感也具有了“节奏感”，故“意脉的变化、起伏、显隐，是形象的生命所在”[2]。以张继的《枫桥夜泊》为例：

月落乌啼霜满天，江枫渔火对愁眠。

姑苏城外寒山寺，夜半钟声到客船。

张继因科举落第，又客居他乡，心情的失落可想而知。诗人的“愁”是“客中之愁”。对着此时无眠的诗人的是“江枫渔火”。此时，周围的宁静被寒山寺的钟声打破。入世而受挫的诗人“正默默体悟着受伤的心灵，悠扬的钟声更多的是一种抚慰”。而佛门的钟声“提示着香客半夜赶来，营造着出世的氛围”，“隐含着某种从痛苦中超脱的韵味”。因此，本诗美感的焦点在于诗人的意脉在“夜半钟声”一句转折，“打破的不仅仅是沉寂，而且是入世的梦”[3]。诗人情感脉络的转折多出现在后世传诵的绝句当中，是经典绝句的共同艺术准则。

如王昌龄的《出塞二首》（其一）：

秦时明月汉时关，万里长征人未还。

但使龙城飞将在，不教胡马度阴山。

王维的《送元二使安西》：

---

[1] 孙绍振. 月迷津渡——古典诗词个案微观分析[M]. 上海：上海教育出版社，2012：200-203.

[2] 孙绍振，孙彦君. 文学文本解读学[M]. 北京：北京大学出版社，2015：202.

[3] 同[1] 99-102.

渭城朝雨浥轻尘，客舍青青柳色新。

劝君更尽一杯酒，西出阳关无故人。

王翰的《凉州词二首》（其一）：

葡萄美酒夜光杯，欲饮琵琶马上催。

醉卧沙场君莫笑，古来征战几人回？

张继的《枫桥夜泊》一诗中的“姑苏城外寒山寺，夜半钟声到客船”，视觉感知由远及近，因寒山寺的钟声实现了感情层面的转折。而在上文三首诗当中，作为第三、第四句的“但使龙城飞将在，不教胡马度阴山”“劝君更尽一杯酒，西出阳关无故人”“醉卧沙场君莫笑，古来征战几人回”，是句式、语气、情绪的共同转换。句式由陈述句变为祈使句或否定句，语气则由陈述变为感叹或疑问，相应的诗人情绪的“宛转变化工夫”，由写景转为抒情，由此表现出的是隐藏于诗歌意象之下的情感变幻之美。[1]

另外，诗歌的常用意象一旦凝固并最终形成，具有相当的稳定性。同时，随着使用频率的增加，很多意象渐趋陈旧，青松、明月、杨柳、东风、流水等，皆属此类。通过上文的分析，不难发现，诗歌之美并不局限于意象体系的搭配，更出于精致情感的流动变化所表现出的诗人各自的独特的心灵之美。主体情感的充分自由甚至能够让一直延续的十分稳定的意象焕发新的生命力。如戴望舒在其现代诗《雨巷》中，运用“丁香”意象多达 7 次。实际上，“丁香”意象在古典诗词中就已经存在，多用来表达愁怨之情。如李商隐的《代赠二首》（其一）“芭蕉不展丁香结，同向春风各自愁”，还有南唐李璟的《摊破浣溪沙·手卷真珠上玉钩》“青鸟不传云外信，丁香空结雨中愁”。戴望舒在《雨巷》中还以反复的手法对“丁香姑娘”进行描绘：“丁香一样的颜色 / 丁香一样的芬芳 / 丁香一样的忧愁。”就连戴望舒所表现的邂逅情结，也早在《诗经·秦风·蒹葭》中出现过。然而，同样借助“丁香”意象，戴望舒却与前代诗人在情感抒发的层次性上有区别。《雨巷》中抒情主体“我”的情感是一个动态展开的过程：邂逅，进而凝视，但第四、第五小节反复强调的“姑娘”只是“飘过”而已，在第六节，甚至“姑娘”的“颜色”“芬芳”“眼光”

[1] 孙绍振. 月迷津渡——古典诗词个案微观分析[M]. 上海：上海教育出版社，2012：364-365.

都“消散”了。此外，首尾两小节用几乎完全相同的文字强调“丁香姑娘”只存在于自己的“希望”之中。难得的是，即便“丁香姑娘”已经消散，诗人也没有遗憾之情。与古典佳人形象不同，“丁香姑娘”的价值不完全在于拥有吸引诗人接近的美感，还在于能让人生步入“雨巷”的“我”，得以一抒愁怨。在这一过程中，读者在从凝视到超脱的心理转化中完成了抒情主体“我”的具体化，并被这不可言喻的情感所感染。这种效果在审美价值层面超越了其他借助“丁香”意象单纯地表达愁怨之情的诗。

现代诗对古典诗歌的创造性革新，还表现在赋予意象或话语形式全新的意义。如在毛泽东的《沁园春·雪》中，不同于古代边塞之人将冰雪作为恶劣环境的象征，冰雪不再具有苦寒的特征，而是在诗人豪迈的感情支配下，“变酷寒为美”；“江山如此多娇，引无数英雄竞折腰”一句中的“折腰”，也不再是陶渊明笔下带有孤傲感情色彩的“不为五斗米折腰”中的“折腰”，而是“心甘情愿地谦恭、崇拜”，带有肯定色彩。这一转化，是更有诗意的转化。[1]

二、散文美

散文是题材、内容极为广阔，表现形式、表现手法极为自由的一种文学体裁。中国古代散文是指与韵文相对的文体。韵文不限于诗歌，一切讲求格律的对偶文字都被包括在内。韵文之外，都属散文。先秦诸子的散文大致可分为两种类型：一类是以论说为主的散文，如《论语》《孟子》《庄子》等；一类是以人物传记为主的历史散文，如《左传》等。后来，司马迁的《史记》把传记散文推到前所未有的高峰。唐宋时期，韩愈、欧阳修等领导的两次古文运动使散文构造形象的方式日益繁复。现代散文与诗歌、小说、戏剧文学并列，指三者之外的别具特点的一种文学样式。现代散文的主要特点是形散神聚。散文既可以反映社会生活中任何有意义的事物，又可以运用任何有效的艺术方法去反映社会事物。它能像诗歌那样直接抒发作者的强烈感情，而不必讲求韵律；能像小说那样叙述事件，塑造形象，刻画人物，而无须完整的故事情节；能像戏剧那样表

[1] 钱理群，孙绍振，王富仁. 解读语文[M]. 福州：福建人民出版社，2010：291.

现矛盾冲突，而不要求时间空间高度集中；甚至能像论说文那样说理议论，却不一定运用抽象概念进行推理论证。它写人、记事、绘景、状物不拘一格，叙述、描写、抒情、议论兼采并用。根据表达内容和表现手法，散文可分为抒情散文、叙事散文和议论散文三大类。

语文教材所收散文有先秦历史散文、诸子散文、两汉人物传记、政论文章，还有唐宋八大家佳作、明清小品，以及许多文质兼美的现代散文。《左传》记人叙事委婉曲折，极富辞采。《战国策》行文纵横驰骋，雄辩恣肆。诸子文章善用比喻，说理形象生动。司马迁的传记文学，贾谊的政论性散文，郦道元的山川景物之作各具特色。韩愈的文章雄奇奔放、曲折变化、文从字顺，柳宗元的文章清新秀美、融情入景、情景交融，欧阳修的文章平易流畅、婉转多姿，苏轼的文章挥洒自如、姿态横生，王安石的文章立意超卓、切中时弊，它们都能给人以美的享受。朱自清的《春》、汪曾祺的《端午的鸭蛋》、郁达夫的《故都的秋》和老舍的《济南的冬天》以生动优美的语言表现了四季千姿百态的美。优秀的散文皆是从内容到语言、结构皆美的美文。

古代文论家多从诗与文对比的角度，论说散文所具备的不同于诗的特点。明代诗评家许学夷认为："诗与文章不同，文显而直，诗曲而隐。"[1] 朱光潜对散文与诗的分析，与许学夷异曲同工。他认为："散文叙事说理，事理是直截了当、一往无余的，所以它忌讳迂回往复，贵能直率流畅。诗遣兴表情，兴与情都是低回往复、缠绵不尽的，所以它忌讳直率，贵有一唱三叹之音，使情溢于辞。"[2] 的确，诗歌概括性强、想象自由的文本特征往往吸引读者领略其味，而散文的表层结构所提供给读者的信息，则更为具体，如此一来，作者试图阐发的道理或思想内涵更易被读者理解、领会。以语文教材收录的散文名篇刘禹锡的《陋室铭》、欧阳修的《醉翁亭记》和鲁迅的《阿长与〈山海经〉》为例：《陋室铭》是带有劝勉、说理色彩的铭文，以为"陋室"作记的形式抒发作者坚守德行操守的高尚情操；《醉翁亭记》通过描写欧阳修这位太守与民同乐的景象，表现作者醉心于山水美景的惬意；《阿长与〈山海经〉》则通过回忆保姆长妈妈

[1] 转引自：陈一琴. 聚讼诗话词话[M]. 上海：上海三联书店，2012：6.
[2] 朱光潜. 谈美[M]. 北京：北京大学出版社，2008：131-132.

的往事，表现其性格特点，写出了作者对自己的保姆的深切缅怀。散文的这一鲜明特点，使教师在进行散文阅读教学时，尤其是在进行散文美的深入挖掘时面临挑战。要进入散文意象的深层进行分析，仍然可以从对诗和散文二者的对比开始。它们尽管有所差异，但也有相同点。清代诗人邹祗谟说："作诗之法，情胜于理；作文之法，理胜于情。乃诗未尝不本理以纬夫情，文未尝不因情以宣乎理，情理并至，此盖诗与文所不能外也。"[1]也就是说，散文同样抒情，但散文家的独特感情是借助于独特的感觉和知觉来体现的。

如，刘禹锡《陋室铭》中的"陋"，用于此处指"窄小、狭隘"[2]。尽管刘禹锡笔下的"陋室"从字面意义来看是空间窄小而又偏僻的居所，但"惟吾德馨"——"陋室"主人的道德品行是高尚的。具体表现在：往来谈笑者都是"鸿儒"，又有"调素琴，阅金经"的朴素古雅，更有"苔痕上阶绿，草色入帘青"的自然美景。因而作者本人的精神可以与诸葛亮、扬雄作比，"陋室"的"陋"原本带有的负面色彩被淡化，甚至带上了赞美、喜悦等正面的感情色彩。文章以反问句"何陋之有？"一句作结，"不但显得活泼，而且显得自信"。[3]

而欧阳修在《醉翁亭记》一文中的独特情感，则需要结合古代汉语的词法句法结构特征进行深入揭示。此文首段有这样一段话：

望之蔚然而深秀者，琅琊也。山行六七里，渐闻水声潺潺而泻出于两峰之间者，酿泉也。峰回路转，有亭翼然临于泉上者，醉翁亭也。作亭者谁？山之僧智仙也。名之者谁？太守自谓也。太守与客来饮于此，饮少辄醉，而年又最高，故自号曰醉翁也。醉翁之意不在酒，在乎山水之间也。山水之乐，得之心而寓之酒也。

从句法层面来看，"……者，……也"结构的判断句连续出现5句，之所以没有重复拖沓之感，关键在于它们带有"先是惊异然后体悟"的意味。如果用一般的描写句法，例如将"望之蔚然而深秀者，琅琊也"改为"琅琊山，蔚然而深秀"，就会显得呆板。另外，此段落中作者还妙

[1] 转引自陈一琴. 聚讼诗话词语[M]. 上海：上海三联书店，2012：11.
[2]《古代汉语词典》编写组. 古代汉语词典[M]. 呼和浩特：内蒙古大学出版社，2005：373.
[3] 孙绍振. 经典文本的深层结构（上）[M]. 上海：上海三联书店，2016：301.

用古代汉语中表示肯定判断语气的虚词“也”，为全文奠定了统一的情感色彩基调（全文共出现21个“也”）。如果将“望之蔚然而深秀者，琅琊也”用现代汉语表述为“看上去树木茂盛、幽深秀丽的，就是琅琊山”，读者不难感受到，语气词的消失，也带来了情感色彩的淡化。“也”字的重复形成了作者“情绪的积累递增”的效果。除了写景时运用“也”字写出发现美的惊异感，“也”字也出现在其后对“醉翁亭”这个名字的由来的说明中。值得注意的是，这段说明文字运用的是第三人称而非第一人称，“先是像局外人似的说到有这么一个太守，明明喝得很少，却很容易醉；明明年纪不太大（才四十岁左右），却自称为‘翁’；这个自称‘醉翁’的太守来到这里喝酒，却宣称‘醉翁之意不在酒，在乎山水之间也’。其中的情趣，至少有两个方面：其一，号称醉翁，却不以酒为意；其二，不在意酒，正反衬出在意山水令人陶醉。这就不是在说明，而是在抒情了”。

本文接下去的几段，则是对山水之乐进一步展开叙述。“欧阳修所营造的欢乐的特点是，人们在这里，不但物质上是平等的，而且精神上也没有等级”，记载了太守与民同乐的宴饮场面后，文章末尾以“太守谓谁？庐陵欧阳修也”作结，“一直藏在第三人称背后的‘太守’，一直化装成‘苍颜白发’‘颓然’于众人之间的自我，终于亮相了；不但亮相，而且把自己的名字都完整地写了出来。这个人居然是只有四十岁的欧阳修，还要把自己的籍贯都写出来，以显示其真实。在这个名字之后，加上一个‘也’，在这最后一个肯定的判断句中，这个‘也’字所蕴含的自豪、自得、自在、自由之情之趣”，才是欧阳修的“醉翁之意”。[1]

通过寻找文本关键词并进行还原和分析，从而对作者的独特情感特征进行分析的同时，也可能会因这一分析结合语境的不同，能够同时揭示出语义变化本身带来的审美效果。

如鲁迅的《阿长与〈山海经〉》，通过梳理文本，不难发现“我”与长妈妈并不是从一开始就感情深厚的，他们之间的感情经历了一个变化的过程。一开始，“我”对长妈妈是“不佩服”的，认为她“最讨厌”。因为长妈妈关于元旦的规矩，“我”的节日变成了“磨难”。之后，“我”

[1] 孙绍振.《醉翁亭记》赏析[J]. 福建论坛，2007（2）：4-7.

听了长妈妈讲的关于太平天国的荒谬故事，二人的关系发生了转折："我"对长妈妈不再反感，而是认为长妈妈有"伟大的神力"，由此对她产生"空前的敬意""特别的敬意"。"此等'敬意'的内涵，在字典里是找不到的。语言的单纯工具性，在这里无能为力，只有把语义的变幻和人的情感世界的丰富和奇妙结合在一起才能真正领悟"，此类"敬意"的出现，立足于作者"将谬就谬"，"如果不是在这个意义上用，可能要被认为是用词不当。但是，这种用法有一种特殊的功能，就是反讽，表面上一本正经，作者未加否定，实质上却越来越荒诞不经。在一本正经与荒谬之间，有着作家特别的情趣，非常生动地表达了作者的幽默感"。[1]

三、小说美

小说是直接孕育于故事母体，综合地运用语言艺术的各种表现方法来塑造人物形象、反映社会生活的一种叙事性文学体裁。通过完整的故事情节对人物的关系、命运、性格、行为、思想、情感、心理状态及人物活动的环境进行具体的艺术描写，是小说的基本特征。中国小说源于古代的神话、传说。散文或以散文为主的文体使小说区别于史诗和叙事诗；不借助演员，描写内容也不受舞台的时间和空间的限制，使它区别于戏剧；而艺术的虚构则使它区别于纪实散文和传记文学。小说按内容容量可分为长篇、中篇和短篇；以题材而论，可分为社会生活小说、爱情小说、历史小说、科幻小说等；以人称而论，可分为第一人称小说、第二人称小说和第三人称小说；以形式结构而论，有章回体小说、评话体小说和新体小说等；以语言而论，有文言小说和白话小说。

语文教材所收小说，有魏晋笔记、唐宋传奇、宋元评话、明清章回小说中的代表作，还有不少现当代小说的精品。《范进中举》以喜剧的形式写悲剧的内容，对范进因中举而发疯做了极富想象力和表现力的描写，寓讽刺于滑稽。《明湖居听书》素以描摹生动而被人称道，特别是文中采用通感的方式描摹无实体形象的说唱声音之美，使读者如临其境，如闻

[1] 孙绍振. 名作细读——微观分析个案研究[M]. 上海：上海教育出版社，2006：267-270.

其声。《荷花淀》充满诗情画意，极富艺术感染力。以小说开头为例。朦胧的月光下，一个女人织着席，等待夜归的丈夫。“苇眉子又薄又细，在她怀里跳跃着”，“她像坐在一片洁白的雪地上，也像坐在一片洁白的云彩上”。她有时望望淀里，“淀里也是一片银白世界”，“水面上笼起一层薄薄透明的雾”。晚风吹来，还“带着新鲜荷叶的荷花的清香”。真是风景如画，景色宜人。既写景，描绘了事件发生的特定环境——荷海苇丛中的白洋淀；又写人，心灵手巧，温柔坚定的水生嫂和其他勤劳朴实的劳动妇女；也抒了情，抒发了热爱祖国美丽河山的深情。优秀小说，无论古今、中西或篇幅长短，都因作家塑造的一系列生动传神的人物形象，以及建构的诸多引人入胜的故事情节，吸引着一代又一代读者去感受其中的美感。可以说，每篇小说佳作，都是一个精美的世界，因各自具备的独特美感而不朽。

中国古典小说描摹人物的形貌尤重传递其神气、神韵。“只有写出人的神气，才能显出各人的个性特征，使之成为不可移易，不可混淆的‘这一个’。”[1]如金圣叹评《水浒传》第52回“李逵听了，咬着唇冷笑”一句：“‘冷笑’如画。”又如对第60回中“李固吓得只看娘子，娘子便漾漾地走进去。燕青亦更不再说”一句，也评以“如画”两字[2]。除了对人物神态、动作进行细节描写，运用对话描写刻画人物也是小说常见的技法。在对话描写中，为切合人物各不相同的身份、性格、文化水平，同样需要“炼字”。张竹坡曾这样评价《金瓶梅》中的人物对话：“此一人开口，是此一人的情理。”李渔曾在《闲情偶寄·词曲部》中强调，写人物语言应“说一人肖一人，勿使雷同，弗使浮泛”[3]。

古典小说叙述情节讲究引人入胜的艺术效果。所谓“文人之笔，无往不曲，直则少情，曲则有味”，“歧中有歧，笔外有笔，才是奇情妙文”，“作者能处……惯于擅起波澜，又惯于故为曲折，最是行文秘诀”[4]。现代小说也十分注重曲折情节的营造。以《驿路梨花》为例，该文写山间茅屋

[1] 贾文昭，徐召勋. 中国古典小说艺术欣赏[M]. 合肥：安徽人民出版社，1982：91.
[2] 孙逊，孙菊园. 中国古典小说美学资料汇粹[M]. 上海：上海古籍出版社，1991：145.
[3] 同[2] 131.
[4] 同[2] 160–161.

的故事，时间跨度长达十余年，小说的标题托梨花显旨，主人公借梨花命名，景物描写多以洁白无瑕、馨香四溢的梨花衬托，结尾引陆游的梨花诗点睛，将风物美、人情美、仪容美、心灵美和谐统一于“梨花”的艺术形象之中，突出了雷锋精神处处开花、代代相传的主题。作者构思时以小茅屋的主人是谁为线索，选取了最佳的表现角度——“我”在驿路的所见所闻，截取了最佳的时间阶段——夜行投宿这一晚一晨，设计了最佳的组合序列——借瑶族老猎人之口引出梨花姑娘的传闻，又借梨花妹妹之口引出解放军营建茅屋和梨花姐妹照料茅屋的情节。在一个个悬念和误会的消释中，在曲曲折折的情节设置之中，读者享受到一种柳暗花明的美感和豁然开朗的快意。

在本章的开头，我们通过对实用、科学、审美三种价值逻辑进行辨析，认识到文学作品价值追求的是美丑。此处所谓“美丑”，并不单纯针对人物形象的外表，而且在于作者是否写出了人物形象独特的情感特征。“情感独特是美”[1]。小说人物形象审美价值和艺术感染力的获得，往往来自真善美三维“错位”[2]。比如，在小说家虚构的笔下，醉酒的武松竟然能够打死景阳冈的猛虎。精彩的描写，使得读者沉醉其中而忽略了真实性、科学性。不仅是人物形象，情节审美因果较实用因果更加具备审美价值。例如，《范进中举》以喜剧的形式写悲剧的内容，对范进中举发疯做了极富想象力和表现力的描写，寓讽刺于滑稽，给读者带来了强烈的艺术感染力。从实用价值层面来看，范进因中举而发疯，这一心病需要的是心理治疗方法。而作者为范进设计的“疗法”却是他的丈人胡屠户的一记耳光。在范进中举之前，胡屠户不仅看不起范进，当众嘲笑他，还认为举人都是文曲星下凡。而当他在众人的建议下打了发疯的范进一耳光后，范进终于清醒，而胡屠户却因为打了他心目中的文曲星而深感恐惧，以至于巴掌都弯不过来。这一情节运用的是情感因果而非实用因果，借助胡屠户的一个巴掌，展现的是人物情感的变幻，滑稽与讽刺的效果都得以增强。[3]

单纯的情感因果还不足以构成情节的审美价值，“小说之所以为小

[1] 孙绍振. 文学创作论[M]. 福州：海峡文艺出版社，2007：485.
[2] 孙绍振，孙彦君. 文学文本解读学[M]. 北京：北京大学出版社，2015：189.
[3] 同 [1] 481.

说，就是因为它的情节因果主要取决于人物之间情感逻辑的交融”[1]。首先就要找到人物特有的情感逻辑。经典小说塑造的人物性格特征具备统一与丰富性。孙绍振在《文学创作论》中谈到，在塑造复杂人物性格时，“在诸多性格特征系统中总有一个主要的决定其他一切的特征，这个要素往往被当作这个性格的标志”[2]。人物的诸多性格要素都不能与性格逻辑的统一性相背离，否则就会破坏形象的审美价值。小说人物性格不仅具有统一性，也具有丰富性。我国古代小说评点对小说人物形象的复杂性、丰富性多有涉及。如脂砚斋在评点庚本《红楼梦》第 43 回时，曾这样批评野史塑造人物性格的单一化倾向：“最恨近之野史中，恶则无往不恶，美则无一不美，何不近情理之如是耶？”[3]性格之美并非单一的，“而是性格的变化、差异、丰富性、复杂性的对立统一”，性格的审美价值，是一种“复杂的价值”[4]。

人物形象情感逻辑的交融，隐含着小说创作中“心心错位”这一概念。孙绍振在《文学创作论》中对这一概念举例说明道：“契诃夫写过一篇小说：一对年轻的农奴在果园中谈情，被农奴主觉察，施以毒打。农奴主的女儿，亦正当妙龄怀春之年，闻声赶来。如果契诃夫写这位小姐也参加毒打，自然可以取得某种外在的社会效果。但这样一来就把女儿和父亲之间的心理差距搞模糊了。契诃夫没有这样写，他写女儿赶到现场，见状哈哈大笑。女儿的笑和父亲的怒，与农奴的苦，心理差距扩大了，心理层次就丰富了，艺术效果就强化了……我们叫作‘心心错位’。”[5]小说《荷花淀》除了将人物形象放置于祖国美丽河山的背景之下，作者还着力营造出有着亲密人际关系的人物之间的“心心错位”。文中写到作为游击组长的水生和同村几个青年加入部队，水生嫂和其他几个青年妇女思念丈夫，就结伴偷偷摇船一起去探望。不料在半路遭遇日本兵的追击，好在水生所在的小队正埋伏在白洋淀。经过激烈战斗转危为安后，

[1] 孙绍振. 文学创作论[M]. 福州：海峡文艺出版社，2007：497.
[2] 同 [1] 525.
[3] 孙逊，孙菊园. 中国古典小说美学资料汇粹[M]. 上海：上海古籍出版社，1991：110-111.
[4] 刘再复. 性格组合论[M]. 合肥：安徽文艺出版社，1999：115.
[5] 同 [1] 434-435.

水生批评水生嫂一行人是“一群落后分子”，而区小队长则开玩笑说水生嫂们没有白来，因为她们的到来，才让伏击如此彻底。见识了战斗场面的妇女们则激动而又兴奋，并且被激发出与男人们一样的战斗觉悟。不同人物形象的“心心错位”，不仅增加了情节本身的吸引力，也让作品在传达教育意义的同时，充分展现了战争年代青年妇女独特的勤劳朴实的品质和温柔坚定的爱国精神风貌。

在叙事作品中，发现人物形象的特异的情感是不容易的。孙绍振认为：“人的感情是一种多层次的结构，在静态中直接触及的往往是感情的表层，那深深埋藏在意识结构深层，甚至无意识层中的情感，往往是更深刻的，对人更起决定作用的……叙事的特点不同抒情之处，就是它不仅直接抒发现成的感情，而且在矛盾冲突中去冲击意识和情感深层结构，使深层结构失去稳定的常态，迫使感情从意志和感情本身的结构中解放出来。”[1]

小说中矛盾冲突的存在，有助于人物性格的塑造：矛盾愈尖锐、复杂，人物性格就愈深厚、丰富、有光彩。比如，《红楼梦》中“宝玉挨打”一节，就为不同人物不同情感的展现提供了共同情境。在这一情境中，人物彼此之间不仅有言行的矛盾，更有性格的矛盾。“不把不同的人……放在相同的情境之中，逼迫他们做出互相矛盾的抉择，则人与人之间的心理的感情的差距就可能被淹没了。”[2]在这一共同情境中，王夫人、贾母的情感态度与贾政的愤怒都形成了冲突。比如，同样是悲痛不已，王夫人担心宝玉的安危，同时又慑于贾政对贾宝玉行使惩罚的家长权，因此只能委婉地进行劝阻。一方面，从为贾政和贾母考虑的角度出发，王夫人哭道：“宝玉虽然该打，老爷也要自重。况且炎天暑日的，老太太身上也不大好，打死宝玉事小，倘或老太太一时不自在了，岂不事大！”[3]另一方面，见贾政仍要勒死宝玉，王夫人又从贾宝玉是其仅有的儿子的角度苦苦哀求。而作为老祖宗的贾母，则直接表达对贾政的强烈愤怒，

[1] 孙绍振. 文学创作论[M]. 福州：海峡文艺出版社，2007：446.
[2] 同[1] 439.
[3] 曹雪芹. 红楼梦[M]. 中国艺术研究院红楼梦研究所，校注. 北京：人民文学出版社，2008：400.

先是责备贾政下狠手，又要带贾宝玉回南京，使得本来有理的贾政反而叩头认罪。与王夫人直接流露出对贾宝玉的心疼及因孤苦而引发伤感不同，贾母对遭受毒打的贾宝玉的悲痛在责骂贾政之后表现出来。在共同情境中营造剧烈冲突，能够拉开人物的情感距离，进而使得人物特有的情感特征、性格逻辑更加鲜明生动。

文学创作论强调读者不局限于自己的读者身份对文本进行鉴赏，还要以作者身份与文本对话。经典文本是经历了作家的不断修改而产生的，如果能够将某一作家作品的未定稿与定稿进行比较，指引学生看到“不该那么写”,学生才能对“应该这么写”有更深的体悟。正如鲁迅所说:“凡是已有定评的大作家，他的作品，全部说明着‘应该怎样写’。只是读者很不容易看出，也就不能领悟。因为在学习者一方面，是必须知道了‘不应该那么写’，这才会明白原来‘应该这么写’的。这‘不应该那么写’，如何知道呢？惠列赛耶夫的《果戈理研究》第六章里，答复着这问题——‘应该这么写’，必须从大作家们的完成了的作品去领会。那么，不应该那么写这一面，恐怕最好是从那同一作品的未定稿本去学习了。在这里，简直好像艺术家在对我们用实物教授。恰如他指着每一行，直接对我们这样说——‘你看——哪，这是应该删去的。这要缩短，这要改作，因为不自然了。在这里，还得加些渲染，使形象更加显豁些。’”[1]

例如,小说家海明威以“冰山风格”的创作手法闻名于世,其代表作《永别了，武器》节选入高中语文必修教材。“冰山风格”作为有意留白艺术手法的典型，历来是研读和分析的重点，如小说的悲剧结尾（女主人公凯瑟琳在瑞士医院难产而死）。

在房外走廊上，我对医生说：“今天夜里，有什么事要我做吗？”“没什么。没什么可做的。我能送你回旅馆吧？”

“不，谢谢你。我想在这里再待一会儿。”

“我知道没有什么话可以说。我没办法对你说——”

“不必说了，”我说，“没什么可说的。”

“晚安，”他说，“我不能送你回旅馆吗？”

“不，谢谢你。”

[1] 鲁迅. 鲁迅全集：第6卷[M]. 北京：人民文学出版社，2005：321-322.

“手术是唯一的办法，”他说，“手术证明——”

“我不想谈这件事。”我说。

“我很想送你回旅馆去。”

他顺着走廊走去。我走到房门口。

“你现在不可以进来。”护士中的一个说。

“不，我可以。”我说。

“目前你还不可以进来。”

“你出去，”我说，“那位也出去。”

但是我赶了她们出去，关了门，灭了灯，也没有什么好处。那简直像是在跟石像告别。过了一会儿，我走出去，离开医院，在雨中走回旅馆。[1]

在实际的创作过程中，为了达到“空白”最佳的艺术效果，海明威曾对《永别了，武器》的结尾进行多次修改。2012年美国斯克伯纳出版社出版的 *A Farewell to Arms*（《永别了，武器》）一书的附录，首次整理披露了海明威手稿中为小说设计的多达47种结尾（出版方已为这些结尾进行了编号处理）。若对这些结尾进行翻译、归纳，并对其审美效果进行对比解读，就能够通过比较使定稿结尾的成功之处得以凸显。在海明威的手稿中，有的结尾以主人公亨利的叙述为主，未留有空白，甚至穿插了直白的议论。这些结尾有的是叙述凯瑟琳的死带给亨利的痛苦，有的是补叙其他人物的结局。如编号为7号的“活婴”结尾：“我该说说这个男孩。除了是个麻烦，他对我来说毫不重要。老天知道我比他要好。总之他不属于这个故事。他开启了一个新的故事。在旧的故事结尾开始一个新故事不公平，但事情就是这样发生的。除了死亡没有终结，诞生只是开始。”[2]而在另一类结尾中，海明威有意留下空白，将亨利走回旅馆的过程、次日清晨醒来后的感受、昔日战友的结局全部省略，改为以亨利和医生的对话为主要内容。最终，小说定本的结尾就是在此类结尾的基础上修改完成的。先来看37号结尾：

在房外走廊上，我对医生说：“今天夜里，有什么事要我做吗？”

“没什么。没什么可做的。我能送你回旅馆吧？”

[1] 海明威. 永别了，武器[M]. 林疑今，译. 上海：上海译文出版社，2004：358.

[2] HEMINGWAY E M. A farewell to arms[M]. New York: Scribner, 2012: 305.（由本书作者译为中文）

“不，谢谢你。我想在这里再待一会。”

“我知道没有什么话可以说。我没法对你说——”

“不必说了，”我说，“没什么可说的。”

“晚安，”他说，“我不能送你回旅馆吗？”

“不，谢谢你。”

他顺着走廊走去。我走到房门口，开门。房间里有两个护士，其中一个走到门前。

“等一下，”她说，“你现在不可以进来。”

“我进来了，”我说，“你可以一会儿再回来。”

“规定是——”她说。

“我不在乎那些规定。你出来，我进来。我要进来待一会儿。”

她们出去了，我关上门，灭了灯。窗户开着，我听到院子里在下雨。过了一会儿，我说了再见，走出去。那简直像是在跟石像告别。但是我不想走。我看出窗外。雨还是下得很大。我想，这场雨的降临是为逝者祈福。为什么会那样？我走回去。我说，再见。我想我该走了。这没什么好处。我知道这没有任何好处。[1]

再来看41号结尾：

他顺着走廊走去。我走到房间门口。

“你现在不可以进来。”护士中的一个说。

“不，我可以的。”我说。

“目前你还不可以进来。”

“你出去，”我说，“那位也出去。”

但是我赶了她们出去，关上门，关了灯之后，也没有什么好处。那简直像是在跟石像告别。过了一会儿，我走出去，离开医院，在雨中走回旅馆。[2]

对比37号、41号和上文引用的最终定本结尾，可以发现，41号结尾相比37号结尾，亨利与护士之间的对话有所简化，而定本结尾在37号结尾的基础上增加了亨利与医生对话的内容。亨利面对试图提供些许安慰的医生，多次用简短的否定句应对：“不必说了。”“没什么可说

[1] HEMINGWAY E M. A farewell to arms[M]. New York: Scribner, 2012: 319.（由本书作者译为中文）
[2] 同[1] 320.

的。”“我不想谈这件事。”甚至重复两次“不，谢谢你”。当亨利走进病房与凯瑟琳最后道别时，他简单地打发走了护士，海明威甚至将37号结尾本有的暗示亨利内心悲痛与不舍之情的“这场雨的降临是为逝者祈福。为什么会那样？”一句也删减了。面对凯瑟琳的遗体，亨利甚至不发一言，描写他此时心理活动的只有一句：“那简直像是在跟石像告别。”整个结尾几乎只有简单至极的对话和动词短语。在这场悬念重重的对话中，不仅是读者，就连医生和亨利两个人物本身也在不断试图深入对方言语之外的心理活动。表面上彼此在填补空白，却又是在不断制造新的空白。读者通过填充空白，发现了亨利的深层情感奥秘：对凯瑟琳深沉的爱及无尽的愧疚。这种感情之深，甚至让亨利忽略了爱子夭折的不幸。显然，作者对结尾的多次修改使小说结尾的艺术感染力增强的同时，也促使读者更好地与作品对话，发掘作品深层次的审美价值。

除了可以对作品的修改稿与定稿进行共时层面的对比，还可以将小说中的人物放入范型塑造的进程中，进行历时的对比。限于篇幅，这里就不举例了。

将母题故事还原至母题史链条之上，进行修辞话语分析，也是解读小说文本的重要方法。“母题”这一概念可以阐释为“基本的人类概念、精神现象或动作本身，如乡土、都市、生命、死亡、战争、复仇、漂泊、童年、成长、家族”[1]等。在世界文学史进程中，这些传统母题因具备普遍意义而备受关注。值得注意的是，有的母题类型植根于特定的社会文化中。其中，“家法惩戒”母题，就植根于我国古代宗法等级社会文化，为明清小说所特有的一种文学母题类型。在《红楼梦》中，就存在多个“家法惩戒”母题故事，其中，“宝玉挨打”一节为历代论者津津乐道，被多种版本的语文教材收录。要探寻这一情节的审美价值何在，可以将其还原至“家法惩戒”母题史进程中去。

古代中国宗法体系，主要由“国家法”和“民间法”两个层次的法律构成。家法族规即为“民间法”的组成之一。立足中国古代儒家传统道德规范，除了对尊卑秩序的强调，家法对个人的约束体现在政治、经济、

[1] 谭桂林. 论长篇小说研究中的母题分析[J]. 湖南师范大学社会科学学报，2001（6）：88.

道德伦理等各个方面，如强调忠君国、孝父母、课诵读、慎交游、杜奸淫、戒赌博等[1]。家长实施司法权力时，运用的惩罚手段名目繁多。

创作于明清时期的“三言二拍”和《醒世姻缘传》《金瓶梅》《红楼梦》等小说，都包含“家法惩戒”情节，成为该母题史链条的组成部分。其中，尽管《红楼梦》相比同时期其他作品出现较晚，其对“家法惩戒”母题的演绎——尤其是“宝玉挨打”一节——却能成为同类明清小说中极具审美冲击力的文本，具备另类的审美效果。这不仅是由于人物形象塑造的鲜活生动，更多是因为作者在叙事层面对“惩戒”场景的审美修辞化改造。

在明清“家法惩戒”母题史链条之上，《红楼梦》的作者并不止步于进行修辞技巧层面的调整，而且从情节建构的因果性层面入手，对“家法惩戒”母题修辞的价值尺度进行重建。如此一来，同类母题情节建构道德化叙事就被审美修辞取代。在阅读教学中，教师不能满足于言语表层修辞技巧的揭示，更应当深入挖掘情感因果逻辑的历史超越性。

在《红楼梦》出现以前的明清小说中，作者营构“家法惩戒”母题时，往往依据道德因果，遵循“违犯家法—遭受惩戒”的叙事模式：作者从中流露出的是对被惩戒一方的道德谴责，处于旁观者位置的家庭成员的态度与惩戒实施方的态度趋于一致。这些情节具备鲜明的道德叙事色彩，尽管对惩戒过程的描写不乏生动形象之笔，但读者从中能获得的审美感受较为有限。如《喻世明言·蒋兴哥重会珍珠衫》一篇，写丫鬟晴云、暖雪二人包庇主母王三巧与人通奸，事情败露，男主人蒋兴哥将二人捆绑并拷问妻子奸情，二人说出缘由后，被牙婆变卖。

在《金瓶梅》中，描写“家法惩戒”场面的情节就更多了，如第 44 回，李娇儿房中的丫鬟夏花儿因偷窃金子被西门庆施刑惩罚，又敲了 20 敲，还要受到吴月娘与李娇儿的责骂；第 86 回，陈经济与潘金莲的奸情被吴月娘发觉，陈经济对吴月娘心生怨恨，当众调侃孝哥儿，踢了奶娘，吴月娘遂接纳孙雪娥的计策，叫来七八个丫鬟媳妇，手持短棍责打陈经济；第 91 回，孟玉楼改嫁李衙内之后，丫鬟玉簪儿因嫉妒讥讽了孟玉楼，被

[1] 蒋传光. 中国古代的家法族规及其社会功能——“民间法”视角下的历史考察[J]. 东方法学，2008（1）：87.

李衙内责打后，又被媒人领出去变卖。

实际上，与上述情节的因果逻辑相似，单纯在道德层面建构线性因果情节的创作手法，在其后的《红楼梦》中也存在。如第 29 回，贾府众人在清虚观打醮，贾珍因不见贾蓉在跟前，就喝命小厮啐他。第 44 回，一个小丫头替贾琏和鲍二家的望风，被王熙凤发现并审问，小丫头的两腮被打得紫胀起来。第 73 回，贾母命人查赌，查清后，令人将赌具烧毁，钱入官散与众人，“将为首者每人打四十大板，撵出，总不许再入；从者每人打二十大板，革去三月月钱”[1]。第 48 回，平儿向薛宝钗转述贾琏挨打一事。贾琏没能替贾赦从石呆子处买下贾赦看上的古扇，其后贾雨村设计得到古扇送给贾赦，贾赦以此责问贾琏，因贾琏一句顶撞，贾赦就把贾琏“打了个动不得”[2]。“宝玉挨打”却能够从这些情节当中脱颖而出，引发读者强烈的审美感受，正是因为作者从实用的、理性的道德语境、法律语境中抽离出来，转而营造审美语境，对“家法惩戒”的因果逻辑进行修辞化的包装。

在“宝玉挨打”一节，如果曹雪芹依据的仍然是道德叙事的修辞策略，那么，贾政对贾宝玉的残酷体罚，甚至表示要置贾宝玉于死地是完全有法可依的，理应得到其他家族成员认可的行为。有学者从清代法律层面对贾政的行为进行分析时指出，由于贾环的诬陷，贾政认定贾宝玉已犯下强奸不遂致人死亡的重罪。“贾宝玉亦犯下子孙违犯教令罪……贾政的杖责是家长权的实施，是父亲对不肖子孙的惩戒和管教，家长权固然有其限度，但对于奸淫案件则例外。因此，即使贾政失手将贾宝玉杖毙，也不会受到刑罚的制裁。贾政的家长权不仅来自‘家法’，更有‘国法’的认可。”[3] 但是，作者在此处并没有停留在道德语境，而是采用了审美化的修辞策略。

惩戒实施者贾政的有理之举反而引发了贾母、王夫人、薛宝钗、林黛玉等家族女性成员强烈的不满，尤其是贾母。在其痛斥下，贾政反如

---

[1] 曹雪芹. 红楼梦[M]. 中国艺术研究院红楼梦研究所，校注. 北京：人民文学出版社，2008：643.

[2] 同 [1] 1010.

[3] 乔惠全，曲海勇. 贾宝玉的罪与罚：宝玉挨打的法律分析——以《大清律例》和《刑案汇览》为视角[J]. 江苏警官学院学报，2012（5）：106.

罪人一般跪着谢罪。而贾宝玉却因为不喜仕途经济之论，与地位低下的戏子交好，尤其是对女孩们具有无功利欲望的泛爱，不仅不会引发读者的负面感受，反而具备了独特的审美价值，引发了贾母等小说人物及读者的同情。挨打之后，贾宝玉仍然没有以贾政的要求规范自己，面对身边女孩们的怜惜，反而觉得“无足叹息”，还“怡然自得”起来[1]。贾政捍卫封建正统道德规范的惩戒目的并未达到，然而，贾宝玉作为审美对象的性格特征却得以凸显。这也引导着读者在“家法惩戒”母题的话语平台产生审美叙事的另类想象。

四、剧本美

戏剧一般是指以舞台的演出形式而存在的综合艺术。它综合文学、表演、美术、雕塑、音乐、舞蹈等多种艺术于一体。戏剧在欧洲，主要是指话剧、歌剧等。我国传统的戏剧形式是戏曲。戏曲具有戏剧的共同特点，又有自己不同的表现手段。程式是我国古典戏曲在表现手段上区别于话剧等戏剧艺术的主要特点。话剧是“五四”以后从西方传入我国的戏剧品种。戏剧的分类，按矛盾冲突的性质和意义的不同，可分为悲剧、喜剧和正剧；按作品的容量大小，可分为多幕剧、独幕剧；按表现手段的不同，可分为话剧、歌剧、舞剧、诗剧、戏曲；按时代的不同，可分为历史剧和现代剧。

戏剧有时也指剧本。剧本是戏剧表演的基础。剧本同小说一样，是语言的艺术，所以它在表现主题、刻画人物、结构剧情等方面具有语言艺术的特征。但由于是为舞台演出而创作的，它又要受到舞台演出条件的制约。同时针对不同剧种的创作，还要考虑符合特定剧种的舞台艺术的要求。剧本与小说的区别还在于小说以作者的叙述、描写和议论为表达方式，而剧本则主要以人物的具体动作（包括外部动作、心理动作、静止动作）和台词为基本的表达方式，作者一般不能像小说一样直接加以叙述和议论。剧本的主要内容是人物的台词，其中包括对话（对唱）、

[1] 曹雪芹. 红楼梦[M]. 中国艺术研究院红楼梦研究所，校注. 北京：人民文学出版社，2008：449.

独白（独唱）、旁白（旁唱）等，台词也是描写人物、推动剧情发展及揭示主题的重要手段。剧本的内容还包括舞台指示，其中包括对剧中人物特征、活动环境以及舞台调度等的说明。另外，戏剧作品要按剧情发展的时间、地点和事件的变化与转换划分为若干幕，“一幕”基本上就是剧情发展的一个大段落。有时“幕”之中又分若干“场”，“一场”是指大段落中间的小段落，戏剧演出往往通过幕与场的转换来完成舞台时间和空间的发展和变化。

与诗歌、散文、小说等文学体裁相比，戏剧文学有其独特的审美价值。“当前的中学生正处在人生的关键时刻。培养学生健全的人格是每个教育者都应该追求的目标。而审美人格作为健全人格中的一种较高层次的人格境界更应该是教育者追求的终极目标。戏剧这种综合艺术，具有培养学生审美人格的种种优势。戏剧悲剧美，戏剧所蕴含的传统礼仪文化美，戏剧的独特语言艺术魅力，以及中西方戏剧表现出来的不同的地域和历史风情都是培养学生审美情感和审美理想的独特优势。”[1]语文教材所收录的剧本不多，但却很有代表性。古代戏曲、现代话剧、当代影视作品，都有精品选入，如关汉卿的《窦娥冤》、王实甫的《长亭送别》、曹禺的《雷雨》、老舍的《茶馆》、莎士比亚的《威尼斯商人（节选）》等。这些优秀戏剧作品都是特定历史时期政治、经济和文化状况的反映，学生能够从中体悟人物命运，丰富情感世界。如，元杂剧《窦娥冤》通过描写一个善良无辜的童养媳窦娥的悲惨遭遇，反映了高利贷者的残酷剥削、地痞流氓的敲诈勒索和贪官污吏的徇私枉法，深刻地揭露了元朝社会的黑暗现实，歌颂了被压迫者感天动地的坚强意志和宁死不屈的反抗精神。而《雷雨》则集中展现了命运对两个有着千丝万缕的联系的家庭——周家和鲁家的残忍捉弄，无论是专制的家长还是单纯的青年，都在一个雷雨之夜走向了毁灭，剖析了社会和历史的深重罪恶。戏剧中的矛盾冲突、人物形象和个性化的语言，带给学生深层的思考和审美的熏陶。

《普通高中语文课程标准（实验）》明确要求戏剧作品教学要让学生“从优秀的小说、戏剧作品中汲取思想、感情和艺术的营养，丰富、深化

[1] 刘婷. 中学语文戏剧教学与学生审美人格的培养[D]. 重庆：西南大学，2010：1.

对历史、社会和人生的认识，提高文学修养”[1]。要透过戏剧剧本发掘语文美育因素，提高学生的文学修养，教师就不应着重于进行戏剧专业知识的传授，而是要引导学生进入特定的戏剧情境，对剧本的独特审美规范进行深入探究。

在人物塑造和情节建构方面，戏剧剧本的审美规范与小说有共同之处。

首先，在人物形象塑造上，戏剧剧本与小说一样，追求人物形象情感逻辑的独特性，拉开人物形象的审美价值与实用、理性价值之间的距离。比如曹禺的《雷雨》中的繁漪，单纯从道德的角度对她进行评价，这是一个有道德污点的人物：她与周朴园的长子周萍乱伦，并试图破坏周萍与四凤之间的感情。但作者在这部剧中没有简单地对该人物进行道德判断，而是通过揭示其强烈而又病态的情感特征，让观众得到审美层面的独特感受。正如曹禺在繁漪第一次出场时所描绘的：

她的性格中有一股不可抑制的“蛮劲”，使她能够忽然做出不顾一切的决定。她爱起人来像一团火那样热烈，恨起人来也会像一团火，把人烧毁。[2]

作者对这一人物的塑造，基于强烈的审美倾向。正是因为繁漪的精神深受周朴园的禁锢，“她的炽热的情感在这种文明而野蛮的统治下变得病态了”，视与周萍的感情为生命，为情感而生，为情感而死。她的火一样的情感，相比软弱而空虚的周萍，通过曹禺的正面展现而充满了艺术生命力。艺术形象的审美价值超越了道德理性价值。[3]

其次，在情节建构过程中，戏剧剧本与小说一样，注重以冲突塑造人物形象，运用剧烈冲突展现不同人物的性格特征。如《茶馆》第一幕开始的一段对话。

松二爷：好像又有事儿？

常四爷：反正打不起来！要真打的话，早到城外头去啦，到茶馆来干吗？

---

[1] 中华人民共和国教育部. 普通高中语文课程标准（实验）[M]. 北京：人民教育出版社，2003：5.

[2] 曹禺. 曹禺选集[M]. 北京：人民文学出版社，1978：19.

[3] 孙绍振. 文学创作论[M]. 福州：海峡文艺出版社，2007：483-484.

（二德子，一位打手，恰好进来，听见了常四爷的话）

二德子：（凑过去）你这是对谁甩闲话呢？

常四爷：（不肯示弱）你问我哪？花钱喝茶，难道还教谁管着吗？

松二爷：（打量了二德子一番）我说这位爷，你是营里当差的吧？来，坐下喝一碗，我们也都是外场人。

二德子：你管我当不当差呢！

常四爷：要抖威风，跟洋人干去，洋人厉害！英法联军烧了圆明园，尊家吃着官饷，可没见您去冲锋打仗！

二德子：甭说打洋人不打，我先管教管教你！（要动手）[1]

《茶馆》第一幕营造了一个独立的冲突事件，准确地说，是松二爷、常四爷、二德子三人的言语冲突。老舍对三人的对话的描写具备鲜明的口语色彩，运用的是通俗而又流畅的北京人的日常语言。通过松二爷的语气和打量打手二德子的动作描写，表现出松二爷谨慎胆小的性格特征。同时，常四爷的正直、敢作敢为，打手二德子的蛮横、凶狠，也在简练的话语中表现得生动形象。

与小说不同，戏剧剧本必须由演员运用自己的声音、动作等进行演绎，这就要求剧作家在遣词造句的过程中强化语言的听觉色彩，表现人物心理情感脉络的节奏变化。曹禺创作《雷雨》第二幕周朴园与鲁侍萍相认时，频繁使用语气助词。虽然读者在读剧本时关注的是实词传递出的明确信息，但是观众在观看戏剧时，是需要听声会意的。所以语气助词在剧场中的重要作用等同甚至超过实词。当周朴园听鲁妈说自小在无锡长大时，他先是疑惑："哦，三十年前你在无锡？"面对进一步询问关于梅家投水而死的小姐的周朴园，鲁妈表示认识一个姓梅的年轻姑娘，周朴园的疑惑进一步加深："哦？你说说看。"当鲁妈说出梅家小姐投水是因惨遭"周公馆的少爷"抛弃，后又被人救起时，周朴园的反应是震惊："哦，救活啦？"最终，周朴园认出鲁妈就是侍萍时，又带着强烈的惶恐说出："哦，你，你，你是——"林婷在《〈雷雨〉语言的剧场性》一文中指出，尽管周朴园在这一幕中有一系列强烈的情感反应，但"防御性极强而又老于世故的性格使他不会把这种反应直接暴露在下人鲁妈面前"。这种情绪，被曹禺转

[1] 老舍. 老舍选集：第四卷[M]. 成都：四川文艺出版社，1986：292.

化为多达 14 处语气词“哦”，配合使用的标点符号有“句号，逗号，问号，感叹号，应答的语调变化造就了该词非常丰富的情感内容”，准确传递了人物的情感态度，形成了富于动态美的戏剧节奏。[1]

对于戏剧中的对话描写来说，剧作家对句式的选择，同样能够实现对戏剧节奏的精准把握。以《威尼斯商人（节选）》为例，在该节选中，戏剧节奏呈现的是先抑后扬：夏洛克以安东尼奥违背借款契约为名，意欲索取安东尼奥一磅肉的报复计谋快要得逞时，前来营救安东尼奥的鲍西娅乔装成律师出场了。她先是表示夏洛克可以割下安东尼奥一磅肉，加剧了整个局面的紧张程度。但又抓住合约上仅规定了割一磅肉，却没有允许给夏洛克任何一滴血的规定，声明若让安东尼奥流下一滴血，夏洛克就需以自己的性命和财产来补救。节奏又由紧张趋于缓和。为适应这一节奏，莎士比亚在对话描写中多次运用反复这一修辞格。比如，当鲍西娅假意同意夏洛克的割肉要求时，夏洛克反复感叹：“聪明的青年法官啊，我真佩服你！”“您瞧上去像是一个很好的法官；您懂得法律……不愧是法律界的中流砥柱”“啊，尊严的法官！好一位优秀的青年！”“啊！聪明正直的法官！想不到你瞧上去这样年轻，见识却这么老练！”“公平正直的法官！”“博学多才的法官！判得好！”此处夏洛克的 6 次重复感叹，每一次都加剧了情节的紧张程度。而当夏洛克的割肉阴谋破产时，葛莱西安诺也两次感叹：“啊，公平正直的法官！听着，犹太人；啊，博学多才的法官！”重复式的感叹“句句语含讥讽，他每重复一次感叹，剧情的节奏就更为松弛，从而取得了台词与剧情节奏紧密配合的效果”。[2]

作为审美对象，语文学科充满美。限于篇幅，以上只是从语文教育的内容方面对语言美、文字美、文章美、文学美逐一进行简要例示和分析。从语文教育的形式方面来看，听说读写训练的恰当安排，工整、精巧的板书设计，规范、生动、富于逻辑的教学语言，等等，也都渗透着审美因素。总之，语文学习不仅能使学生获得丰富的知识，形成语文能力，而且能使学生从中获得审美的愉悦和情感的陶冶。

---

[1] 孙绍振. 经典文本的深层结构（下）[M]. 上海：上海三联书店，2016：716.
[2] 同 [1] 726-727.

第五章 语文教学的审美化

语文美育学要求语文教师不仅能够对语文美进行静态考察分析，还要求语文教师依据课程标准的要求、教材和学生的具体情况，将语文美的静态分析转化为各个教学环节的审美化教学行为，巧妙安排丰富多彩的教学形态，调动学生的审美意识和审美创造力，在课堂互动过程中实现审美对象在语文教学中的动态生成。

第一节　识字写字教学的审美化

识字、写字是阅读和写作的基础，是九年义务教育第一学段的教学重点，也是贯穿整个义务教育阶段的重要教学内容。《义务教育语文课程标准（2011 年版）》要求："识字教学要注意儿童心理特点，将学生熟识的语言因素作为主要材料，结合学生的生活经验，引导他们利用各种机会主动识字，力求识用结合。要运用多种识字教学方法和形象直观的教学手段，创设丰富多彩的教学情境，提高识字教学效率。按照规范要求认真写好汉字是教学的基本要求，练字的过程也是学生性情、态度、审美趣味养成的过程。每个学段都要指导学生写好汉字。要求学生写字姿势正确，指导学生掌握基本的书写技能，养成良好的书写习惯，提高书写质量。"[1]

汉字作为音形义的结合体，蕴含着丰富的审美特质。识字写字教学的过程，同时也是审美教育的过程。识字写字教学的审美化，可以从汉字形体、结构、职用三个方面着手。

一、追溯汉字演变历程，呈现汉字发展之美

汉字是具有几千年历史的成熟文字体系，有象形字、指事字、会意字、形声字等字符。较古老的字形就是一幅幅"文字画"，表意手法的优美和与此同时折射出的汉民族文化积淀是学生在现代的简化字中难以觅见的。虽然汉字字形经历了历史演变，但大量的意符仍然保留在这些字中，故将上述几种字符统称为"表意字"[2]。而形声字的特殊构造，能够实现字形与语音、字义的巧妙关联。因此，教师在教学中，有意识地追溯汉字的造字意图，通过板书、多媒体课件展示等方式，展现汉字，尤其是古文字的图画意味和构形之美，有效发挥学生的联想和想象，有助于培养

[1] 中华人民共和国教育部. 义务教育语文课程标准（2011年版）[M]. 北京：北京师范大学出版社，2012：21.

[2] 裘锡圭. 文字学概要[M]. 北京：商务印书馆，2006：110.

学生的审美意识。

例如象形字“山”，在殷墟甲骨文中写作“”，在商周金文中写作“”，在秦汉篆文中写作“”。不难看出，该字最初是像起伏的山峰之形。而古人为比山低小的丘陵造出了“”（丘）。教师可以配合山峰、丘陵的图片展示二字的不同字形，让学生有更为直观形象的认识。“耳”，甲骨文作“”，金文作“”“”，是象人耳之形。再如“女”，甲骨文作“”，金文作“”，篆文作“”。中国古代妇女地位低下，“女”字最初就像一个敛手跪坐着的人。会意字由两个以上意符会合而成，比象形字更为复杂。如“从”字，甲骨文作“”，表示一个人跟从另一个人。“共”在篆文中作“”，字形像两只手在供设器皿。实际上，古书多以“共”表示“供”。相比以上两类字符，指事字在汉字中数量较少。如在象形字“木”的根部加一个提示符号，变为“本”，其本义是树根。在“刀”字上加一个提示符号，变为“刃”，表示刀口。探寻表意字的演变历程，还能更好地激发学生的联想，实现对具有同一偏旁的汉字的串联识记。如“病”的偏旁“疒”，在古代是一个独立的字符，甲骨文作“”，表示生病的人躺在床上。“甲骨文‘疒’字有时在人形旁边加小点，可能表示病人在出汗。”[1]该字符作偏旁时，简化为“疒”。与疾病有关的字，多从“疒”，如“疾”“病”“痛”“痒”“疫”，等等。

教师同样可以从形声字的演变历程入手，巧妙地实现存在关联的汉字的串联识记。形声字与象形字、会意字有不同的构造，但从产生途径而言，有相当一部分形声字是为了明确本义在表意字的基础上添加意符形成的，其中蕴含着先人造字的智慧和汉字的丰富变化之美。如“州”是“洲”的初文，“益”是“溢”的初文，“它”是“蛇”的初文，“原”是“源”的初文，“臭”是“嗅”的初文，“止”是“趾”的初文，等等。后起字承担了本义，如“蛇”“趾”包含的“它”“止”被视为声旁，初文也不再表示本义，而是表示引申义或假借义[2]。正是因为存在这一分化途径，有一些汉字是形声兼会意字，声旁同时也有表意作用。如“娶”，

[1] 裘锡圭. 文字学概要[M]. 北京：商务印书馆，2006：123.
[2] 同[1] 154-155.

“取妇也”[1]，“取”旁表音的同时也表意。再如“菜”，义为“艸之可食者”[2]，“采”旁表音，也表示“菜”可供采食。从读音来看，与声旁同音的形声字在数量上占据优势，可利用声旁帮助记忆字音。如从“皇”声的“煌”“凰”“惶”“蝗”“徨”等。但同时也要明确，由于语音和形声结构的变化，也存在声旁与形声字的读音有差异的情况。可以借助微妙差异，明确拼音结构。如“猫”的韵母是 ao，声旁“苗”的韵母是 iao，后者多出介音 i。同一声旁的形声字可有多种读音，如从“者”的“煮”“奢”“暑”“都”“睹”“屠”“绪”，等等。认读该类形声字时，可同时辨析读音，防止“读字读半边”错误的发生。

特级教师黄亢美就曾利用形声字的字形结构在江苏省扬州市美琪小学上了一堂公开课。课上有一个环节是“偏旁变位”。在这一环节中，黄亢美首先在 PPT 中展示一组汉字，即阳、险、阻、陆、陡、防等，让学生找到这些字的共同特点是有“阝”。又问学生“阝”表示什么意思，不少学生认为它和耳朵有关。此时，黄亢美老师并没有直接告诉学生“阝”的本义，而是把“阳”字逆时针旋转 90° ，鼓励学生展开联想和想象。学生发现，旋转之后的“阝”就像一座座山岭，而“日”就像太阳，“阳”就是太阳从山岭中升起的样子。此时再问一次学生“阝”表示什么，学生都不约而同地回答“阝”表示山岭。在教师巧妙的启发下，学生不仅体验了发现的乐趣，以后再看到带“阝”这一偏旁的汉字，就会自然而然地联想到，该字代表的词义和山岭有关。[3]

汉字的面貌在不断演变。隶书、楷书的出现使得古文字中复杂而又不统一的线条变成更易书写的平直笔画。汉字的简化虽然在一定程度上消解了古文字的图画性，但同时也带来了整齐简洁的“方块字”的美感。学生获得感性美、文化美的同时，理解字的本义，为今后的语文学习奠定基础。鉴赏古文字字形，对写字教学的美育实施也有帮助。如上文所列举的“共”，学生了解本义后，教师就可提示学生“共”字下的两点在

[1] 许慎. 说文解字校订本[M]. 班吉庆，王剑，王华宝，校点. 南京：凤凰出版社，2004：360.
[2] 同 [1] 24.
[3] 司淑丹. 识字与写字教学中的审美教育——以黄亢美老师的教学为例[J]. 现代语文（教学研究版），2015（6）：96.

书写时应紧凑一些，与上部结构形成平衡的美感。

二、分析汉字间架结构，领悟汉字结构之美

间架本指房屋建筑的结构，借指汉字书写的笔画结构。汉字经过漫长的历时演变，其独特间架结构所具备的美感，需要教师从低年级学段儿童的学习心理出发，将肢体语言、口诀歌谣、趣味故事融入识字写字教学，创设丰富多彩的教学情境，让学生在游戏性、幻想性的情境中，在主动探索与实践中领悟。比如，在学习“笔”字时，教师可以先拿出古代人们的笔——毛笔，让学生观察：笔杆子部分都是用竹子做的，下边的笔头是用毛做的，所以竹字头加个“毛”就是“笔”。学习“看”字时，教师可以模仿孙悟空的动作，把手放在眼睛上四处张望，让孩子们猜猜老师表演的是什么字，再让学生也试着表演同样的动作。以此为基础，告诉学生们：把手放在眼睛上可以看东西，所以，“手”（手字的变体）在“目”上即为“看”。指导学生练字也可以使用同样的方法。比如书写“人”时要学习笔画“撇”和“捺”的写法，教师也可进行动作演示，引导学生想象“撇”和“捺”就好像是人的伸展的双臂，所以写的时候要注意“撇”和“捺”要舒展，笔画流畅。教师再示范写法，学生便容易掌握。[1]

特级教师白金声提出“歌诀识字”[2]法，即通过编儿歌、顺口溜，借助优美韵律实现形声字的识记。这一方法的运用，一方面能够增强识字写字教学趣味性，另一方面也在潜移默化中使学生领会到汉字结构搭配之美。这一过程可以与分析汉字职能的演变，尤其是形声字的产生结合进行。如从“青”的一组形声字“清、晴、睛、精、请”等，学习时可利用形旁的不同意义来编顺口溜：有水是清洁的“清”，有日是晴天的“晴”，有目是眼睛的“睛”，有米是精神的“精”，有“言”是请人的“请”。学习从“包”的一组形声字“跑、炮、泡、抱”时，也可以编儿歌：“跑”步用足（脚），放“炮”用火，“泡”东西用水，“抱”东西用手。区分“辩、辫、辨、瓣”时，可编歌谣：“辛辛两人在说话，中间有言来争辩；辛辛两个小姑娘，

[1] 李雪梅．提升小学汉字教学有效性的实践探索：以汉字教学中注重美育为例[D]．成都：四川师范大学，2013.

[2] 白金声．情趣识字10法[J]．小学语文教学，2007（1）：18.

都用丝带扎发辫；辛辛中间有点撇，请你仔细辨一辨；辛辛两人种南瓜，开出黄黄的花瓣。”[1]

除此之外，教师还可以利用小故事来阐述汉字的间架结构之美，增强课堂趣味性。如《伯虎卖画》的故事，讲的是唐伯虎卖画，画上画的是一个人牵着一只狗，唐伯虎让人猜字，谁猜出这是什么字，就把画送给谁。有一个人猜中了：是个“伏”字。再如《杨修修门》的故事，说的是曹操在门上写了个“活”字，杨修灵机一动，联想出了“阔”字，从而意识到曹操是嫌门大了（阔），便把门拆了重修。通过小故事来识记“阔”字，生动有趣，学生能够获得更深的印象。[2]

在语文课堂之外的自然环境与社会环境中，处处存在着识字写字教学的审美资源。教师可以引导学生在自然与社会的真实空间中发现并欣赏汉字结构之美，激发儿童的艺术天性，实现审美元素与识字写字教学的结合。如学写“林”字时，教师可带领学生观察树林，让学生在实景中观察树林里两棵紧挨着的树木，共同享受一片阳光、雨露的情景。再结合“林”字的字形，启发学生：“林”的偏旁“木”字形不仅要写得窄一些，最后的一捺要变成一点，为另一个“木”字留出空间，两个“木”字要靠紧，这就是汉字中的避让原则，这样写出来的字形会更加紧凑美丽。学生在潜移默化中，就能够明确“林”字笔画如何布局才美观。[3]

三、揭示汉字实用之义，品味汉字职用之美

“造意只能解释文字，实义才能解释词语。”[4]汉字无法脱离特定环境而以“真空”状态存在，在不同的时空元素构成的语境之下，汉字呈现出丰富多彩的实用含义。无论面对的是修辞作品还是文化现象，教师都应当引领学生走入交际活动现场，在特定语境下，培养学生对汉字字境、字义审美修辞经验的主动积累。

汉字的职用存在超语符的现象，此时汉字表情达意方式的特殊性体

[1] 黄建花. 巧编顺口溜　区别形近字[J]. 小学教学参考，2005（31）：29.
[2] 白金声. 情趣识字10法[J]. 小学语文教学，2007（1）：18.
[3] 李雪梅. 提升小学汉字教学有效性的实践探索：以汉字教学中注重美育为例[D]. 成都：四川师范大学，2013.
[4] 王宁. 训诂学原理[M]. 北京：中国国际广播出版社，1996：44.

现在汉字可以“不记录语言层面的音义，而直接通过汉字形体的离散变异、排序组合等手段”[1]实现。比如，张宗正在《理论修辞学——宏观视野下的大修辞》里援引杨朔《泰山登顶》中的一段：

我们在这里泡了壶山茶喝，坐着歇乏，看见一堆孩子围着群小鸡，正喂蚂蚱给小鸡吃。小鸡的毛色都发灰，不像平时看见的那样。一问，卖茶的妇女搭言说：“是俺孩子他爹上山挖药材，捡回来的一窝小山鸡。”怪不得呢。有两只小山鸡争着饮水，蹬翻了水碗，往青石板上一跑，满石板印着许多小小的“个”字。我不觉望着深山里这户孤零零的人家想：“山下正闹大集体，他们还过着这种单个的生活，未免太与世隔绝了吧？”

他指出：“这里的‘个’字不仅从形式上描摹了鸡爪的印子，而且更重要的作用是引发出作者对山里人家单个生活劳作状况的时代的思考。”[2]可见，公社化、“大跃进”的时代图景给作者带来的心理冲击，正是通过“个”字外形表示的超语符义实现的。

谭学纯、朱玲在《广义修辞学》一书中谈到，从更加宏观的文化审美范畴来看，一个汉字甚至可被视为代表重要审美范畴的“修辞原型”，穿越时空，根植于汉民族的审美化集体无意识，参与汉民族修辞世界的建构。不同于在修辞分析中将词作为最小分析单位的做法，《广义修辞学》认为，“汉字的形义系统蕴含着文体美学建构的‘原型’意义”。其中，汉字“大”即为修辞原型的一个个案。“作为修辞原型，古汉语中以‘大’参与构成的词广泛分布于政治、宗教、哲学、文艺等语义场。”著者分别列举了《汉语大词典》所收的“大～”词，比如，政治语义场中的“大同：战国末至汉初儒家学派提出的一种理想社会”，“大宁：天下安宁”；宗教语义场中的“大神：尊神”，“大士：德行高尚的人。佛教对菩萨的通称，对高僧的敬称”；哲学语义场中的“大象：大道，常理”，“大道：正道，常理”；文艺语义场中的“大音：至大之音，美妙的乐音”，“大声：伟大、高雅的音乐”，等等[3]。这些“大～”词中的汉字“大”受到整个语词语

[1] 李运富．“汉字学三平面理论”申论[J]．北京师范大学学报（社会科学版），2016（3）：52-62.

[2] 张宗正．理论修辞学——宏观视野下的大修辞[M]．北京：中国社会科学出版社，2004：153-154.

[3] 谭学纯，朱玲．广义修辞学[M]．合肥：安徽教育出版社，2008：188-202.

义的影响，也笼罩上了赞美、崇拜的感情色彩。

教师需要指出的是，从“大”的古文字字形可以知道，“大”的结构造意是正面站立的人形，但通过上述例子，学生能够将造意与实义进行区分。对汉字“大”的认识便不再局限于它的造字意，而是深入特定语境赋予汉字的审美修辞色彩。

第二节 阅读教学的审美化

阅读是运用语言文字获取信息、认识世界、发展思维、获得审美体验的重要途径。阅读教学是学生、教师、教科书编者、文本之间对话的过程。《义务教育语文课程标准（2011 年版）》指出："阅读是学生的个性化行为。阅读教学应引导学生钻研文本，在主动积极的思维和情感活动中，加深理解和体验，有所感悟和思考，受到情感熏陶，获得思想启迪，享受审美乐趣。"[1]《普通高中语文课程标准（实验）》指出："阅读是搜集处理信息、认识世界、发展思维、获得审美体验的重要途径。阅读教学是学生、教师、教科书编者、文本之间的多重对话，是思想碰撞和心灵交流的动态过程。阅读中的对话和交流，应指向每一个学生的个体阅读。教师既是与学生平等的对话者之一，又是课堂阅读活动的组织者、学生阅读的促进者。教师要为学生的阅读实践创设良好环境，提供有利条件，充分关注学生阅读态度的主动性、阅读需求的多样性、阅读心理的独特性，尊重学生个人的见解，应鼓励学生批判质疑，发表不同意见。教师的点拨是必要的，但不能以自己的分析讲解代替学生的独立阅读。"[2]

文质兼美、适合教学，是语文教材选文的基本要求。阅读教学的过程，同时也是审美教育的过程。阅读教学的审美化，可以从指导朗读默读、预设问题导读、创设教学"鸣点"、对话作者编者等方面着手。

一、指导朗读默读，感受文本语言之美

一般人都会认为文本解读是对书写作品的分析，也就是所谓"分析文章"，而很少注意到文章的声音。其实，文本应该是声音与书写的结合体，只不过在大多数情况下文本是沉默的。朗读即是将文本声音化的方法。体味文本的语言美，要注重朗读的作用。因为朗读是感知文本的重要方式。

[1] 中华人民共和国教育部. 义务教育语文课程标准（2011年版）[M]. 北京：北京师范大学出版社，2012：22.

[2] 中华人民共和国教育部. 普通高中语文课程标准（实验）[M]. 北京：人民教育出版社，2003：16.

清人刘大櫆《论文偶记》说:“积字成句,积句成章,积章成篇,合而读之,音节见矣,歌而咏之,神气出矣。”[1]朗读可把无声的文字变成有声的语言,入于眼、出于口、闻于耳、记于心,产生“如见其人,如闻其声,如临其境”的审美感受。而默读则没有发音动作,能在保证阅读效率的同时,有效地将注意力集中于文本语言本身。相比默读,通过朗读把握文本音韵美,并有创造性地表达文章思想感情,更有利于学生感受语言之美。

譬如朱自清的散文《春》,文中“春风图”的描写,写出了春风温暖柔和的特点,而这一特点,又是通过触觉、视觉、听觉表现出来的。教学时通过对学生在停顿、速度、节奏、语调等朗读方面的指导,可以让学生仿佛听到一支充满青春活力的春天交响曲,感觉到春风的柔和,闻到春风的芳香,看到一幅充满春天气息、充满春的活力的画面。又如马致远的散曲《天净沙·秋思》:“枯藤老树昏鸦,小桥流水人家,古道西风瘦马。夕阳西下,断肠人在天涯。”作者用这些单一象征符号,组成一幅凄清苍凉的图画,隐含着作者极度哀愁孤寂之情,令人目之黯然,思之断肠。学生在学习该作品时,把握、感受作者感情的主要方法是吟诵。在反复吟诵中,学生通过对词中意象的感知,再结合自身相关的经历或情感,将其综合整理成一幅完整而清晰的图画:游子远在天涯,身处小桥流水旁的小店人家,在秋日的黄昏中,迎着西风,满目枯藤老树凄凉之景,盈耳昏鸦“哇——哇——”断肠之声。面对着崎岖难行的古道、体弱乏力的瘦马,让人顿感惆怅:路途几时通达?道远何日还乡?吟诵之中,学生被游子的悲愁强烈感染,也会悲从中来。

重视朗读是我国语文教学的传统。古人云:“读书百遍,其义自见”,“熟读唐诗三百首,不会吟诗也会吟”。叶圣陶说:“叙事叙情的文章最好还要‘美读’。所谓‘美读’,就是把作者的情感在读的时候传达出来。这无非如孟子所说的‘以意逆志’,设身处地,激昂处还他个激昂,委婉处还他个委婉。”[2]在课堂教学中,教师要注意采用富有感情的范读或示范朗读声像带等作为“导读”,让学生体会、模仿,还要进行必要的指导,使他们掌握朗读的技巧,懂得重音、停顿、速度、语调等要领,并在反

[1] 郭绍虞. 中国历代文论选:第3册[M]. 上海:上海古籍出版社,1980:435.
[2] 叶圣陶. 叶圣陶语文教育论集[M]. 北京:教育科学出版社,1980:125.

复诵读中达到“目视其文，口发其声，心同其情，耳醉其音”的艺术效果。如《周总理，你在哪里》是一首感染力很强的诗，全诗以“周总理，你在哪里”为题，描绘了亿万人民在广阔的世界齐声呼唤、四处寻找周总理的动人情景，造成了一种新颖壮阔的意境。全诗感情凝重，意蕴深沉，既悲壮又热烈，既哀婉又激昂。由于这首诗概括性强，离学生的时代又远，学生一般不易很好地领会诗中蕴含的丰富的思想感情。教这首诗时，可以先给学生放映“十里长街送总理”的视频片段，画面上哀乐绵绵，路人痛哭，细雨霏霏，举国悲痛，使学生进入作品的情境之中，然后通过录音带作导读，让学生注意其诵读的节奏、速度，再让学生反复诵读，这样就能在诵读中体会诗作“总理爱人民，人民爱总理”的主题。

朗读与默读，能够提高学生对语文美的感悟水平。学生通过对经典作品的朗读或默读，对文本之美会有初步的体验与感知。值得注意的是，“朗读不是简单地把书面文字变成有声语言，好的朗读需要真情实感，而要有真情实感，朗读者必须走进作品，设身处地地去体验、感悟作品”[1]。由于学生感悟水平有所差异，课前的朗读与默读，学生往往不能对文本之美有准确的把握，要成功地品味出文本语言之美与作者的情感态度，尚有难度。这就需要教师在课堂教学中进行点拨与指引，通过师生对文本的共同研读，对审美规律有更准确的掌握，从而优化学生的朗读效果，将朗读审美化落到实处。例如，教学《我爱这土地》时，教师在课上指导学生朗读时可以指出：“‘激怒的风’‘温柔的黎明’两个短语，‘激怒’应该用悲怆、有力的声音来读，‘温柔’就要用温和、轻柔、充满爱意的语调来读。”[2]

二、预设问题导读，指向文本精要之美

教师要在阅读教学中实现对学生进行“美”在何处的指引、点拨，在备课环节就应针对文本的艺术奥秘设计能引发学生思考的问题。特级教师钱梦龙历来十分重视教师在教授学生之前自身对文本的琢磨功夫，认为这是对学生进行点拨、指引的前提。钱梦龙在其 1995 年出版的《导

[1] 徐林祥，张中原. 语文教学技能全程训练新编[M]. 南京：江苏教育出版社，2009：72.
[2] 同 [1] 82.

读的艺术》一书中说："务求总体把握，得其精要。"[1]一堂成功的阅读教学课，应当从指向文本"精要"的导读开始。以钱梦龙教授《驿路梨花》一课的导入部分实录为例：

师：（在学生朗读课文以后）现在请大家回答我的问题：你喜欢这篇课文吗？为什么？大家可以随便谈，我是没有什么标准答案的。

生：我喜欢这篇文章，这篇文章引人入胜。

师："引人入胜"——好！大家听，他的语言挺丰富的。你能不能具体说一说，为什么这篇文章引人入胜呢？

生：这篇文章先写了"我"和老余投宿，无意中发现了小茅屋，又在无意中遇到了瑶族老人。从瑶族老人那里知道了茅屋的主人是梨花姑娘，在第二天早晨，无意中又把梨花姑娘的妹妹——哈尼姑娘——当作梨花姑娘……[2]

《驿路梨花》是一篇小说，其"精要"主要在"误会"。首先，钱梦龙用"随便谈"，不设定标准答案的轻松的形式引导学生说出阅读感受，激发学生对文本的个性化理解，并抓住学生所说的文本"引人入胜"这一审美体验。然后，鼓励学生详谈作品因何引人入胜。学生的回答是以三个"无意中"贯穿主要情节，实际上已经指向了作者在文本中设计多重"误会"这一"精要"。

再如特级教师窦桂梅执教《游园不值》一课导入的过程，不仅指向了作品"精要"，同时还对学生的诗歌朗读进行了必要的指导：

师：……古诗可以吟，还可以唱，因为它的每一个字都是推敲而来的。著名诗人贾岛"两句三年得，一吟双泪流"说的就是这个理儿。那我们就来读读贾岛的《题李凝幽居》，再讲讲在贾岛身上发生的推敲的故事。（课件出示："闲居少邻并……"）

生：原本这首诗里面用的是"推"字，嗯……（生语塞）后来贾岛来到了李凝家，发现李凝不在，他就回去了。在路上他碰见了大诗人韩愈，他撞进了韩愈的仪仗队当中，韩愈问他："你为什么会撞进我的仪仗队当中？"贾岛说："我正在想一首古诗，不知道古诗当中的一个字，用'敲'好还是用'推'好。"韩愈也是位大诗人，他就想了起来。后来他告诉贾岛，

[1] 钱梦龙. 导读的艺术[M]. 北京：人民教育出版社，1995：49.
[2] 同[1] 238.

还是用“敲”好，用“敲”更能体现出一个人有礼貌，也可以体现出夜晚的寂静。所以后来这首古诗当中就用“敲”了。（全场掌声）

师：“推敲”成了典故，所以得感谢贾岛。谁来读读这首诗，要注意五言诗的节奏。（生读略）

师：该同学读得很准确。据说古人吟诵讲究平仄，我们学一学，也许这么做不科学，不过尝试也是创新。我们试着把一声、二声当平声，这样的字可以读得平缓些，甚至可拉长字音；三声、四声的字当仄声，读得短促一些。比如“闲”是第几声？（生答“第二声”）

师：谁来试着读一读？

生：闲——居——少（短促，有点夸张）邻——并。

师：好，我不说了，看我手势，大家读读看。（教师手势指挥，效果明显）

生：闲——居——少邻——并，草径入荒——园——。鸟宿池——边——树（很短），僧——敲——月下门——。

师：当然，我们读的时候还要注意五言诗自身的节奏，这样读起来才流畅自然。我们还学过贾岛的《寻隐者不遇》，请试着读读。

生：“松下问童子……”（老师辅以手势，学生读得很有味道）

师：像这样写“不遇”的诗很多，比如邱为的《寻西山隐者不遇》，皎然的《寻陆鸿渐不遇》，李白的《访戴天山道士不遇》（课件）。除了古诗，还有古文《雪夜访戴不遇》等。

师：人生有多少个不遇啊，为什么他们要把“不遇”记下来呢？看来这“不遇”中有值得我们回味的东西（引出同构主题文章。后文生成的精神内涵，作为同类主题升华）。[1]

“不遇”，是中国古典诗歌范畴的一个母题。寻访而不遇，从实用价值来看，是一种遗憾，本不值得一记，但却在“不遇”的过程中，获得了值得回味的审美体验。此为《游园不值》的“精要”所在。但窦桂梅并没有直白地说出这一点，而是先从贾岛的《题李凝幽居》及由此而来的“推敲”故事入手，指导学生吟诵诗歌时要注意平仄带来的韵律美，也引出了关键字对生成贾诗美感的重要作用，为后文分析《游园不值》的关键字“怜”“关”做了铺垫。在此基础上，列举一系列以“不遇”为

[1] 窦桂梅. 游园路上的精神相遇——古诗《游园不值》两个课时的教学实录[J]. 小学青年教师（语文版），2006（8）：12-15.

题的诗,包括贾岛的《寻隐者不遇》,异中求同。此处若问学生《游园不值》在其中历来广受赞誉的原因何在，同中求异，似更能激发学生探索艺术奥秘的兴趣。

三、创设教学鸣点，鉴赏文本意蕴之美

“教师在课堂上根据教学实际提出的能激发学生探究、交流欲望的核心问题”，是为“鸣点”[1]。此概念第一次出现，是在江苏省第三届“苏派语文教育论坛”的一篇论文中。在阅读教学中，“鸣点”可以是作品的关键词句，即“文眼”，也可以是学生的疑惑之处。“鸣点”与“凝结点”[2]这一命名有相似之处。何为“凝结点”？例如,“我们阅读《沁园春·长沙》,觉得全诗充满自由奋发、生机勃勃、昂扬向上、豪气凌云之感，与传统的悲秋之诗很不一样，这是大多读者会有的整体感觉。解读的重点就是要问为什么，为什么会给我们这样的感觉”[3]。实际上，“鸣点”和“凝结点”都指向解读重点，强调教师引领学生鉴赏文本艺术形式的同时，领略文本意蕴之美。相比较而言，“鸣点”之“鸣”，既是争鸣，也是共鸣，关注对话和互动，指向的虽然也是读者面对文本时的“兴奋点”，但更侧重《义务教育语文课程标准（2011 年版）》反复强调的文本中心、教师对解读重点的教学转化和学生个人的阅读实践的审美动态生成，似乎比“凝结点”更准确。

通过本书第四章对语文美的静态分析能够看出，对语文教材中的特定文本而言，“鸣点”的情况是复杂的：可以是一个词，也可以是多个词；可以是一句话，也可以是涉及多种描写手段的一段话或多段话；可以是建构单篇故事情节的因果逻辑，还可以是将文本还原至历史语境后的审美发现。在选入教材的经典名篇中，有的文章思想意蕴比语言更为动人，如王愿坚的小说《七根火柴》，表现出的负了伤并遭受饥饿折磨的战士和痛苦与死亡进行顽强斗争的精神；《这不是一颗流星》中小浩波和阿婆之间的爱；《背影》中真挚深厚的父子亲情；《小橘灯》中小姑娘镇定、勇

[1] 宁雪红. 语文教学中的“鸣点”创设——以“第三届‘苏派语文教育论坛’课堂实录”为例[J]. 语文知识，2015（4）：69.

[2] [3] 赖瑞云.《沁园春·长沙》的教学凝结点[J]. 语文学习，2012（11）：51-55.

敢、乐观的精神，使人看到新中国未来的希望所在。但无论文本蕴含着怎样的思想情感，都离不开语言的审美化表达。如《七根火柴》通过对无名战士的外貌描写，接着通过卢进勇给他吃青稞面时“呆滞”的神情和“不,不……没用了”的语言描写,通过无名战士把火柴交给卢进勇时“抖抖索索地打开”“小心翼翼地数着”的动作描写和数完后“脸色舒展开”“发出一种喜悦的光”的内心描写，既进一步写出了无名战士的伤势过重和生命的垂危，又体现了他对火柴的极度珍惜，从而刻画出一个对党无限忠诚的红军战士的英雄形象，字里行间流露出作者对红军战士的赞美之情。

成功的教学“鸣点”的发现和创设，往往能够透过言语表层直达经典文本的深层次意蕴，甚至通达民族传统文化的内核，实现语言形式美与思想内容美的统一。还可以欧阳代娜的《岳阳楼记》和黄厚江的《老王》教学实录来说明。

先来看辽宁特级教师欧阳代娜执教的《岳阳楼记》。此文主要有三“美”,分别是“思想之美（情感之美）、结构之美（转折之美）、文笔之美（用语之美）”[1]。欧阳代娜重点抓住转折结构之美,以此作为切入点,统摄思想之美与文笔之美。具体来说，是抓住两个“异”字，设计了一系列问题并展开探讨。且看她如何抓住转折结构设疑提问：

现在大家注意“备”字。既然前人的叙述都已很详尽了，那么作者写这篇文章岂不是多余？

不过一个“备”字等于自己封了口，无法写下去了。大家看作者用什么词语使自己的思路又打开了一扇大门，出现“柳暗花明又一村”的情景来了？

大家注意这句话中有一个词，十分关键，可以说是全篇的文眼（也叫“题眼”），全文由此而思路顿开，文思如涌，一气呵成地完成这篇宏伟著作。大家找一找是哪个字？（“得无异乎”中的“异”字）

师生共同探讨了文中关于悲、喜的两段风光描写之后，针对作者从第二部分向表达深刻思想的第三部分过渡的方法，又问：

这句话中的哪个词对前面的文章做了照应，使文章顺利地从第二部分

[1] 赖瑞云. 文本解读与语文教学新论[M]. 北京：北京师范大学出版社，2013：116.

过渡到第三部分？（“或异二者之为”及其中的“异”字）

这“二者”指谁？（“悲”和“喜”两种心境）

范仲淹同意不同意这两种心境呢？是不是认为应有第三种心境呢？

既然不同意，那为什么还要写出来？

第三种心境是通过哪个句子表达出来的？（“不以物喜，不以己悲”）

以上“二者”……都是作者所不取的。那么应该怎么办呢？（“处庙堂之高则忧其民，处江湖之远则忧其君”）

那么，作者认为到底应该怎样做？他的伟大抱负在哪里？（“先天下之忧而忧，后天下之乐而乐”）[1]

如此一来，学生不仅对转折结构在表达作者“先天下之忧而忧，后天下之乐而乐”这一深刻思想有了更深的感受，也能够更为充分地体验作者的行文之美。在“异”字的带动下，其他重点字词句的意义、用法都有所涉及。精巧的教学设计成功指向了“先天下之忧而忧，后天下之乐而乐”这一文章精髓。正如欧阳代娜在课后总结中所言，我们常常为文章中的体现我国传统美德与蕴含人生哲理的名言佳句——“先天下之忧而忧，后天下之乐而乐”而感动不已……但还不能算对文章理解得深入了。因为学生还未能梳理出作者构思的过程，也还不理解这个名言佳句是如何逐层铺垫出来的。[2]

再来看江苏省特级教师黄厚江执教的《老王》。在这节课的导语部分，黄厚江就点出散文文体所具有的审美特征：“读现代散文，读写人的散文，不仅仅要关注文章所写的那个人，还要或者说更要关注文章中的‘我’，也就是作者。”[3] 在具体教学过程中，可以紧紧围绕这个“鸣点”，启发学生从散文家的感觉、知觉出发，去领略作者的独特情感。以下为教学实录当中的一节：

黄：我们刚才从作者的角度读老王；现在换一个角度，从老王的角度读作者。作者是一个什么样的“我”呢？

[1] 郑桂华，王荣生. 语文教育研究大系（1978—2005）· 中学教学卷[M]. 上海：上海教育出版社，2007：368-375.

[2] 欧阳代娜，等. 欧阳代娜中学语文教学艺术初探[M]. 济南：山东教育出版社，1997：22.

[3] 许芳芳.《老王》课例比较研究：以王君、肖培东、黄厚江三位语文特级教师的课堂实录为例[D]. 济南：山东师范大学，2014.

生：虽然说她对老王很同情，也帮过不少忙，但又保持了一种距离。

黄：为什么要保持距离？是什么原因呢？

生：她并不把自己看作老王的同类。

黄：她不把自己看作是老王的同类，说得很深刻。保持距离，肯定与那样的时代有关，但主要原因还是心理上的不认同。想一想，为什么作者不把老王看作和自己是同样的人呢？

生：有文化人的优越感。

黄：非常好。这种心理，的确是文化人的一种优越感。通俗的说，是文人的清高……可以说，她对老王的同情是不彻底的，她的善良我们觉得也是有保留的。所以，当时的作者，杨绛，完全是以一种居高临下的眼光来看老王的。读现代散文，就是要读出文章中的“我”来。这里，我们就读出了杨绛文化上的优越感、清高……但这并不是杨绛先生的个人缺点，而是文化人是知识分子共有的一种特征，是他们这个群体和老王们这个群体之间的天然距离。而杨绛先生在本文中敢于这样解剖自己，表达自我的反思——尽管这个反思迟到了几年——则显得非常可贵，尤为值得我们尊敬。了解了这些，理解文章最后一句话，就变得水到渠成。大家想想，如果说当年的杨绛是以一种居高临下的眼光看老王，是保持着一种距离和老王交往……[1]

学生通过阅读体会到作者杨绛对待老王的矛盾态度是既“同情”又“保持距离”，并指出这是因为“文化人的优越感”。黄厚江抓住这一表述，将其向更深一层的意蕴推进，点出杨绛对老王居高临下的优越感是其所处年代知识分子共有的特征，而杨绛勇于反思自己、解剖自己，这是值得尊敬的品质。黄厚江并没有简单地抛出历史背景，以时代原因代替对作者内心世界的探索，而是将教学重点直指作者独特的情感逻辑。且并不停留于此，而是从作者反思时看待老王的视角出发，读出老王作为一个散文形象的审美价值。

黄：那么当她写这篇文章的时候，当她愧怍于老王的时候，她是用什么样的眼光来看老王的呢？

生：仰视。

[1] 许芳芳.《老王》课例比较研究：以王君、肖培东、黄厚江三位语文特级教师的课堂实录为例[D].济南：山东师范大学，2014.

黄：对，是一种仰视。她发现与老王相比，自己是自私的，自己的善良不如老王那么纯净。于是她说“那是一个幸运的人对不幸者的愧怍”。可据有关资料显示，这句话在初稿上是：“那是一个多吃多占的人对不幸者的愧怍。”大家想一想，这两者有什么区别？作者为什么要把这个“多吃多占”改为“幸运”呢？

生：“多吃多占”有点贬义，改成“幸运”就没有贬义了。

黄：这是一个区别。（一学生举手）好，你说说——

……

生：不是。她也是不幸的。

黄：那么，她为什么又说自己是幸运的呢？

生：是和老王相比。

黄：是的。她是不幸的，但和老王相比，她太幸运了。她经济还过得去，她还有钱先生。当写下这篇文章的时候，作者认识到，在我们这个社会中，最不幸的是老王这样一类人。可是要认识到这一点不容易。很多文化人，很多知识分子，往往喜欢夸大自己的不幸，以为自己是天下最不幸的人。而老王这样最不幸的人，却在那样的社会的最底层坚韧地生活着，并能坚守着做人的良知，是多么令人尊敬！……[1]

在该节课的最后，黄厚江运用比较初稿与定稿的用词差异的方法，引导学生发现隐藏在杨绛笔下“幸运”的深层文本意蕴：感动杨绛、让她发觉自己是幸运的，是出现在她与丈夫钱锺书生活中的、身处最底层却依然坚守良知的老王。这就不仅是对老王这一人物形象审美价值的发现，更是引导学生发现作者由愧疚到仰视的情感脉络，使学生获得了更深的审美体验。

四、对话作者编者，拓展文本言外之美

对于语文教师而言，钻研教材不仅是钻研文本，深入文本创作过程，与作者对话；还应挖掘教材指导性话语中利于审美化教学的因素，与编者对话。在这些话语中，教材编者往往已经为教师提供了审美教学解读切入点，为教师设计导语和发掘“鸣点”发挥启示作用，有助于语文美的动态生成。

[1] 许芳芳.《老王》课例比较研究：以王君、肖培东、黄厚江三位语文特级教师的课堂实录为例[D]. 济南：山东师范大学，2014.

以苏教版高中《语文》(必修二)中《林黛玉进贾府》一课为例，该课所属专题文选后的课后练习第1题与第2题皆是针对这一课提出的。第1题："林黛玉进贾府，与贾母见面、与王熙凤见面、与宝玉见面的描写有什么不同？林黛玉、王熙凤、贾宝玉各有什么样的性格特点？"第2题列举了脂砚斋在王熙凤、贾宝玉、林黛玉出场时所做的评点，要求学生回答是否同意这些见解并说明理由[1]。很明显，编者认为本课最精彩的，应当是通过林黛玉与贾母、王熙凤、贾宝玉初会的情境展现出的人物各自独特的性格逻辑。"小说之所以为小说，就是因为它的情节因果主要取决于人物之间情感逻辑的交融。"[2]人物的性格是在共同情境中进行动态交流而展现的。这一课人物形象较多，如果教师没能抓住"见面"隐藏的人物交流，就很难找到有效的教学切入点。再看本单元文选后的"写作指导""看好处，说门道"针对《林黛玉进贾府》一课谈到的"'摔玉'情节是《林黛玉进贾府》中'宝黛初会'的最高潮"，这可以视为分析林黛玉和贾宝玉形象的切入点。

"宝黛初会"，为两位人物展现各自的性格特点提供了舞台。从贾宝玉的言行入手，不仅可以洞察其内心情感，还能透过其视角，对林黛玉这一人物形象有所认识。然而，"红学"是一门显学，贾宝玉、林黛玉的人物形象的审美价值皆已有定评。如《红楼梦》佚稿中的"情榜"评贾宝玉为"情不情"，脂砚斋在甲戌本《红楼梦》第8回眉批中，对"情不情"的解释为："凡世间之无知无识，彼俱有一痴情去体贴。"[3]当人物形象已有定评时，教师就需要探索实现教学审美化的新的空白点，而教材设置的"写作指导"一段话，能够给教师以启发：

鉴赏文学作品，应该善于比较鉴别、辨同察异，即在准确鉴赏作品的基础上，把两篇或两篇以上彼此有某种联系的作品放在一起，对其主题、结构、人物、表达技巧和语言风格等进行比较，或求相同点、相似点，或求不同点、差异点，或既求相同点又求不同点，从而感知、发现文学

[1] 丁帆，杨九俊. 普通高中课程标准实验教科书语文：必修二[M]. 南京：江苏凤凰教育出版社，2014：124-125.
[2] 孙绍振. 文学创作论[M]. 福州：海峡文艺出版社，2007：497.
[3] 曹雪芹. 石头记会真[M]. 周祜昌，周汝昌，周伦玲，校订. 郑州：海燕出版社，2004：980.

作品的美。[1]

鉴于自20世纪20年代以来，学界已发现的《红楼梦》手抄本、刻本数量多达十多种，彼此之间又存在审美价值有高下之分的诸多异文。结合“写作指导”提供的运用比较法鉴赏文学作品的思路，借助冯其庸主编的汇12种《红楼梦》版本文字为一帙的《脂砚斋重评石头记汇校》作为工具书，援引与主要人物形象塑造相关的情节异文，分析其艺术效果，从而使阅读教学审美化立足文本又不局限于单一文本。我们可以庚本（各版本简称依从《脂砚斋重评石头记汇校》）“宝玉摔玉”一节文字为例子，该版本文字与课文相同，该版本在关乎人物、情节审美价值的字词相异处，以着重号标示，并在其后以括号注出其他版本该处文字，以示凸显。在此基础上进行比较解读，学生可将异文视为艺术效果不同的修辞策略，尝试在选择审美效果更佳的版本文字的过程中，从全新的视角对人物性格特征进行“美”的发现。

宝玉与黛玉初会时，当宝玉得知黛玉没有玉时，《脂砚斋重评石头记汇校》一书是这样写的：

宝玉听了，登时发作起痴狂病（觉程2本作“狂病”）来，摘下那玉，就狠命摔（府戚3本作“狠摔”）去，骂道：“什么罕物，连人之高低不择（觉程2本作‘人之高下不识’），还说‘通灵’不‘通灵’呢！我也不要这劳什子了！”……宝玉满面（卯杨列3本作“满眼”）泪痕泣道：“家里姐姐妹妹都没有，单我有，我说没趣，如今来了这们一个（府戚3本作‘一个’，舒本作‘这一个’，觉程2本作‘这个’）神仙似的妹妹也没有，可知这不是个好东西（舒本作‘这是个什么好东西’）。”庚[2]

教师可以针对这些异文进行如下分析：

“痴狂病”较“狂病”，更突出“痴”这一要素为贾宝玉摔玉的情感原因，而正如警幻所言，痴情为贾宝玉性格的逻辑起点，故“痴狂病”更佳。“狠命”较“狠”更能反映贾宝玉当下因得知林黛玉无玉而引发的对通灵宝玉的憎恨，且语势更强，故为佳。庚本文字更有利于拉开贾宝玉之痴与

[1] 丁帆，杨九俊. 普通高中课程标准实验教科书语文：必修二[M]. 南京：江苏凤凰教育出版社，2014：128.
[2] 冯其庸. 脂砚斋重评石头记汇校[M]. 红楼梦研究所，汇校. 北京：文化艺术出版社，1987：161-162.

视通灵玉为“罕物”的众人的心理距离，强化人物的审美价值。

“人之高低不择”与“人之高下不识”都是针对通灵宝玉采取的拟人的说法，但“人之高下不识”对通灵玉的贬义程度更深，从另一角度来看，就流露出较多的对林黛玉的赞美之情。

“满面”与“泪痕”能够合理搭配，且能体现此时贾宝玉的伤感。

“这们一个”相比“一个”“这一个”“这个”，强调语气更加明显，更能表达贾宝玉对林黛玉这样一个“神仙似的妹妹”的赞美之情。越是凸显贾宝玉对林黛玉的珍视、赞美，越能够从侧面说明林黛玉与众不同，超凡脱俗。

因句首已有表判断的“可知”，故后接表否定的“这不是个好东西”比表反问的“这是个什么好东西”，不仅更通顺，且凸显出直接的判断和强烈的语气，表现贾宝玉此时萌发出的对林黛玉的欣赏、喜爱之情更加强烈。

阅读课堂教学审美化，需要语文教师在每个教学环节中，都创造性地调动各种因素，让学生在或喜或悲、或爱或恨、或忧或乐的审美体验中感知作品的语言美、形象美、思想美、文化美，在与教师、文本、作者和教材编者进行科学有效而又多元对话的基础上，进入审美意境，陶冶情操。

第三节　写作教学的审美化

写作是运用语言文字进行表达和交流的重要方式，是认识世界、认识自我、创造性表述的过程。写作能力是语文素养的综合体现。《义务教育语文课程标准（2011 年版）》要求："写作教学应贴近学生实际，让学生易于动笔，乐于表达，应引导学生关注现实，热爱生活，积极向上，表达真情实感。""写作教学应抓住取材、立意、构思、起草、加工等环节，指导学生在写作实践中学会写作。重视引导学生在自我修改和相互修改的过程中提高写作能力。"[1]《普通高中语文课程标准（实验）》指出："写作是运用语言文字进行书面表达和交流的重要方式，是认识世界、认识自我、进行创造性表述的过程。写作教学应着重培养学生的观察能力、想象能力和表达能力，重视发展学生的思维能力，发展创造性思维。鼓励学生自由地表达、有个性地表达、有创意地表达，尽可能减少对写作的束缚，为学生提供广阔的写作空间。"[2]

古人写作，讲究义理、考据、辞章。文道统一，是作文评价的重要标准。写作教学的过程，同时也是审美教育的过程。写作教学的审美化，可以从取材、构思、起草、加工等方面着手。

一、在取材时，培养学生的审美观察能力

俗话说："巧妇难为无米之炊。"同理，学生难为无物之文。章学诚认为"夫立言之要在于有物"[3]。这个"物"就是指材料，学生写作必须具备选取材料的能力。叶圣陶说："作文是生活的一部分，是一种发展，是一种享受。"[4]著名艺术家罗丹有句名言："美是到处都有的。对于我们

[1] 中华人民共和国教育部. 义务教育语文课程标准（2011年版）[M]. 北京：北京师范大学出版社，2012：23-24.

[2] 中华人民共和国教育部. 普通高中语文课程标准（实验）[M]. 北京：人民教育出版社，2003：17.

[3] 章学诚. 文史通义[M]. 刘公纯，标点. 北京：古籍出版社，1956：62.

[4] 叶圣陶. 叶圣陶语文教育论集[M]. 北京：教育科学出版社，1980：398.

的眼睛，不是缺少美，而是缺少发现。”[1]培养学生发现美的眼光，对于提高学生选取材料的能力尤为重要。

观察是一种感性认识活动，是有意识、有计划、比较持久地认识某种对象的知觉活动，是人对客观事物的一种主动的认识形式。观察是人类认识活动的开端，是思维活动的基础，其基本任务是发现事实、现象和现象间的外部联系。审美观察能力，是审美感官直接对审美对象进行观察的能力。苏霍姆林斯基说过：“对所见所闻的观察、倾听和体验，犹如通向美的世界的窗口。所以，我认为很重要的一项任务，就是教会孩子能看到和感受到美。”[2]通过审美观察，学生在感知生活的美、对象的美，获得审美享受的同时，找到下锅之“米”，为文之“物”。培养学生的审美观察能力有利于学生更好地去发现美、感知美，从而提高学生选取作文材料的能力。

我们可以带领学生走进大自然，领略千姿百态的自然美。鲜花的艳丽，山峰的峭拔，虫鸟的欢畅，泉水的潺潺，组成了一个声形色交汇的大千世界。可以说，大自然是进行美育最慷慨的良师益友。通过春游、去野外采风等方式让学生亲近大自然，观察大自然。放眼张望破晓的旭日，西天的晚霞，雨后的彩虹，星月的灿烂，给我们无限的形式美感。当然，自然界的美往往精芜混杂、分散平淡，要引导学生进行细致入微的观察，选择那些典型的、富于特色的景观，并照应季节、时令的变化和周围景物的搭配。例如，处于夏季时，就可设计“走进自然，感悟自然”为主题的写作教学。在教学流程中，第一步先引导学生走进自然，调动感知系统进行感知，提醒学生边观察自然景物边思考：从哪里可以感觉到夏天已经来临？学生的回答，可能包括从触觉感知的气温、嗅觉感知的花香、听觉感知的蝉鸣、视觉感知的茂密树荫，等等。第二步则要求学生描绘自然。可以先以朱自清的《春》为例，说明好的写景记叙文不仅要从多个角度借助多种表现手法描写优美景象，还要有自己独特的体会和感悟，这才是审美的更高境界。

我们可以带领学生走进社会生活，感受异彩纷呈的社会美。生活是

[1] 罗丹. 罗丹艺术论[M]. 葛赛尔，记. 北京：人民美术出版社，1978：62.
[2] 苏霍姆林斯基. 帕夫雷什中学[M]. 赵玮，等译. 北京：教育科学出版社，1983：436.

写作的源泉，观察周围的人、事、景、物，或描绘、或说明、或抒情、或议论，借助审美观察将五光十色的世界通过写作加以再现，这也是学生写作的必由之路。学生深入现代社会中寻求审美感知与感受，获取美的素材，才能写出美文佳作。现代社会中存在的美，虽然少有惊心动魄的事件震撼学生的心灵，但反映了生活本质的真善美，同样具有完善学生心理结构的作用。在司空见惯的平凡生活中发现引人入胜的不平凡的美，同样会有美感体验和心灵共鸣。许多教学名师都主张学生从丰富多彩的社会生活中积累写作素材。如韩军曾在《我的一堂作文课》一文中，记录了自己在一堂作文课上，先问学生对玩扑克牌这一活动是否了解，又问学生在周末的一天选择如何安排自己的活动。在学生思考自己感兴趣的游戏和在轻松的氛围中与老师自由对话的同时，韩军会针对学生的回答适时引导，不断使问题深入，让学生主动发现写作素材。[1]

由于学生身处校园，亲历自然、社会的机会毕竟有限，审美观察能力的培养，还要从校园生活和学生自身，以及书本乃至网络中获得。浙江义乌小学教师徐晓英就将“微写作”引入小学五年级习作课堂，激发学生观察的兴趣和写作的积极性。“微写作是指言简意赅、文短意深、目标明确、结构完整的一种小型写作”，其之所以被越来越多地引入写作教学课堂，是因为它“满足了人们心随手动及个性化表达的需求，契合了碎片化、自由化的思潮”[2]。将这一写作方式引入课堂，有利于指导学生在趣味性的活动中学会审美观察。徐晓英先是与学生分享自己的微信朋友圈，又选取了朋友圈几则言语风格各异的微信作品——它们或以诗歌为形式，或运用了丰富的修辞手法，展示给学生欣赏，从而引导学生发现好的微作往往都是简练而又有精彩的语言形式的。而后，再展示一组班级活动照片，要求学生根据图片进行微信习作练习，这一做法能够调动学生的形象思维和逻辑思维，激发学生的写作欲望，从而激发学生对美好事物的追求。

师：昨天，你们水老师给我发了一组照片，我们一起来欣赏一下吧。（配乐播放照片）

[1] 韩军. 韩军与新语文教育[M]. 北京：北京师范大学出版社，2006：230-242.
[2] 杜红梅. 美国母语教育中的微写作[J]. 课程·教材·教法，2015（5）：116-121.

师：我想采访一下，这是一次什么活动？

生：是我们班刚刚结束的撕纸活动。

师：能介绍得具体点吗？

生：我们的活动是比一比谁撕的纸更长。

师：明白了。如果要把这次精彩的活动发到微信上，让更多的人阅读，你会写什么呢？请大家静静地想一想。

（学生静心思考）

师：你会写什么？

生：我会写撕纸的心情。

师：撕纸的心情前后会有什么变化吗？

生1：比赛前的期待，比赛中的紧张，比赛后的轻松。

生2：我想写我是怎么撕的。

师：关注撕纸的过程。

生：我会写比赛后的结果，谁是擂主。

师：看来大家都已经想好了要写的内容，赶快拿出你们的微作稿纸，注意言简意赅，把握微时间，把你们想写的写下来吧！

（学生自由撰写微作5分钟左右）

师：写好后，小组成员交换阅读，提出修改意见，选出最好的一则，小组朗读分享一下。

（学生交换阅读微作，相互提出修改意见）[1]

在接下来的环节，教师选择部分微作与学生进行点评，引导学生对好的作品予以鼓励，针对仍需完善的作品提出修改意见。实际上，下文所引教学实录不仅体现了教师对学生观察审美化引导，也体现了作文批改如何指导学生关注用词造句，把观察到的信息纳入心灵进行艺术加工，以产生最佳表达效果：

师：刚才，在巡视的过程中，老师发现了一则很有特点的微作，我们一起来分享一下。

出示微作：撕纸条，比谁长。一听到这一活动，我立刻打起了精神，目光炯炯有神，比赛一开始，我就迫不及待地撕起来了。为了让纸撕得长，

[1] 徐晓英，蒋军晶．微写作　边写边“享”——《微写作》教学实录及评析[J]．小学语文教师，2015（2）：59.

我采用了“之”字撕纸法。撕完后，还打败了“擂主”沈彦呢！厉害吧！

师：请这位微作的作者来读一读。（生读）

师：她写的这则微作在表达上有什么特点？

生1：“撕纸条，比谁长”，开门见山，直接入文。

生2：她运用了“炯炯有神”“迫不及待”两个成语，使这段话的语言表达更加简洁。

师：“怎么撕”这部分内容没有展开，而是用了“迫不及待”这个成语，就把撕纸的过程写下来了，让人读起来一目了然。用掌声表扬她。[1]

“迫不及待”的效果不仅仅是“一目了然”，这一成语还折射出该生审美化的观察力。在观察自己的动作时，不局限于对动作进行客观再现，而是采用“内视”的方法，观察了自己内心的起伏变化。可见，在取材阶段，引导学生在丰富的情境中对外在与内心两个层面进行审美观察是同等重要的。

二、在构思时，培养学生的审美思考能力

有了材料，还要组织成篇章，这就要构思。构思是写作过程中所进行的思考活动，包括酝酿、确定主题，选择、提炼材料，考虑结构、布局，决定体裁、形式等。构思在文章写作过程中是至关重要的，譬如立意。杨成章认为：“意是文章的统帅和灵魂，正确立意是顺利写作一切文章的根本条件，这就决定了立意能力在作文能力中的主导地位。”[2]可见，立意的高低，直接影响文章意蕴的丰厚与单薄，而文章的意蕴又与作者的个人审美思考能力有着紧密的联系。除了立意，谋篇布局也是文章构思的重要内容，也与作者的个人审美思考能力有着紧密的联系。清代戏曲家李渔曾将文章的结构比喻为房子的结构，认为何处建厅，何处开户，都需要做到胸有蓝图。在这一过程中，应避免传统教学中“老三段”式的布局结构，即开头、中间、结尾，这会使学生思维能力受到限制，应引导学生树立整体观念。学生习作时考虑不周是常事，还有少数走题漏题、虎头蛇尾等。因此，培养学生的审美思考能力，让学生学会从整体出发，

[1] 徐晓英，蒋军晶. 微写作　边写边“享”——《微写作》教学实录及评析[J]. 小学语文教师，2015（2）：59.

[2] 杨成章. 作文教学原理[M]. 福州：福建人民出版社，1987：35.

构建文章的整体框架就显得十分必要。

思考是人脑在外界信息刺激下的内在意识活动。思考是将信息进行区分、联系、排列、比较和选择，从而进行分析、综合、判断、推理、概括等较为全面、深刻的思维活动。审美思考能力是一种形象思维能力，它与理论思维能力不同，不是从感知表象中抽象地概括事物的某些本质方向，而是在不脱离表象的情况下，对表象进行加工，深刻地把握对象内涵。清代袁枚有诗云："但肯寻诗便有诗，灵犀一点是吾师。夕阳芳草寻常物，解用都为绝妙词。"[1]意思就是说，只要肯下功夫，只要平时有丰富的生活积累和感情体验，并用心思考，就能做出好诗。这种创作是没有老师指导的，关键是看自己是否具有思维灵感。像夕阳、芳草这些寻常景物，只要懂得灵活运用，都可成为绝妙好词的素材。

要培养学生的审美思考能力，就要让学生掌握一定的审美标准。不遵循一套基本的衡量标准，就无法判断对象的审美价值。具体到写作教学，作者情感、表达内容不同，文章体式、文学体裁有异，审美标准也不尽相同。学生只有对不同的表达对象与文体规范有所掌握，才能选择适当的文体，运用恰当的表达方式和技巧进行写作。例如，说明文虽然可以写得生动活泼，但归根到底还是要力求传递的信息准确，而诗歌则要求作者运用形象思维、想象联想。又比如，同样是唐明皇、杨贵妃的历史故事，在白居易的诗歌《长恨歌》中，两人自始至终心心相印："在天愿为比翼鸟，在地愿为连理枝。"但在洪昇的戏剧《长生殿》中，两人却并非绝对的心心相印，李隆基的感情不像《长恨歌》中那样专一，两人多次发生情感"错位"，这正是因为浪漫的诗意与冲突的戏剧性本就是矛盾的[2]。即使是相同的表达对象，采用相同的文体，也会因作者各自审美标准取向的不同而有所差异。譬如，1923 年俞平伯与朱自清同游秦淮河时所作《桨声灯影里的秦淮河》同题散文，即以风格不同、各有千秋而传为现代文学史上的一段佳话。

当然，要培养审美思考能力，离不开审美实践。教师要引导学生培养对自然美、社会美、艺术美的思考、品评的能力和习惯。在自然美、

[1] 王英志. 袁枚全集新编：第四册[M]. 杭州：浙江古籍出版社，2015：869.
[2] 孙绍振，孙彦君. 文学文本解读学[M]. 北京：北京大学出版社，2015：31.

社会美、艺术美中，特别要重视对艺术美的鉴赏。艺术形式美属于高级的、创造性的形式美，它是艺术家匠心的物化形式，这种形式虽然来自自然景物美和社会生活美，但它融进了艺术家的智慧、才华和创造力，是对自然和生活的超越。教师应鼓励学生充分利用课余闲暇时间多看、多听、多研究、多实践。带领学生听一场一流的交响音乐，参观一次名画家的画展，欣赏一场高雅的芭蕾舞，阅读一本文学名著，这对审美思考能力的提高大有裨益。歌德说："鉴赏力不是靠观赏中等作品而是要靠观赏最好的作品才能培育成的。所以我只让你看最好的作品，等你在最好的作品中打下牢固的基础，你就有了用来衡量其他作品的标准，估价不至于过高，而是恰如其分。"[1]这就是说，只有有了审美经验，有了对好的作品的审美标准，才能更好地认识一般作品，也才能写出立意深刻的作品。

在写作教学中，当学生能够透过事物表象，深入思考，得出较为深刻的、独特的结论时，教师要格外注意肯定、鼓励此类结论，以期给其他学生带来启迪。在特级教师王栋生的"思考问题的'路数'"写作教学实录中，就有这样的片段：

师：下面，我们再来"练练脑子"。请看这道作文题。（板书："滴水穿石"的启示。静场十多秒钟，全场无话）

师：从我写这几个字开始到现在，已经过去10秒钟了。你们想到的是：这篇文章应当写什么样的"启示"，对吗？

生：对。

师：我还知道你们在想什么。信不信？你们打算阐述的观点是"要持之以恒""有志者事竟成"……

生：（众笑）对。

师：也就是说，全班同学无一例外都能想到这一点？（众笑）

师：那这个题目简直就没什么价值了，按这样的思路去写，有可能千篇一律。作文要有创造，要有自己的独立思考。在想到"滴水穿石"这个成语的时候，凡是有正常思维的人，脑海中都会出现"滴水穿石"的画面。因为这是个经常使用的短语，它所包含的意义几乎是常识性的。而我们平时恰恰会忽略常识性语言所蕴含的多种含义。

[1] 爱克曼. 歌德谈话录[M]. 北京：人民文学出版社，1978：32.

师：题目是"启示"，既然是"启示"，会不会只有一种？每个同学都再想想，还可以有什么启示？

（又过了10秒钟）

生："锲而不舍"，"贵在坚持"。

师：这与前面说的"要持之以恒""有志者事竟成"不还是一个意思呀？（学生笑）

师：想一下"滴水穿石"的画面，你能否从中获得其他的启示？（全班安静）

师：我把问题再换个方式："滴水穿石"还需要哪些条件？

生：需要水和石头。

师：这个"条件"不能成为条件。不怪你，看来是我的问话不明确。

师：我还是希望同学们能自己想出来。在我教过的班里，不管多难的问题，至少总会有一个同学想出来。（有一个学生有醒悟的神情）

师：请你来说说。

生：我想，如果水滴不是滴在一个固定点上，就不可能"穿石"。

师：你说的对！能不能把这句话表达得更准确一些？

生：目标。目标必须专一。

师：很好。你的思考已经超越了一般人。大家说，他讲得对不对？

生：（齐）对！[1]

在此教学片段中，教师巧妙地对学生进行了"多角度思维训练"[2]。这一点体现在引导学生进行思维迁移，从滴水穿石的结果想到滴水穿石的条件。还体现在鼓励学生充分发挥联想的优势，摆脱思维定式，成功开拓出了"滴水穿石"这个成语全新的修辞空间——"目标必须专一"。相对于常规的寓意，"目标必须专一"这一更具思维深刻性的观点可以看作是学生在教师的指引下进行逆向思维的结果。

三、在起草时，培养学生的审美表现和创造能力

起草是文章写作中构思成熟后的第一步工作，亦称"打草稿"。学生

[1] 郑桂华，王荣生. 语文教育研究大系（1978—2005）· 中学教学卷[M]. 上海：上海教育出版社，2007：338-339.

[2] 徐林祥，张中原. 语文教学技能全程训练新编[M]. 南京：江苏教育出版社，2009：151.

遣词造句的水平是学生语言运用能力的体现，也是学生审美表现和创造能力的体现。

马克思指出："语言是思想的直接现实。"[1]文章是以语言为表现工具来反映社会、表达作者思想感情的，它的存在离不开语言。主题是文章的"灵魂"，材料是文章的"血肉"，结构是文章的"骨髓"，语言是文章的"细胞"。可见，语言是文章写作的最基本的要素。每个人进行审美表现和创造都可以有各种各样的方式。运用语言来写作，是个体表情达意，进行审美表现和创造的最重要的方式之一。个体运用语言写作的水平、表情达意的程度、审美表现和创造的能力，又是与写作者的语言修养密切相关的。

为此，要培养学生对语言的审美体验能力。审美体验是"审美创造中的一种心理活动形式。在生活中，没有体验就不能进入别人的心境，不能发现别人内心的秘密，这对于审美创造活动也是适用的。在审美创造中，审美主体以自己的形象记忆和情绪记忆为依据，通过由此及彼、由表及里的联想和想象，体验自己没有经历过的生活和别人的生活、思想、感情，从而产生爱憎的感情，做出这样或那样的理解和判断"[2]。审美体验是写作中审美表现和创造的基础。汉语写作有其独特之美，对语言的审美体验是基础，它包括两个方面：一方面是个人对于生活的语言感受，即能够用言语来综合个人对于生活的观察与体验；另一方面是个人对于文章和文学作品的语言感受，即能够对具体文本中的话语产生个人的领会与感悟。

在写作教学中，要引导学生走入生活，通过直接的观察体验将所见所闻记录下来，保留对日常生活语言的最初印象，这样可以避免学生作文的语言贫乏、枯燥无味，又可以使学生通过对生活这部大书的阅读，在开阔个人眼界、增加审美兴趣的同时，通过提高语言表达能力而使个人审美能力得到提升。在学生写作过程中，教师从语言运用层面对学生予以点拨、指导，是十分必要的。例如，特级教师李镇西曾在《温馨的记忆——一次作文评讲的教学实录与反思》中对学生的习作进行评讲。

[1] 马克思，恩格斯. 马克思恩格斯全集：第3卷[M]. 北京：人民出版社，1960：525.
[2] 阎景翰. 写作艺术大辞典[M]. 西安：陕西人民出版社，1990：1100.

这篇习作重在训练学生的动作描写、细节描写等描写技巧。当李镇西看到学生运用的词句中存在需要斟酌之处时，他首先对一个描写母亲的同学进行表扬：

师：而王光贤同学却分别在“背带”和“脊背”之前用了“那根已经很旧的”和“那弯曲的”的定语加强了语气和感情。还有晚上拉灯，母亲在山头上等他那一段细节描写也比较好。

接下来，又多次强调细节描写的重要：

师：我多次说过，作文就是做人，作文就是记录真实的生活和真实的情感。

师：还是那句老话，感悟生活的细节。

师：我认为，对细节的感觉不仅仅是一种写作能力，而且也是你对生活是否有一种敏锐，这是一种积极的生活态度。

随后，教师又对一个女同学围绕宿舍同学听完鬼故事后，八个人紧紧地挤在一张床上展开的对话描写进行点评：

师：写作文，过去强调要写有意义的事，这就把同学给难住了。哪有那么多有意义的事情可写？其实，同学们不但可以写有意义的事，更可以写有意思的事。这篇文章有意思，当然也未必没有意义。你们想想，八个人在一个被子里蜷缩着进入了甜甜的梦乡，很生动，很温馨，也很有意义。另外，这个片断的对话描写很细，你一言我一语，虽然是黑暗中，但我们仿佛能感到一个个生动的人物形象，那么可爱！[1]

我们知道，汉语拥有两套语言系统：文言文与白话文。20世纪初的新文化运动与文学革命提出了“国语的文学，文学的国语”的口号，确认了以白话文为书面语言标准，进而形成言文一致的现代汉语，这无疑为汉语写作提供了审美表现和创造活动的新天地。但是，从中学生作文来看，是不是作文就如同说话一样呢？朱自清在《写作杂谈》中指出：“若完全随心所向，必至于说的话人家听不懂，作的文人家看不懂。”[2]这就说明了语言表达需要规范化。在学生写作过程中，教师指导学生学习、借鉴优秀的现代文学作品的语言表达经验，也是十分必要的。因为这些

[1] 李镇西. 听李镇西老师讲课[M]. 上海：华东师范大学出版社，2005：144-146.
[2] 朱自清. 朱自清论语文教育[M]. 郑州：河南教育出版社，1985：165.

作品提供了能够为全社会认同的语言运用的个人样本，不仅在语音、词汇、语法的语言结构层面上，而且在字、词、句、段落、篇章的语言表达层面上提供了典型的范例。除了现代文学的优秀作品，现代文化典籍中的优秀之作也同样能够提供现代汉语规范化所需的具体文本。语文教科书中的一篇篇课文，大多是文质兼美的佳作。语文教师将阅读教学与写作教学相结合，可以促进学生阅读能力与写作能力的同步提升。

例如，有教师结合苏教版高中语文教科书必修三“底层的光芒”板块设计了“人物描写高级阶段”随笔写作系列课堂教学，并在其中设计了“审美表达·小人物个个鲜明”表达课型。教师重点指出：“在‘身边的小人物’课堂教学之后，学生学会留心观察周边，发现‘小人物’的‘美’，并思考由此而引发的各类问题，学生的随笔写作其实就接近‘情动而辞发’的状态了。他们此时要面临的困难就在于‘辞’怎么‘发’才是好的，‘发’哪些‘辞’才是美的。这就需要一堂作为‘作中指导’的‘审美表达课’，‘小人物个个鲜明’即是这样的课例。”[1]从以下具体课堂教学设计可以看出，授课人注重从经典文本中提取语言形式的精华，并试图为学生的写作提供修辞策略：

1. 教学总体方向。

组织学生讨论“小人物”塑造的出彩点，体会描写语言的“美”。

2. 可能的切入点。

（1）人物外貌。描写人物，首先想到的往往是他的外貌，从长相到身材，从表情到衣着，头发、耳朵、鼻子，皱纹、嘴角、手掌，很多小的细节都可以成为描写的对象。祥林嫂“间或一轮”的眼睛、金岳霖“一黑一白”的眼镜、老王“镶嵌门中”的身体，这些与众不同的外部特征，都给读者留下了深刻的印象。

（2）人物言行。不同人物有不同的语言和动作，常四爷敢说“大清国要完”，松二爷却只顾玩自己的“小黄鸟”；哈姆雷特怅问“生存还是毁灭”，圣地亚哥却独自与鲨鱼搏斗。也正是因为语言和动作的不同才塑造出具有不同“个性”的人物形象：常四爷正直，松二爷胆小，哈姆雷特忧郁，老人刚毅。

[1] 黄邵震. 美学观照下的高中随笔写作教学[D]. 苏州：苏州大学，2014.

（3）人物心理。内心的独白往往最能反映人物的鲜明性格，罗密欧在朱丽叶阳台下时而“太阳”时而“月亮”时而“星星”的心理让浓浓爱意扑面而来。

3. 预备的板块。

（1）词的选用。福楼拜说：“你所要表达的，只有一个词是最恰当的，一个动词或一个形容词，因此你得寻找，务必找到它，绝不要来个差不多，别用戏法来蒙混，逃避困难只会更困难，你一定要找到这个词。”对于人物描写来说，一个字一个词的选用很可能就刻画出一个人物的灵魂。孔乙己“排”出九文大钱就是最典型的代表。

（2）修辞之妙。比喻拟人生动形象，夸张排比气势磅礴，对偶齐整，双关深刻。修辞手法对人物描写有着重要的意义。“闲静时如姣花照水，行动处似弱柳扶风”的黛玉，“面若中秋之月，色如春晓之花”的宝玉，都像活了一样站在你的面前。

（3）描写环境来烘托。环境描写对人物的塑造有烘云托月之用。《水浒》中一句“那雪正下得紧”就把林冲的身陷危机全部呈现了出来，人物鲜活的形象也就长久地扎根在我们脑海之中了。[1]

除了培养学生对语言的审美体验能力，还要培养学生对语言的审美想象能力。审美想象是“审美主体在直接观照审美对象的基础上，调动过去的表象积累，丰富、完善对象和创造新对象的心理过程”[2]。审美创造离不开审美想象。如果说审美体验是审美创造的基础，那么审美想象便是审美创造的翅膀，插上想象的翅膀，就可以在审美的王国里自由翱翔。审美想象是在审美体验的基础之上进行审美信息的个人转化，并且在个人积累与个人转化趋于一致的前提下进行审美创造。通过审美想象可以将审美信息转换成审美意象，然后进行审美意象的语言符号化，成为作文。

审美想象有多种形式，而在语文写作教学中注意得较多的则是再造想象，即在长期积累的审美信息的基础之上，通过对审美信息的分类、类比，引发审美信息的交融，以再造想象的形式促使审美形象的生成。这是几乎所有个人写作中都会出现的审美想象过程。因此，这一过程往往容易造成个人写作之间的雷同，导致个人协作的模式化现象。要改变

[1] 黄邵震. 美学观照下的高中随笔写作教学[D]. 苏州：苏州大学，2014.
[2] 阎景翰. 写作艺术大辞典[M]. 西安：陕西人民出版社，1990：1098.

这一现象，就应该在写作教学中强调创造想象。所谓创造想象，就是将自己头脑中储存的记忆表象做创造性的综合、加工、分析、改造，创造出新颖的、独特的形象的一种心理活动。换句话说，就是在审美信息的情感转化的基点上进行审美信息的重组，以进入所谓的“神与物游”的神思：“登山则情满于山，观海则意溢于海，我才之多少，将与风云而并驱矣。”简言之，就是“神用象通，情变所孕”[1]。这样才能使审美想象出现因人而异的变化，作文写作才各有千秋。

所以，在写作教学中，教师应注意将学生固有的再造想象提升到创造想象的高度，使审美想象的理性层面与感性层面在个人写作的不断进行之中达到和谐，促成审美想象力的不断增长。这样，不仅会使学生的作文远离应试作文的技巧操练，更为重要的是，将为学生作为个体的人的写作奠定坚实的审美想象力的基础。在写作课上设置虚拟情境，让学生进行角色扮演，往往能够起到加深学生的审美体悟与理解，调动学生的审美想象与创造的作用。譬如，陈美琴依据苏教版高中语文教科书必修四《雷雨》课后的“问题探讨”部分的问题“周朴园对侍萍的怀念之情到底是真是假，一直有不同看法。结合下列种种观点，谈谈你对这个问题的认识”[2]，要求学生在理解课文的基础上，以写随笔的形式发表对这一问题的看法，并首先通过角色扮演的形式，发挥想象，自由撰写台词，在运用某一人物之口说话的同时，表达自己对这个人物的理解，作为写作前的准备。活动实录节选如下：

师：同学们，上一节课我们学习了曹禺先生的《雷雨》，知道了周鲁两家错综复杂的人物关系和两代人之间的恩怨情仇。那么书本节选部分周朴园对侍萍的怀念之情到底是真是假，对此历来有不同的看法，你是怎么想的？你能以剧中某一人物的身份来谈谈这个问题吗？

生1（扮周朴园）：我确实很怀念侍萍，你们看，我一直保留着房间的旧模样，那件旧雨衣、旧衬衫、旧箱子我一直保留着。侍萍生孩子，受了病，怕风，总要关窗户，这些习惯我一直保留着。我并不知道侍萍

[1] 刘勰．文心雕龙注译[M]．郭晋稀，注译．兰州：甘肃人民出版社，1982：318-326.
[2] 丁帆，杨九俊．普通高中课程标准实验教科书语文：必修四[M]．南京：江苏凤凰教育出版社，2014：29.

今天会来，三十多年了，这些东西一直没变，包括我对侍萍的怀念。

生 2（扮鲁侍萍）：我也不清楚周朴园这三十年里到底有没有想过我，就如同我不清楚周朴园三十年前有没有真正地爱过我。如果说没有，为什么这些旧雨衣、旧衬衫、旧箱子、旧习惯他都还一直保留着？如果说有，为什么当我真正出现在他面前的时候，他又如此严厉地说“你来干什么？”。

生 3（扮周萍）：父亲或许真的很想念母亲，你看他和繁漪的感情并不好，两人经常发生冲突。

生 4（扮周朴园）：我想念侍萍，正如我儿子周萍说的，我和繁漪的感情并不好……我的婚姻生活并不幸福。特别是繁漪，太有个性，不如侍萍那么聪慧、美丽、温顺、善良，我和侍萍在一起的日子非常幸福。

生 5（扮鲁侍萍）：我确实不清楚周朴园对我的感情是真是假，但我清楚地知道，每一次当他在名利与我之间抉择时，他都会毫不犹豫地选择金钱与名誉。三十年前这样，三十年后也是如此。这是一个绝对自私的人，他最爱的人其实是他自己。

……

师总结：正如作家列夫·托尔斯泰所言，“艺术作品要写得美，就要明确地把人的多样变化写出来。同一个人，有时是恶棍，有时是天使；有时聪明，有时愚蠢；有时坚强有力，有时十分脆弱”。周朴园对鲁侍萍的怀念可能有真实的成分，但这其实更多的是对自己过去生活的怀念，他怀念的是三十年前温柔的、美丽的侍萍，死掉了的不会对自己造成影响的侍萍，而不是眼前的这个鲁妈。正如作家曹禺先生本人谈《雷雨》时这样说：“周朴园对侍萍的怀念，可能是真的。因为他自和侍萍分别后，经过两次婚姻，都不如意。他也曾花天酒地地放荡过，但从来没有尝到过什么是幸福。回想起来，还是和侍萍相处的日子，在他罪恶的生涯中多少留下了些美好的回忆。他对侍萍的思念、怀念，便成了他后半生用来自欺欺人、经常咀嚼的一种情感了。这既可以填补他那丑恶空虚的心灵，又可以显示他的多情、高贵。”针对这个问题，同学们还可以在这个星期的随笔中继续谈论自己的想法。[1]

戏剧剧本与小说的共同审美规范之一，就是通过冲突塑造人物的典

[1] 陈美琴. 高中情境作文教学的实践研究[D]. 杭州：杭州师范大学，2011.

型性格。人物形象的审美价值源自性格的丰富而又统一。周朴园对鲁侍萍的思念，与其性格中的自私自利、冷漠无情并不矛盾，针对这一点，教师在最后总结中进行了较好的阐释。通过角色扮演，学生的言说欲望被激发，也在想象人物的口吻、心理活动的过程中，对戏剧创作的审美规范有了更深一层的领悟，为接下来的随笔写作做了很好的准备。

四、在加工时，培养学生的审美评价能力

美文佳作往往不是写出来的，而是改出来的。上文涉及的经典作品修改稿与定稿文字审美价值层面的对比即可说明这一点。文章的修改或加工是指对文章初稿的改正、增删、调换等，使之更正确、完善。修改或加工包括内容方面，即思想观点的审慎斟酌，材料的增删调配，人物情节的合理安排；也包括形式方面，即对结构组织的调整，对语言词句的严格推敲和对标点符号的审查改动等。修改或加工是文章写作的最后一步工作，是作者认识不断深化、表述不断完善的过程，是作者对社会、对读者负责的表现，同时，也是作者写作能力、作者审美创造与评价能力的体现。

所谓审美评价是主体对客体审美价值的评估。审美评价体现了一种价值关系，是人的价值观的反映，有鲜明的主观性、自主性，表现了主观的目的、爱憎、习惯，受人的审美需要、审美观点、审美情趣及知识积累、文化艺术素养、想象力、判断力等审美能力的影响，不同人对同一事物可能会做出不同的审美评价，表现出个体审美的差异性。审美评价又有一定的客观性，它受到特定对象的制约，是特定对象的刺激所引起的主观评判活动，同时它还受到一定社会文化传统和社会风尚的影响，被打上时代的、民族的思想烙印。审美评价包括对事物形式美的判断、评估和对事物内容美的评估、态度。两者有相对独立性，但又紧密结合，人在审美时可以有所偏重。审美评价制约着人对事物的审美态度和人的审美意志行为，推动人根据自己的情感、理想去创造美，克服丑，从而改造世界。

师生对作文进行修改或加工的过程，同样是审美创造和审美评价的过程。而作文修改或加工时的眼光与尺度，则关乎写作者的审美创造与

评价能力。

叶圣陶曾提出“教是为了达到不需要教”[1]的重要命题。1961年7月，叶圣陶在给教师的书信中写道：“学生须能读书，须能作文，故特设语文课以训练之。最终目的为：自能读书，不待老师讲；自能作文，不待老师改。老师之训练必做到此两点，乃为教学之成功。”[2]传统课堂教师“大包大揽”“精批细改”的作文修改理念，已无法满足新课程改革关于发挥教师主导地位和学生主体地位，培养学生创新精神、创新能力的要求。以师生互动、互助的形式进行作文批改教学，让师生的智慧产生碰撞、争鸣，不仅能够提高学生的鉴赏能力，更能增强学生写作的信心和积极性，激发学生的言语创造力。

特级教师黄厚江的“共生写作”教学观即为此例。他在浙江绍兴的“语文大讲堂”活动中上的一节作文课，就是师生互动互助的典型课例。在这节课上，黄厚江先请黄津汝同学朗读她自己的作文《我因应试狂》，该文可算是一篇佳作，在遣词造句层面已无须多加修改，但从立意、文体的角度来看，仍有进一步完善、提升的可能。这就为教师诱发学生在更开放的状态和更广阔的空间之中，探讨如何提高作文品质提供了可能性。在这篇作文中，作者将自己想象为向美国总统提问的大学生，叙述描写的提问前后“我”心理状态的变化和对应试教育的反思，激发了师生们对这个问题的广泛关注和思考。在渐趋活跃的课堂气氛下，黄厚江请作者本人谈自己的创作体验，进而要求学生选择不同文体、不同立意、不同角度进行交流。如此一来，学生得以认识到，一篇佳作的产生，不仅仅是字、词、句的斟酌，更是立意、选材、构思等多个方面和谐构建的结果。学生们的思维得到了有效的激活，产生了很多精彩话语。[3]

教师让作文修改过程变得轻松幽默，则有利于让修改加工成为学生的自觉意识。特级教师宋运来就通过变“习作讲评”课为“习作欣赏”课，让原本枯燥的作文评改变得妙趣横生。在这样的课堂上，教师在其中发

[1] 叶圣陶. 叶圣陶集：第11卷[M]. 南京：江苏教育出版社，1991：297.
[2] 叶圣陶. 叶圣陶语文教育论集[M]. 北京：教育科学出版社，1980：717.
[3] 徐飞. 言语互动与表达的自我实现：黄厚江“共生写作”教学思想试论[J]. 语文教学通讯，2013（1）：24.

挥的是激励、点拨的作用，主要的评改人为学生。其中一个教学片段是要求学生为自己的作文写评语。在教师的激发下，学生自己当了一回语文老师，明确了个人作文得失的同时，更体会到作文并非难事，增强了写作自信。从下文所引宋运来执教的写作教学课例不难看出其为了让学生更有效地互评作文所进行的巧妙引导：

师：哎呀，平时总是看见老师给我们的文章写批语、打等第。今天你能不能在自己的文章后面写上两句批语呢？怎么写？你就站在老师的角度来看自己的这篇文章。开头空两格，一看就是老师写的。写时可以先写上优点，再写不足。开头可以这样写：该篇文章……假如或如果……

（学生笑了，开始写评语。写好后老师点名，让学生读自己写的评语）

生：语句通顺，用词妥帖，写的事情好。

师：（看看学生的名字，笑着说）吴老师，我们大多数老师写评语的那一套你全学会了！你这些评语用来批改初中学生、高中学生的作文也没问题。

（学生大笑，课堂气氛非常活跃。继续请学生读评语）

生：这篇文章想象力丰富，还准确地把主要人物和次要人物写清楚了。

师（对前一名学生）：吴老师，你觉得这位——（看后一名学生的名字）朱老师的评语和你有什么不一样？

生：他写到了“想象力”，还写到了“主要人物和次要人物”。

师：学到写评语的方法了吧！

（学生笑着点点头。继续请学生读评语）

生：该篇文章使用了倒叙的手法，语句通顺，字写得很好，继续努力！

（全体师生大笑后，掌声四起）

师（到另一学生身边）：你听到了哪几个重要词语？

生：倒叙、字写得很好。

师：这一点老师忽略了。我们五（5）班的学生个个字都写得很漂亮，待会儿再给自己加上5分！

（学生们马上在作文本上加分）

师：这么着急啊，马上加呐！

（众人大笑）

生：条理清楚，用词恰当，内容很丰富，把人物写得栩栩如生。

师：什么叫“条理清楚”？如果老师要你把“条理清楚”改一下的话，怎么改？具体点！

（学生不知道怎么改）

师（走到另一个学生旁边）：来，你打个电话给她，怎么改？

生：比如用倒叙或者顺叙的写法。

师：好，这就叫作条理清楚。我们不要用概括的语句。

（继续请刚才读评语的那名学生回答）

师：现在就你这篇文章，把修改好的评语再读一下！

生：这篇文章使用倒叙的方法把内容写清楚了，而且用词恰当，内容很丰富，把人物写得栩栩如生。

师：现在你已经学会用具体的语言来评价自己的作文了，真不错！[1]

综上所述，将美育与写作教学相结合，在取材、构思、起草、加工等方面渗透美育，能使学生在提高写作能力的同时，也提高审美能力，写作教学的审美化必将促进写作教学质量和语文美育效果的双赢。如同上节讨论阅读教学的审美化，本节讨论写作教学的审美化，都只是就教学的几个主要环节而言的。其实，无论是阅读教学，还是写作教学，或是语文教学的其他方面，其审美化都应是全程全方位、多角度多层次的，以阅读教学的审美化和写作教学的审美化为重点的语文教学的审美化，还有待广大语文教育工作者更全面、更为深入的探索。

[1] 宋运来，于永正，毛家英. 作文从讲评走向欣赏——《晚归》童漫作文欣赏课[J]. 新作文（小学作文创新教学），2011（Z2）：26-30.

第四节　口语交际教学的审美化

口语交际是听与说双方的互动过程。口语交际能力是现代公民的必备能力。《义务教育语文课程标准（2011 年版）》指出："应培养学生倾听、表达和应对的能力，使学生具有文明和谐地进行人际交流的素养。"[1]《普通高中语文课程标准（实验）》指出："良好的口语交际能力是现代公民的重要素养。口语交际是在一定的语言情境中相互传递信息、分享信息的过程，是人与人之间交流和沟通的基本手段。口语交际教学应注重培养人际交往的文明态度和语言修养，如有自信心、有独立见解、相互尊重和理解、谈吐文雅等。应重视指导学生在各种交际实践中提高口语交际能力，选择他们感兴趣的、贴近生活的交际话题，采用灵活的形式组织口语交际教学，而不必过多传授口语交际知识。还应鼓励学生在各科教学活动以及日常生活中锻炼口语交际能力。"[2]

口语交际能力与阅读能力、写作能力具有同等重要的地位，并且彼此之间存在着相互制约、相互作用的关系。随着科学技术的进步和生活水平的提高，听、说能力在学习、工作、生活等领域中日趋重要。在声音留传技术高度发达的人机对话时代，人的听、说能力表现得尤为充分。小而言之，从个体看，人们凭借听、说进行交际和交流，听、说受阻则如同聋、哑，听、说是一个人居家旅行乃至安身立命的重要手段；大而言之，从群体看，国家、民族凭借听、说开展的政治会谈、经济洽谈、外交晤谈、文化交谈，听、说水平的高下，常常反映一个民族的精神风貌，关系一个国家的利害得失。因此，培养口语交际能力日益成为一个刻不容缓的现实要求。

古人说，言为心声；又说，言之无文，行而不远。口语交际教学的过程，同时也是审美教育的过程。口语交际教学的审美化，可以从倾听、

[1] 中华人民共和国教育部. 义务教育语文课程标准（2011年版）[M]. 北京：北京师范大学出版社，2012：24.
[2] 中华人民共和国教育部. 普通高中语文课程标准（实验）[M]. 北京：人民教育出版社，2003：17.

表达和应对等方面着手。

一、善于倾听，注重审美注意的习惯养成

倾听是指专注、耐心、仔细地听取。倾听要听清对方说话的内容，乃至认同其内心体验，接纳其思维方式，以便设身处地理解说话者的意图。倾听是一种口语交际能力，尊重他人的观点和表达，也是文明礼貌的体现。学会倾听，有助于审美注意的习惯养成。

《义务教育语文课程标准（2011版）》在“教学建议”部分指出：“口语交际是听与说双方的互动过程。教学活动主要应在具体的交际情境中进行。”[1]在口语交际课堂的师生互动过程中，教师首先要尊重学生，师生是对话的双方，人格是平等的；在引导学生进行训练时也要进行指导。比如，针对苏教版《语文》一年级下册口语交际课“学会……”这一话题，可以设计课例“学会安慰”，并根据这一话题建构情境：一名学生遭遇了学习上的挫折，趴在课桌上哭，该如何了解他的“不顺心”，并安慰这样一名同学呢？教师可以针对学生的回答，归纳出了解他人“不顺心”的几种方法，其中包括询问当事人和其他知情的同学。在此过程中，教师可以有意培养学生的审美注意习惯，引导学生在倾听他人诉说情况时，热情、坦诚、有耐心，并适时回应，切忌态度急躁地打断对方。

二、善于表达，追求表情达意的审美效果

表达是将思想、感情用言语、语音、语调、表情、行为等方式反映出来的一种行为。表达以交际、传播为目的，以物、事、情、理为内容，以语言为工具，以听者、读者为接收对象。表达的方式有记叙、说明、议论、描写、抒情等。表达是一种口语交际能力，善于表达，也是审美表现和创造能力的体现，要追求表情达意的审美效果。

表情达意的审美效果，主要来自对表达技能的掌握和协调运用，包括追求语音、语调、语速、停顿的美。吐字清楚，声调准确，能在提高

[1] 中华人民共和国教育部. 义务教育语文课程标准（2011年版）[M]. 北京：北京师范大学出版社，2012：24.

表达清晰度的同时，为听话一方带来审美感受。而依据不同的交际场合和交际对象进行语速、语调的变换，注重表情和肢体语言的协同表达，传递言语主体内在的情感态度，也能够成为美感的来源。另外，交际过程中运用各种修辞技巧，也会增强口语表达的审美效果与感染力。教师应当建构特定的语言情境，引导学生“说话看人、地、时，合乎分寸”，还要学会根据听话一方反馈的信息，进一步灵活采用各种修辞技巧，如解释、重复、停顿、迂回、猜测、转换话题等，力求以得体、丰富的方式进行言说，追求最佳表达效果。[1]

有时，也可以通过朗诵和演讲训练学生的审美表达能力。例如，将口语交际融入古诗词教学环节，教师通过对古诗词的审美规范进行解读，在学生对文本的深层审美奥秘有所感悟的前提下，指导学生进行朗诵，这一方面能够让学生读出中国古典诗词独特的韵律美和作品的内在思想情感，另一方面也训练了学生的口语表达能力，并为学生日后的交际积累了审美经验和审美素材。再如，教师可以通过类似《我有一个梦想》的经典演讲词，从中提炼演讲技巧，鼓励学生独立完成新的演讲稿，并举办演讲比赛，进行现场演讲。或选取语文教材中经典戏剧剧本的段落，让学生进行表演。教师还可以以班级为单位创建QQ群、微信群或其他新兴的网络视频平台，方便学生将演讲视频上传。针对演讲者的演讲效果，同学之间可从各个角度互相评论。对于格外精彩的视频，还可以转播、推荐，从中总结值得借鉴的经验。

三、善于应对，形成文明沟通的交往意识

应对即应酬答对。应对要以礼相待，答对讲究对答如流。应对是一种口语交际能力，善于应对，形成文明沟通的交往意识，也是审美表现和创造能力的体现。

善于应对，要求言说一方不能仅从自己的角度出发进行沟通交流，更重要的是要心里有听众，能够根据具体情境与听众群体的不同，灵活

---

[1] 徐林祥，张中原. 语文教学技能全程训练新编[M]. 南京：江苏教育出版社，2009：199-200.

选择应对策略和技巧。无论是聊天、交谈，还是讨论、演讲，言语主体都要具备“现场交流感”[1]，积极营造共同话题，或对共同主题进行正确研判，努力拉近自己和对方（听众）的心理距离。要能够根据对方（听众）的反应，调整自己的应对策略。运用恰当的语言技巧，可增强表达的感染力和艺术效果。

教师在进行口语交际课导语设计时，应当注意措辞，选择富有形象性、趣味性的词语，注意语气语调，激发学生的言说欲，营造良好的交际氛围。比如，在以“书包”为话题进行讨论的一个教学案例中，教师以谈话形式导入：“同学们，书包是陪伴我们学习的好伙伴。大家的书包都是什么样子的？是图案简单的，还是画着精美的卡通人物？是轻巧的，还是沉甸甸的？你和你的书包之间，发生过怎样的故事呢？把这些感受和故事分享一下吧。”该案例中的导语营造出具备浓郁形象色彩和愉悦感情色彩的语境，学生的情绪自然也容易受到感染，能更积极地发言。而在具体的教学过程中，教师也完全可以成为口语交际活动的参与者之一，启发学生如何从容应对、文明交往。比如，在“买文具”口语交际案例[2]中，执教者就扮演了一个推销文具的店主，在极力向学生推销的过程中，潜移默化地教会学生辨别社会中各种形式的推销手段，并在这一过程中引导学生注重团队协作，从容应对，以恰当的方式共同解决问题。

通常，语文课堂口语交际逼真的现场感的营造需要教师对交际角色和活动细节做出详细阐述。比如，教师可设计一堂主题为“模拟明星音乐新专辑发布会”的口语交际课，要求学生以歌手的身份及口吻，接受其他学生的采访提问。在指导过程中，教师应对角色和过程进行详细阐述：“作为一位歌星，在新专辑发布会上，要对专辑进行推介，并接受记者的提问。”这既指定了交际对象，即发行新专辑的“歌星”和参加发布会的“记者”；又明确了交际目的，即让在场“记者”了解新专辑的情况，并获取有新闻价值的信息。同时，教师也应当给出具备现实操作意义的

[1] 赖瑞云. 文本解读与语文教学新论[M]. 北京：北京师范大学出版社，2013：384.
[2] 徐林祥，张中原. 语文教学技能全程训练新编[M]. 南京：江苏教育出版社，2009：202-203.

提示:“歌星”要想象出自己新专辑的特色,并在介绍时注意措辞的语言美,以情动人,能抓住对专辑不了解的“记者”的注意力,拉近彼此的距离;列出“记者”们可能感兴趣的问题和对自己的回答可能做出的回应,并根据实际情况,大方得体而又灵活地应对。“记者”面对“歌星”要客观理性,表现出专业精神,还要想象出有新意和吸引力的问题,等等。由此,虚拟情境与语境紧密结合,无须教师的干预,学生真正融入其中,应对能力和语言技巧都能得到充分展现和提高。

第五节 综合性学习和研究性学习的审美化

语文综合性学习和研究性学习主要体现为语文知识的综合运用，听、说、读、写能力的整体发展，语文课程与其他课程的沟通，书本学习与生活实践的紧密结合。《义务教育语文课程标准（2011 年版）》指出："综合性学习应贴近现实生活。联系生活中的实际问题开展学习活动，在实现语文学习目标的同时，提高对自然、社会现象与问题的认识，追求积极、健康、和谐的生活方式，增强抵御风险和侵害的意识，增强在与自然、社会和他人互动中的应对能力。"[1]《普通高中课程方案（实验）》指出："研究性学习活动是每个学生的必修课程"，"设置研究性学习活动旨在引导学生关注社会、经济、科技和生活中的问题，通过自主探究、亲身实践的过程综合地运用已有知识和经验解决问题，学会学习，培养学生的人文精神和科学素养"[2]。《普通高中语文课程标准（实验）》要求："要注重设计体验性活动和研究性学习专题，有助于学生创造性地学习。"[3]

语文综合性学习和研究性学习的过程是引导学生主动自觉地运用已有的知识和能力，采用自主、合作、探究等学习方式尝试解决问题的语文活动过程。其目的在于使学生初步形成主动探究、团结合作、勇于创新的精神品质，从而造就学生的完美人格。"语言的交际性决定了语文学习与生活的紧密联系，决定了就'语言'学语言是难以奏效的，只有让学生在真实的交际情境中展开鲜活的言语活动，才能生成语文素养。语文综合性学习不再是只盯住字、词、句、篇的单纯认知行为，不再是彼此割裂的听、说、读、写，而是具有生成性的'生活'过程。"[4]

语文综合性学习和研究性学习的过程，同时也是审美教育的过程。

[1] 中华人民共和国教育部. 义务教育语文课程标准（2011年版）[M]. 北京：北京师范大学出版社，2012：24-25.

[2] 中华人民共和国教育部. 普通高中课程方案（实验）[M]. 北京：人民教育出版社，2003：5.

[3] 中华人民共和国教育部. 普通高中语文课程标准（实验）[M]. 北京：人民教育出版社，2003：26.

[4] 赖瑞云. 文本解读与语文教学新论[M]. 北京：北京师范大学出版社，2013：452.

综合性学习和研究性学习的审美化可以从激发学生的审美兴趣与热情、重视学生的审美探索与研究、展示学生的审美创造与设计等方面着手。

一、激发学生的审美兴趣与热情

综合性学习和研究性学习要以学生为中心，这是开展综合性学习和研究性学习的第一要求。在综合性学习和研究性学习过程中，教师必须保证每一个学生都能主动参与其中，要努力促使每一个学生都能在活动中根据自己的特点和兴趣获得参与的机会，充分发挥他们的想象力和创造力，让他们的个性特长和聪明才智在活动中得到充分发挥，使综合性学习和研究性学习成为学生自己的天地。

语文综合性学习和研究性学习将语文学习与综合性、研究性活动相结合，既能激发学生学习语文的兴趣，又能调动学生参与创造的热情，使学生在提高语文能力的同时提高审美能力和解决实际问题的能力。比如，“培养社会参与意识，关注当代文化生活，在城市或农村展开社区文化的调查，搜集整理材料，对社区中市民或村民的生活方式、风俗习惯、思想观念、文化演变等进行分析讨论。在有关部门的领导下，采用多种形式，开展文化交流和社区文化建设活动，积极传播先进文化，提高参与文化建设的自觉性和语文综合应用能力”[1]。下文引用的这则案例，就在让学生走入自然、人文环境，开展综合性学习活动的同时，又发挥了学生在语言运用方面的审美积极性和创造力。

综合性学习：背起行囊走四方

深圳市南山区育才二中　银艳琳

（一）活动目标

1. 通过综合性活动学习，让同学们充分认识到“行万里路”是增长人生见识和锻炼独立生活能力的必要途径。

2. 通过综合性活动学习，尤其是对联的赏析和创作，让同学们更深刻地感受锦绣河山厚重的民族文化底蕴。

3. 通过综合性活动学习，锤炼和提升语文的写作和口头表达的能力。

[1] 中华人民共和国教育部. 普通高中语文课程标准（实验）[M]. 北京：人民教育出版社，2003：35-36.

（二）活动设计和原则

1. 围绕“走”这一主题，以丰富人生经历和提升文化素养为目的组织活动。

2. 根据由浅入深的认识规律来安排活动的环节：“走”的故事，“走”的发现，“走”的文化。

3. 遵循“自主、合作、探究”的原则，以学生为主体、老师为主导，展开活动课的学习。

（三）课前准备

1. 上网查阅资料，包括风景图片和民俗风情、家乡风貌、对联知识和介绍等。

2. 六次练笔：“游”，“在旅行中成长”，“旅行计划”，“做有心的旅行者”，“锦上添花说对联”和自创对联。

3. 整理自己的旅游图片等资料。

4. 分组和活动任务的一些安排，如将同学们分成东、西、南、北、中五个小组，安排活动的主持人等。

（四）活动过程

1. 导入。

教师语：“祖国的山水之美，不仅受于天然，更得益于历代文人志士的情怀抒发，他们借山水而抒情言志，山水因他们而更具灵气。岳阳楼因李白、杜甫而名声远播，更因范仲淹的名篇而熠熠生辉，一句‘先天下之忧而忧，后天下之乐而乐’浓缩了古代仁人的旷达胸襟。的确，正如欧阳修所写，历代文人志士的“意”都不仅仅在乎山水，祖国山河早就贮存了厚重的人文精神。

今天，我们将通过图片欣赏，进一步领略祖国河山的壮美；我们将回顾自己的亲身体验，讲述关于“走”的故事；我们更要做有心的旅行者，进行名胜古迹中的对联考证。暑假将至，同学们也在积极准备，要到更广阔的天地中去旅游，因为从生活中能获得比语文书中更丰富、更直接的体验，它不仅可以增补我们语文知识的不足，而且还可以开阔眼界，提升我们的精神境界！”

——交给四位主持人主持，学生活动开始。

2. 活动的第一个环节：“走”的故事。

（1）各小组推荐代表，展示并介绍自己的旅游相册。

同学们有的去了世界各地，有的去了祖国各风景点。通过“欧洲游”“黄果树瀑布游”等的介绍，同学们加深了形象认识。

（2）讲述你旅行中的故事。

同学们或口头讲述北京游中对清华、北大的印象，或借助课件讲述上海之旅、桂林之旅的印象。

（3）谁不说俺家乡好。

在深圳出生的同学用照片介绍考察深圳文化的感受，表达对家乡的一片深情。

活动方式：主持人组织活动，进行口头表达训练。

3. 活动的第二个环节：“走”的发现。

（1）名胜古迹对联考证。

展示并介绍同学亲手书写的五副对联，介绍昆明滇池第一长联。

（2）后生斗胆对对子。

由同学自创上联，其他同学对下联。活动由主持人组织，分五个小组讲述、讨论同学们在旅游中所看到的对联，写作、发言。

4. 活动的第三个环节：“走”的文化。

（1）小品表演：背起行囊走四方。（学生活动结束）

（2）教师介绍“‘走’的文化”：通过以上三个活动环节的学习，我们不难发现，衣食住行，行是非常高的境界。只有生活好了，我们才能行走于世界；只有志在四方，我们才能增长见闻，开阔视野。无论是《岳阳楼记》《醉翁亭记》，还是《西游记》《徐霞客游记》，古人用行动证明了“走”其实就是一种文化追求，一种理想实现的过程。现代社会，无论媒体还是个人，又在行走中找寻人类的精神家园。

①“走”的文化：凤凰卫视的追求。

◆《永远的三峡》

◆《两极之旅》

◆《欧洲之旅》

◆《千禧之旅》

◆《纵横中国》

◆《穿越风沙线》

◆《走进非洲》

②“走”的文学：现代文化人的采风。

余秋雨、周国平与他们的作品。

余秋雨与《文化苦旅》《千年一叹》《行者无疆》。

周国平与《南极无新闻》。

③我们与"'走'的文学"。

◆"游"

◆"在旅行中成长"

◆"旅行计划"

◆"做有心的旅行者"

◆"锦上添花说对联"

◆自创对联

(五)课后拓展性学习

1.以风景图片为内容写对联，也可以自己命题。

2.制订并落实暑假旅游计划，在旅游中发现最细微的美，写旅行札记。

请四位主持人代表全体学生说出学习后的心声。

全课结束。[1]

二、重视学生的审美探索与研究

《义务教育语文课程标准（2011年版）》将"积极倡导自主、合作、探究的学习方式"[2]列为语文课程的基本理念之一。在"具体建议"中，该课程标准要求"综合性学习应突出学生的自主性，重视学生主动积极的参与精神，主要由学生自行设计和组织活动，特别注重探索和研究的过程，要加强教师在各环节中的指导作用"[3]。这就要求教师在开展语文综合性学习的过程中，创设语文综合性学习的情境，营造探索和研究的氛围，并且鼓励学生质疑，尊重学生的探究精神。审美探索与研究精神的培养在高中语文学习阶段也同样获得了关注。《普通高中语文课程标准（实验）》将"注重语文应用、审美与探究能力的培养，促进学生均衡而

[1] 黄辉霞. 基于多元智能理论的初中语文综合性学习教学策略初探[D]. 上海：华东师范大学，2007.（有改动）

[2] 中华人民共和国教育部. 义务教育语文课程标准（2011年版）[M]. 北京：北京师范大学出版社，2012：3.

[3] 同[2]25.

有个性地发展”[1]列为语文课程的基本理念之一，在凸显“探究”的基础上，同时强调了在审美、探究过程中突出“语文应用”。

以苏教版高中《语文》必修与选修教科书中与《红楼梦》有关的教学为例。教师可以提出“是否存在宿命论思想”的问题，引发学生立足文本，开展探究活动。翻开《红楼梦》，稍加留心就能发现很多地方透着宿命论气息，教师可以要求学生找出一些例子，如：太虚幻境的《红楼梦》曲与金陵十二钗判词；诗词、酒令、灯谜中的宿命思想；通过人物之口谈命运；通灵宝玉与金锁铭文等。然后教师再启发学生从小说创作的时代背景、曹雪芹的生平及遭遇、著作本身结局的构想三个方面来分析《红楼梦》中“宿命论思想”的由来。最后教师一定要鼓励学生各抒己见，评价“宿命论思想”。通过这样的教学活动，学生不仅可以加深对文本的理解，而且还可以学会多元地鉴赏文学作品，使自身的审美感知力、理解力、鉴赏力得到发展，思维能力得到提升。

三、展示学生的审美创造与设计

开展语文综合性学习和研究性学习活动，既要注重学生的主体地位，又要发挥教师的主导作用。学生的自我认识与自我控制能力还不强，这就需要教师给予帮助，以使学习活动能正常顺利地进行，并使学生在活动中真正得到锻炼和成长。在这过程中，适时展示、交流学生的审美创造与设计，评价、表彰学生的审美创造与设计，会极大地激发和调动学生参与语文综合性学习和研究性学习活动的积极性，引导并规范语文综合性学习和研究性学习活动健康、有序地开展。

参加新课程设计和实验的老师依据学生的实际情况，设计和创造了多种新颖、可供参考的活动。比如：开展专题性阅读，收集各种资料，解决与学习和生活相关的问题；选编自己或别人的习作，装订成册，展示交流；调查改革开放前后家庭的发展变化，用图文展示调查结果；探究学科中自己感兴趣的问题，写出调查报告；开展读书讨论、电影电视

[1] 中华人民共和国教育部. 普通高中语文课程标准（实验）[M]. 北京：人民教育出版社，2003：2.

欣赏、文学创作等活动；组织计算机文字编辑、版面设计比赛，等等。

渗透美育的综合性学习和研究性学习活动的领域非常宽广，有自然界的审美活动，社会日常生活中的审美活动，不过最能充分体现学生审美需求的还是丰富多彩的艺术活动。教师可以把语文的综合性学习和研究性学习与学生对艺术的爱好结合起来，有创意地开展这些活动。例如：有的学生是音乐爱好者，可引导学生把文学和音乐结合起来；有的学生对造型艺术感兴趣，可利用造型工艺来加强学生对文学作品语言意象的领会；有的学生喜欢书艺作品，则可以书艺规范的书写技术来培养学生的美学品质；有的学生钟爱戏剧表演，也可让学生通过台词体验来寻找另一种角色生命体验和语言体验方式。[1]

下文引用的综合性学习教学实录片段，教师就抓住了学生“追星”的普遍心理，教师与学生在互动中，结合多种艺术形式，不仅成功生成了综合性学习的审美价值，同时也让学生的审美创造力在口语交际、阅读、写作等各个环节中都得到很好的发挥。

综合性学习“明明白白去追星”教学实录（节选）

深圳市南山区育才二中　黄辉霞

……

（一）导入

十三四岁，正是从稚嫩走向成熟的时期，在这个斑斓的季节里，每颗曾经年少的心都充满了五彩缤纷的梦，我们渴望友情、渴望快乐、渴望成功，我们开始睁大眼睛来看这个缤纷的世界，眺望头顶上广袤的天宇，追逐那些闪耀的星星，这是每个少年都必经的成长历程。让我们以诚恳的态度、最真挚的心一起来探讨这神秘的星空，让成长更快乐、更健康！

（二）活动过程——“追星三步曲”

第一步　七嘴八舌说明星（本环节由教师主持）

1. 小组内活动：谈我最崇拜的明星，并做好记录。

学生们带来了所喜欢的明星的传记、海报、歌碟等物品进行交流，教室里热闹非凡。

[1] 黄良. 美育与中学语文教学[M]. 重庆：西南师范大学出版社，2001：182.

2. 小组代表介绍本组成员“追星的N个理由”。

3. 学习成果展示。

（1）网上的优秀名人传记读后感展示。

（2）音乐盒（宫崎骏漫画）。

●宫崎骏创作的作品如此成功是因为他在作品中注入了自己的情感和感受，使观众感到亲切，而且他一定充满童心，对事物感到好奇，充满幻想。

●他的漫画不但给人带来喜悦，更多的是给人带来人生哲理的启发。

●爱因斯坦说过，成功＝艰苦的劳动＋正确方法＋少说空话。而宫崎骏的成功也正是这样得来的，无论在什么环境下他都奋勇向前，永不泄气。

……

第二步　异彩纷呈数明星（本环节由杨茗茗同学主持）

明星知识竞答，必答题分三个板块：“娱乐明星篇”“文化名人篇”“商政精英篇”。抢答题共3题，3个板块均有涉及。

1. 文体之星知多少。

（1）孙燕姿毕业于哪个学校？（新加坡南洋理工大学）

（2）罗文被称为乐坛什么？（教父）

（3）姚明是NBA哪个队的？他是中国哪里人？（火箭队，上海人）

2. 文学名人考考你。

（1）冰心的作品中，被称为“春水体”的是哪两部书？（《繁星》《春水》）

（2）“寄意寒星荃不察，我以我血荐轩辕”是谁的诗句？（鲁迅）

3. 伟人伟绩问问你。

（1）毛泽东的故乡是哪里？（湖南湘潭）

（2）爱因斯坦出生于哪个国家？（德国）

（3）创作经典著作《时间简史》的物理学家是谁？（史蒂芬·霍金）

第三步　实话实说谈明星（由陈敏饰王小丫并担任本环节主持人）

明星嘉宾谈追星：余冰洋饰周杰伦，沈盈妩饰J.K. 罗琳，李佳樱子饰居里夫人，老师本人也上台接受采访。

1. 明星嘉宾谈“星路”。

“王小丫”：亲爱的观众朋友们，大家好！欢迎各位来到我们《实话实说》节目现场！我是王小丫，今天崔永元大哥身体不适，由我来主持本期节目。今天来到我们节目现场的嘉宾是大家最最喜爱的几位明星，他们是——J.K. 罗琳、周杰伦、玛丽·居里，还有我们的客串嘉宾——黄老师！

（三名同学和老师在热烈的掌声中依次上场就座，最后出现的老师掀起了一个小高潮）

（“周杰伦”采访略）

“王小丫”：罗琳小姐，您的《哈利·波特》风靡全球，您现在是全英国酬金最高的作家，但六年前您还是生活没有着落的单亲妈妈，您是如何在逆境中获得如此巨大的成功的呢？

“J.K. 罗琳”：确实如你所说，在写《哈利·波特》的时候，我是个得靠政府救济来生活的单亲妈妈。我总是一只手摇着女儿的摇篮，一只手握着笔写作。我等来的总是一封封退稿信，约有十二家出版社拒绝出版我的书。这确实是件很让人受打击的事，但幸而有亲朋好友的支持，更重要的是自己心中有毫不放弃的信念——这让我最终等到了好运的降临。

“王小丫”：居里夫人，一提起您，我们首先会想到您在科学上的杰出贡献，想到您两度获得诺贝尔奖的卓越成就。您能给我们讲讲你获奖前的生活吗？

“居里夫人”：那时我住在顶层的阁楼里。巴黎的冬天特别冷，我取暖的炉子又小，屋里根本暖和不起来，有时还常常缺煤。一切家务琐事都是我一个人亲自做，为了取暖，我得亲自把煤背到六楼。这种生活在某些人看来也许过于艰苦，但我自得其乐，整日欢悦地沉浸于学习之中，这一经历也使我充分体味到自由和精神独立的宝贵。在巴黎这个大城市里，我是一个不被任何人注意的无名小卒，但我并没有萎靡消沉，也没有感到黯淡凄惨。有时，孤独也会在不知不觉中袭来，但我的情绪通常都十分平稳，精神上有极大的满足感。

……

2. 同学对话众“明星”。

“王小丫”：下面是我们《实话实说》的现场访谈，同学们可以就各位嘉宾的星路历程、性格爱好、人生格言等任何你感兴趣的方面提问，我们几位嘉宾实话实说。

同学甲：我想提问“周杰伦”，我们非常喜欢你的歌，但也有很多人不喜欢你演唱的风格，你怎么看？

“周杰伦”：在荧屏前本来就有人喜欢你，有人讨厌你，我不可能做到让所有的人都喜欢我，因为我不是神，音乐人并不是在做偶像。我想，音乐人应该要有“一意孤行”的态度，不随波逐流的坚持，不走别人走过的路的勇气。

同学乙：“居里夫人”，你们夫妇发现镭的伟大功绩像一声春雷轰动了整个世界。当时您的生活仍旧清贫，当成功、荣誉、金钱像潮水般涌来的时候，你为什么要做出在一些人眼中那么“傻”的决定：放弃申请镭的专利权，而不选择能获得巨额利益的途径呢？

“居里夫人”：当我还是一个默默无闻的穷学生时，饥饿、寒冷和冷眼包围着我。我对这一切曾做出响铮铮的回答：决不屈服！刻苦学习！至今我的心中仍存着一股意念：“在科学上重要的是研究出来的‘东西’，不是研究者的‘个人’。”我便代表丈夫做出了决定：“那是违背科学精神的。科学家的研究成果应该公开发表，别人要研制，不应受任何限制。如果我们的发现可以获利，这只是一件偶然的事情，我们不应该有什么优先权。何况镭是对病人有好处的……依我看，我们不应当借此来谋利。”皮埃尔逝世以后，我把镭赠送给了一个研究治癌的实验室。我想：只要能治好病，甚至只要能够使病人减轻一些痛苦，那么我们的工作就不算是徒劳的了。

同学丙：请问黄老师，你有没有追过“星”？

黄老师：十三四岁，正是从稚嫩走向成熟的时期，在这个斑斓的季节里，我们开始睁大眼睛来看这个缤纷的世界，眺望头顶上广袤的天宇，追逐那些闪耀的星星，这是每个少年都必经的成长历程——黄老师也不例外。我那时追的“星”还不止一个……甚至影响到我的学习、生活。后来，突然有一天明白过来，这是盲目追星。只可惜，逝去的时光永不回头喽！

……

（三）布置作业（以下两题任选一题）

1. 以对追星的看法为主要内容，谈谈你在本节活动课上的感受。

2. 对你在本次活动中（包括课前准备和课上参与）的表现做出自我评价。[1]

[1] 黄辉霞. 基于多元智能理论的初中语文综合性学习教学策略初探[D]. 上海：华东师范大学，2007.（有改动）

第六节　语言知识教学的审美化

语言知识教学本应是语文教学的重要组成部分，但由于种种原因，自20世纪末以来被淡化了，语言知识教学的审美化也很少有论者涉及。《义务教育语文课程标准（2011年版）》指出："语文课程是一门学习语言文字运用的综合性、实践性课程。"[1]"本标准'学段目标与内容'中涉及语音、文字、词汇、语法、修辞、文体、文学等丰富的知识内容。"[2]

在语言知识教学的审美化方面，古代语言交际记载与现代语言知识教学可以给我们一些启示。

一、古代语言交际记载的借鉴

在上古时代，"由神立言，神言构成当时的整个话语系统，具有指导人们行动的绝对权威"[3]。从修辞学发展史来看，从听神言说，代神言说，向神言说，到向人自身言说，经历了一个转换过程，即从向自我诉说的独白，变换为向他人诉说的对话。向人自身言说，尤其是通过对话向他人诉说，在中国有悠久的历史。中国古代先贤如孔子，就已经利用与弟子问答、对话的形式，进行思想的熏陶和传播。有学者认为，战国时期策士们的雄辩之术，既表现出言说者对修辞技巧的关注，也是生命关怀意味的显现，可视为中国修辞学发展史的起点[4]。

重庆大学曹得才的硕士毕业论文《〈战国策〉策士的论辩艺术》以《战国策》记录的论辩语言为研究对象，对其中富有美感的论辩语言风格进行了归纳梳理[5]。这篇文章认为，赏心悦目的语言表达能够影响策士游说的效果。"《战国策》策士的论辩的著名游说都在字、词、句、音上精雕

[1] 中华人民共和国教育部. 义务教育语文课程标准（2011年版）[M]. 北京：北京师范大学出版社，2012：2.
[2] 同[1] 25.
[3] 谭学纯，朱玲. 广义修辞学[M]. 合肥：安徽教育出版社，2008：98.
[4] 同[3] 100-109.
[5] 曹得才.《战国策》策士的论辩艺术[D]. 重庆：重庆大学，2012.

细刻，用字较传神、词语讲究。说话的语句长短参差，铿锵有力，整个文章、文段意蕴悠长，感情热烈奔放。论辩双方交流的主要信息，对话的内容、言外语义等疏密相间，虚实交接，动静相衬，极具丰富的表现力。”例如，在《齐策·苏秦为赵合从说齐宣王》当中，苏秦对齐宣王说：

今秦攻齐则不然，倍韩、魏之地，至卫阳晋之道，径亢父之险，车不得方轨，马不得并行，百人守险，千人不能过也。秦虽欲深入，则狼顾，恐韩、魏之议其后也。是故恫疑虚猲，高跃而不敢进，则秦不能害齐，亦已明矣。

苏秦为达到说服齐国加入抗秦阵营的目的，在向齐宣王分析齐国有强大国力的前提下，又指出，秦国若攻打齐国，必须途经卫地阳晋的要道和亢父的险阻，但地形“车不得方轨，马不得并行，百人守险，千人不能过也”。并且秦国还要顾忌背后的韩国、魏国，“是故恫疑虚猲，高跃而不敢进”。这样的表述不仅条理清晰，还富有动态感地传递了说话一方的感情倾向，最终使得合纵目的顺利实现。

除了注重文采，策士往往还运用形象生动的表达方式，将抽象的道理说得浅显易懂。如《战国策·齐策四》就写到谭拾子用譬喻的方式规劝孟尝君放弃报复一个曾对他落井下石的门客的打算。

谭拾子曰：“事之必至者，死也；理之固然者，富贵则就之，贫贱则去之。此事之必至，理之固然者。请以市谕。市，朝则满，夕则虚，非朝爱市而夕憎之也，求存故往，亡故去。愿君勿怨。”

此处谭拾子利用人只有在有所需求的时候才会前往集市买卖这一生活化的现象，表达了人有趋利避害的本性，门客的做法是本性使然这一见解。显然，巧用譬喻这一修辞技巧，让谭拾子的见解更易被孟尝君接受。

谭学纯、朱玲在其合著的《广义修辞学》中认为，应当把战国策士的论辩行为从修辞技巧层面上升到修辞哲学高度。“战国时代士为匡救天下，实现自己的政治理想和人生价值而采取的修辞行为。‘修辞立其诚’，就是以自己的真诚态度、真实话语，作为说话的根本，从而去打动对方……‘修辞立其诚’是对中国古代表达策略及古人人格的形成有重要影响的理论，它规约着古人言语交际的注意力，成就了古人慎言的言语态度和言约意丰的言语风格，参与古人稳健、诚信、慎独、内省的人格建构。”[1]

魏晋时期出现的玄学清谈，较《战国策》中记载的言说场景更侧重对话形式美感。相比战国时代注重通过论辩实现政治理想，清谈更看重通过对话彰显主体自身的人格追求。玄学清谈是对人的本体存在的探究。名士们宴集交往之中的语言交锋，实际上成为名士们文化修养的体现。他们往往“悬河泻水，注而不竭”，“吐佳言如屑”（《世说新语·赏誉》）。如《世说新语》所描述：

支道林、许掾诸人共在会稽王斋头。支为法师，许为都讲。支通一义，四坐莫不厌心。许送一难，众人莫不抃舞。但共嗟咏二家之美，不辩其理之所在。[2]

“所谓‘二家之美’，即是支、许二人谈玄论辩的风度之美。人们完全陶醉在支、许二人谈玄论辩的美感享受之中，至于他们究竟说了些什么，已不重要。”[3]也就是说，“清谈的语言实用功能淡化，趋向于一种审美的对话”[4]。这一修辞风尚并非名士所独有，在汇集玄言清谈故事的《世说新语》当中，还存在着表现儿童言谈应对的精彩故事。如入选人教版初中《语文》的《陈太丘与友期》。

陈太丘与友期行，期日中，过中不至，太丘舍去，去后乃至。元方时年七岁，门外戏。客问元方：“尊君在不？”答曰：“待君久不至，已去。”友人便怒：“非人哉！与人期行，相委而去。”元方曰：“君与家君期日中。日中不至，则是无信；对子骂父，则是无礼。”友人惭，下车引之，元方入门不顾。

在这则故事当中，面对父亲友人的怒斥，年仅7岁的元方勇敢反驳，牢牢抓住“期日中”“日中不至”这一要害，明确指出客人失约误期之过。又针对友人的出言不逊进行了有力批驳，故友人感到惭愧，无言以对，元方也以敏捷的应对成功维护了父亲的尊严。从语调的角度来看，相比友人感情色彩强烈的“问”“怒”，以及厌恶色彩明显的一句“非人哉”，元方的“答曰”“曰”显现出超越年龄的成熟从容，反感情绪都隐藏在平

[1] 谭学纯，朱玲. 广义修辞学[M]. 合肥：安徽教育出版社，2008：101.
[2] 蒋凡，李笑野，白振奎. 全评新注世说新语[M]. 北京：人民文学出版社，2009：255.
[3] 徐林祥. 中国美学初步[M]. 广州：广东人民出版社，2001：146.
[4] 同[1]99.

静和缓的语气和简洁有力的话语之下，鲜明个性通过这段对话跃然纸上。

唐宋时期，基于商业经济的兴起，带有平民色彩的“说话”艺术在市民阶层中兴起，蓬勃发展为一种艺术形式。因为要迎合市民的审美趣味，进行“说话”表演的艺人往往选择“灵怪”“传奇”等类型的故事。无论是何种故事，牢牢抓住听众的心理，追求动人心魄的艺术效果是艺人共同的追求。然而，要实现这一效果，“说话”艺人本身要通过积累，具备一定的文化学识素养。“《醉翁谈录·小说开辟》在提到说话人应‘博览该通’时说：‘幼习《太平广记》，长攻历代书史’……为了能在表演时‘吐谈万卷曲和诗’，他们还要‘论才词有欧、苏、黄（庭坚），陈（子昂）佳句，说古诗是李、杜，韩（愈）、柳（宗元）篇章’（《小说开辟》）。”同时，“说话”艺人讲述故事注重趣味性，以此吸引听众。如宋代“说话”艺术的物质形式——话本《金明池吴清逢爱爱》中这样描写少女：“那女儿所事熟滑。唱一个娇滴滴的曲儿，舞一个妖媚媚的破儿，掐一个紧飕飕的筝儿，道一个甜甜嫩嫩的千岁儿。”在艺人口中，人物形象不仅鲜明活泼，还具备了调笑诙谐的美感。[1]

无论是战国策士的游说、论辩术，魏晋时期的清谈之风，还是唐宋时期的“说话”艺术，都能够也应当成为我们今天引导学生通过言语表达培养审美趣味，获得审美体验，从而提升人格魅力与文化修养的有效借鉴。比如强调“修辞立其诚”，关注在对话中体现的文化修养和艺术美感，学习运用充满吸引力、趣味性的言语吸引听众的修辞技巧，等等。

二、现代语言知识教学的探索

学生语言建构与运用能力是学生在丰富的语言实践中，通过主动地积累、梳理和整合，逐步掌握祖国语言文字特点及其运用规律，形成个体的言语经验，在具体的语言情境中正确有效地运用祖国语言文字进行交流沟通的能力。

学生语言建构与运用能力的提升，离不开语言知识的教学。第一语言（通常是母语）的获得大体上要经过两个不同的时期，即早期的潜意

[1] 秦勃. 宋代说话艺术的形式和表演技艺[J]. 陕西教育学院学报，2002（4）：56.

识的语言习得和入学后的有意识的语言学得。“所谓习得（acquisition），即习而得之，是一个人从出生伊始乃至贯穿一生的、不自觉地对语言的学习，是个体的、潜意识的、无序的、非正式的、自然真实情境中的、感性方式的学习活动，是一个缓慢的、耳濡目染、经验积累的过程。所谓学得（learning），即学而得之，是在人生特定阶段的、自觉地对语言的学习，是集体的、有意识的、系统的、正式的、课堂教学情境中的、理性方式的学习活动，是一个利用学习者智力发展、言语能力形成的最佳时机，有效获得语言的过程。”[1]学得与习得这两种获得语言的途径，并非完全隔绝或相互排斥的，而是相互交叉、相辅相成的。儿童入学前获得的母语以自然习得为主，但同时家长也通过认字块、讲故事、阅读幼儿读物等方式让儿童有意识地学习语言；入学后以有意识的课堂学习为主，但在母语环境中通过对话、阅读书面材料、观看影视作品等方式，儿童也不知不觉地习得语言。儿童对第一语言的掌握都是从潜意识的习得开始的；随着年龄的增长，有意识的学得的成分越来越大；到入学后，变为以有意识的学得为主。但在母语环境下的语文学习，习得与学得总是相辅相成的。一方面，早期的潜意识的语言习得是入学后有意识的语言学得的基础，课外的潜意识的语言习得是课内的有意识的语言学得的补充。另一方面，学校开设的语文课程，特别是其中的语言知识教学，使得学生对语言的学习和掌握，由自发的、偏重感性经验的、少慢差费的暗中摸索，走向自觉的、偏重科学理性的、多快好省的明中探讨。

“言内意外”的语言运用手法在文学创作中，往往是美感产生的源泉。叶蜚声、徐通锵在《语言学纲要》中指出：“一部好的小说，一首好诗，往往在有限的言辞中寄寓着无尽的意思，为读者咀嚼、琢磨作品的思想内容留下广阔的天地。”例如唐代诗人杜牧的《秋夕》：“银烛秋光冷画屏，轻罗小扇扑流萤。天阶夜色凉如水，坐看牵牛织女星。”其中第二句“轻罗小扇扑流萤”，看似简单的诗句实际上在“‘言内’寄寓着好几层‘意外’”，“第一，萤火虫出没在野草丛生的荒凉的地方，如今竟在宫院中飞来飞去，说明宫女生活的凄凉。第二，从扑萤的动作可以想象她的孤独

[1] 徐林祥. 中学语文课程标准与教材研究[M]. 北京：高等教育出版社，2016：89-90.

与无聊，借扑萤来消遣那孤苦的岁月。第三，轻罗小扇象征着她被遗弃的命运：扇子本是夏天用来扇风取凉的，到秋天就搁置不用了，所以古诗中常用来比喻弃妇”。这三层意思都是需要读者凭借自己的感受从“言内”补充出来的“意外”。诗歌语言的“暗示性和启发性”，通过唤起读者的联想，使诗歌达到言有尽而意无穷的艺术效果。[1]

经典文本的“言不尽意”“意在言外”，使得语文教学审美化带有感性色彩。然而，这并不意味着“言外之意”不可捉摸，更不意味着放弃语言知识教学。语言建构与运用包括积累与语感、整合与语理、交流与语境三个层面。王宁指出：“语言知识教学就是一种语理教育。”她说：“语文课的教学不直接讲语言学，怎么培养语理？应该通过语言现象帮学生养成一种随时观察活生生的言语、从中捕捉规律的敏锐性，培养一种‘语言具有规律性’的观念、一种寻求语言规律的意识，这对学习语言和文学，都是十分重要的。”[2]中小学语言知识教学的过程，应当是由个别的感性的言语感知积累，到一般的理性的语言规则掌握，再落实到学生自己的言语实践的过程。即让学生从他人成熟的、典范的言语行为和言语作品入手，进而把握语言规则，最终养成自己生存和发展所必需的言语能力和习惯的过程。也即由具体到抽象再到具体的过程，由特殊（个别）到一般再到特殊（个别）的过程，由实践到认识再到实践的过程。[3]

语法修辞知识的学习是中小学语言知识教学的重要内容。《义务教育语文课程标准（2011 年版）》以附录形式对义务教育阶段要学习的语法修辞知识要点进行了列举，内容如下：

1. 词的分类：名词、动词、形容词、数词、量词、代词、副词、介词、连词、助词、语气词、叹词。

2. 短语的结构：并列式、偏正式、主谓式、动宾式、补充式。

3. 单句的成分：主语、谓语、宾语、定语、状语、补语。

4. 复句的类型：并列、递进、选择、转折、因果、假设、条件。

[1] 叶蜚声，徐通锵. 语言学纲要[M]. 北京：北京大学出版社，1997：150–151.
[2] 李节. 小大由之——语文教学访谈录[M]. 上海：华东师范大学出版社，2014：12–13.
[3] 徐林祥. 中学语文课程标准与教材研究[M]. 北京：高等教育出版社，2016：20.

5. 常见修辞格：比喻、拟人、夸张、排比、对偶、反复、设问、反问。[1]

必须指出，上述语法修辞知识要点中的语法要点仅系现代汉语语法知识，并不包括古代汉语语法知识。同时，语法是一种语言中组词造句的规则，大的音义结合体是由小的音义结合体组合形成的。对各级语法单位成分的孤立列举，难以让学生建立起对母语语法的全面认识。事实上，语法分级在目前的语法学界仍然没有统一的标准。普遍认为可以按四分法进行区分，即语素、词、短语、句子。该附录对语法单位的分类，并没有将语法规则中同样重要的语素归纳在内，因此也是不够全面的。此外，从该附录对语法单位所包括的具体内容来看，不妥之处同样存在。以词的分类为例，仅就现代汉语词汇而言，词的分类十分复杂。除了该附录列举的几类词语，有的词语经常具有两类或两类以上词的语法功能，且意义有密切联系。这类词不属于该附录列举的任何词类，而是“兼类词”。比如，“死了一只小鸟”中的“死”是动词,而“他脑筋太死”中的“死”则是形容词，并且，“脑筋太死”的表述相比“脑筋不灵活”具备更为浓郁的形象色彩和贬义色彩。“死”就是一个兼类词。再如，就短语的类型而言，汉语存在独有的短语类型,如兼语式短语“他请他吃饭”,第二个“他”既是“请”的宾语，又是“吃”的主语；连谓式短语“他讨杯水喝”，“讨”和“喝”先后与“他”构成主谓关系。除此之外，特殊的短语类型还有同谓短语、方位短语、介词短语、量词短语、助词短语等多种。正确运用这些语法规则，对于表达的规范和效果都能够产生影响。可见，该附录对语法单位进行分类列举时，对汉语自身的特点尚缺乏足够的关注。甚至，在语言表达与交流活动中，学生有可能面对出于特定的表达需要而临时创造出的新语词，它们并不在约定俗成的语法规则范围之内，却具备艺术感染力。被多种语文教材收入文选部分的鲁迅的著作，就存在这样的偶发词。如鲁迅在《阿Q正传》中仿照“自由党”造出的“柿油党”，带有强烈的讽刺色彩。显然，文学作品中的偶发词填补了语言的空白，具备别样的意味，通过文学语言的陌生化为读者带来审美体验。这就要求教师根据具体的言语材料，选择恰当的语言知识进行原创性的分析，以增强学生的审美意识和审美

[1] 中华人民共和国教育部. 义务教育语文课程标准（2011年版）[M]. 北京：北京师范大学出版社，2012：42.

能力。

上述语法修辞知识要点中的修辞要点仅限于常见修辞格。修辞格的运用在中国有着悠久的历史，贴切生动的修辞格不仅会增加语言美，而且本身也是一种艺术美。古人说:“言之无文,行而不远。”“文”就是文采、文饰，也就是讲求语言的艺术美。朱自清的《春》不说桃树、杏树、梨树的花开得茂盛，而说“桃树、杏树、梨树，你不让我，我不让你，都开满了花赶趟儿。红的像火，粉的像霞，白的像雪”。多姿多彩的花，被作者赋予了生命、情感，它们以美装点春天。作者用拟人、比喻的手法描绘出生机勃勃、绚丽多彩的春天景色，而排比、对偶句式的运用，又使得句子结构匀称、音韵和谐。修辞格属于狭义修辞学理论的范畴，值得注意的是，修辞学理论自身在不断发展，中国修辞学研究经历了从“狭义”到“广义”的转型，修辞学界有学者已经指出：“狭义修辞学理论对于各种修辞现象的解释显得心有余而力不足，在现实中，人们感到修辞学给予的或者是一些原则性的规定，要如何如何，不能这样那样；或者用一些比较空洞的概念来形容一下所谓的表达效果,诸如‘形象生动’‘深入浅出’‘化腐朽为神奇’等之类，似是而非，隔靴搔痒；或者干巴巴地摆一摆术语名称，说用了‘比喻、夸张、借代’等这类的手法，然后一厢情愿地说‘非常真切地表现了作者的内心感受’‘把自然描写得惟妙惟肖’等。在教学中，在语文课堂上，老师讲解文章的写作特点，大多就是这种状况，任凭他说得天花乱坠，什么‘天才的比喻’‘独具匠心的设问’等，也难以在学生心中产生共鸣，更难以得到理性的接受。而后，学生们就这么照着老师的模式，回过头来又对他的学生重复着这样的语文教学。不是老师和学生的能力不行，主要是狭义修辞学理论的解释力有限。”[1]

可见，孤立、静态的语法修辞格知识，不仅难以涵盖语文学习环境中真实存在的丰富多样的语言现象，容易与语言运用的实际语境割裂，而且也并不足以帮助教师在培养学生语用能力的过程中进行“系统、完整”的讲授与操练。具体到语文教学，教师、学生在面对教学中《义务教育

[1] 罗渊，毛丽. 从“狭义”到“广义”：中国修辞学研究转型及其学术意义[J]. 福建师范大学学报（哲学社会科学版），2007（1）：76.

语文课程标准（2011 年版）》提到的“具体语言实例”时，难以从该附录提供的知识提取出具备操作性的实践策略。《普通高中语文课程标准（实验）》相比《义务教育语文课程标准（2011 年版）》，明确提出语文课程需要让学生具备“较强的语文应用能力和一定的审美能力、探究能力”[1]。然而，义务教育阶段课程标准对语言文字运用能力的强调和具体方法的简单化处理之间的矛盾，在《普通高中语文课程标准（实验）》中仍然存在——高中语文教师在培养学生的语言文字运用能力时，仍然缺乏必要的理论支持。从语文美育学的视角来看，即便教师教会学生区分词类、短语结构类型，划分单句成分，判断复句种类，以及认识并运用“常见修辞格”（语文美涉及的修辞格绝不仅限于上述 8 种），学生与感受“语文美”的丰富内涵，培养审美趣味与审美创造力，仍存在距离。

语言知识教学的审美化，事实上对语文教师提出了更高的要求。《义务教育语文课程标准（2011 年版）》提出的“在教学中应根据语文运用的实际需要，从所遇到的具体语言实例出发进行指导和点拨”“关于语言结构和运用的规律，须让学生在具有比较丰富的语言积累和良好语感的基础上，在实际运用中逐步体味把握”[2]的建议，需要教师在语文教学过程中创造性地落实。

此外，中国的语文教学是中华民族通用语言文字——汉语言文字的教学，因此，中小学语言知识教学还“应特别关注汉语言文字的特点对学生识字写字、阅读、写作、口语交际和思维发展等方面的影响，在教学中尤其要重视培养良好的语感和整体把握的能力”[3]。比如，利用汉字象形、指事、会意、形声的特点指导识字，利用笔画、笔顺、偏旁部首、间架结构等指导写字；再如，利用汉字感情色彩强烈的优势，重视语感的培养，加强感悟和情感体验；又如，利用汉语言文化沉淀丰厚的优势，丰富语言积累，增加文化储备等。以《义务教育语文课程标准（2011 年版）》附录《义务教育语文课程常用字表》中的“赋”字的教学为例：“赋”，

[1] 中华人民共和国教育部. 普通高中语文课程标准（实验）[M]. 北京：人民教育出版社，2003：1.

[2] 中华人民共和国教育部. 义务教育语文课程标准（2011年版）[M]. 北京：北京师范大学出版社，2012：25.

[3] 同 [2] 3.

是由代表古代货币的“贝”和表明赋税的取得与武力相关的“武”组成的合体字。从原型生成直至赋体语言美学建构完成，“赋”的语义变迁彰显着中华文明特色。其语义首先指向兵役、徭役及田地税等服务于统治阶级的手段，引申义则关涉语言的话语铺叙，其后才发展为文体。至汉朝实现统一，以铺张扬厉为特征的汉大赋建构起的是“盛世永存的帝国幻想”。因此，“赋”已然成为文化概念积淀于中华民族的潜意识之中[1]。以上分析，为“赋”这一汉字的识字写字教学构建起了审美情境，尽管其中的知识还需要老师根据学情进行适当转化，但我们仍可以发现，通过对“赋”这一文体的语义演进进行分析，无论是语言教学内容还是语言教学活动本身，都具有审美熏陶的作用。

[1] 谭学纯，朱玲. 修辞研究：走出技巧论[M]. 合肥：安徽大学出版社，2004：39-52.

第六章 语文学习环境与审美

语文学习环境与语文审美教育有着密切联系。语文学习环境有广义和狭义之分：广义的语文学习环境有社会环境、学校环境、家庭环境等；狭义的语文学习环境即实施语文教学活动的特定场所——语文课堂。从表面上看，语文学习环境处于语文审美教育活动的外围，是相对静止的，但实质上它却以自身特有的影响力潜在地干预着语文审美活动的过程，影响着语文审美教育的效果。语文教师应当懂得如何发掘并利用语文学习环境中的美育资源，使之服务于语文美育。

《义务教育语文课程标准（2011 年版）》指出："语文课程资源包括课堂教学资源和课外学习资源，例如：教科书、相关配套阅读材料、其他图书、报刊、工具书、教学挂图，电影、电视、广播、网络，报告会、演讲会、辩论会、研讨会、戏剧表演，生产劳动与社会实践场所，图书馆、博物馆、纪念馆、展览馆，布告栏、报廊、各种标牌广告，等等。""自然风光、文化遗产、风俗民情、方言土语，国内外的重要事件，日常生活的话题等也都可以成为语文课程的资源。""各地都蕴藏着多种语文课程资源。学校要有强烈的资源意识，认真分析本地和本校的特点，充分利用已有的资源，积极开发潜在的资源，特别是人的资源因素和在课程实施过程中生成的资源因素。”“学校应积极创造条件，努力为语文教学配置相应的设备；还应当争取社会各方面的支持，与社区建立稳定的联系，给学生创设语文实践的环境，开展多种形式的语文学习活动。”“语文教师应高度重视课程资源的开发与利用，创造性地开展各类活动，增强学生在各种场合学语文、用语文的意识，通过多种途径提高学生的语文素养。”[1]

本章分别从语文课堂学习环境和语文课外学习环境两个方面，讨论如何发掘并利用语文学习环境中的美育资源。

[1] 中华人民共和国教育部. 义务教育语文课程标准（2011年版）[M]. 北京：北京师范大学出版社，2012：33-34.

第一节 语文课堂学习环境与审美

语文教学中的审美教育活动首先存在于语文课堂。语文课堂是进行语文教学活动的主要场所，也是开展语文美育活动的主要场所。从审美角度来说，课堂环境是审美的条件，教师和学生是审美的主体。在语文课堂上，师生总是在一定的环境中，激发审美情趣，展开审美联想，获得审美体验，受到审美教育。课堂教学是一个立体的流动过程，它包含多重矛盾关系。要使这个过程成为一个优化的过程，要使它符合教育美学的规律与要求并成为一个美的载体，遵循的基本原则是和谐。

和谐是宇宙间一切事物合乎规律的现象。和谐本身就是美的一种表现，是优美的一种属性，能使人在柔和宁静的心境中获得审美享受。和谐的本质是杂多的统一，对立的统一，多样化的统一。和谐体现了自然、社会和艺术中对立统一的规律，杂多、对立、多样体现了不同事物及事物内部各部分的差别，统一则体现了各个事物及事物各部分之间的整体联系。自然的和谐美，没有刻意求工的人为痕迹；社会的和谐美，主要表现在人类自身全面、均衡的发展上；艺术的和谐美，是艺术家自觉的和谐意识在作品里的集中表露。

语文课堂学习环境的和谐原则要求在教学的流动过程中，教师与学生、课堂情境和教学内容、语文知识能力训练和情感态度价值观教育等多重因素达到高度的统一，以实现教学目标，获得最佳审美效果。其中，最重要的是师生关系的和谐：师生心相连、情相通、志相投，关系融洽。教师和学生都应十分重视营造语文课堂环境，自觉地把语文课堂教学引入最恰当的审美氛围和最好的审美状态，把语文课堂教学过程与审美教育过程统一起来。在创设和谐的课堂氛围方面，于漪老师堪为楷模。她对学生参与教学活动的评价是以肯定为主的：学生有小小的进步，她表扬；学生思维阻塞和答问卡壳，她耐心启发；学生不敢发言，她鼓励。她用爱唤起学生的审美情趣，用情架起师生间交流的桥梁。这样，师生间的距离就缩小，课堂人际关系就融洽，就形成了有利于审美活动的课堂学习环境。

一、语文课堂人文环境与审美

语文课堂的人文环境，既包括课堂的物质方面，又包括课堂的精神方面。

（一）语文课堂的物质环境

语文课堂的物质环境，通常就是学生上课的教室，当然也可以是用于语文教学的图书馆、阅览室等。一般说来，教室是学校语文课堂教学的特定场所，也是语文课堂美育赖以进行的物质环境。

有审美品位的教室布置是语文课堂人文环境的重要方面。宽敞的教室、明亮的灯光，教室四角和讲台上的花草盆景，使师生心旷神怡；教室里的板报是学生创作的园地，使学生一到教室就如同来到获取知识的田园；教室墙壁展示的名人名言、书画作品，激励着学生勤学多思，奋发向上。教室的布置应与教学内容相关，比如课文中有讲牡丹、秋菊、青松的内容，就相应地更换教室里的花。有品位的课堂布置，会使师生一步入课堂就产生审美欲望。

现代化的教学设备，如幻灯机、录像机、投影仪、计算机网络系统等，是语文课堂人文环境的物质条件。在传统的语文教学中，教师主要靠讲述、粉笔来描绘作品中的审美情境，学生主要靠想象再现作品中的审美情境。在现代化的语文教学中，教师可通过制作课件、下载信息、播放音像，再现文本描绘的审美环境，学生可以从直观的审美对象中受到美的感染，产生美的联想，得到美的教育。

（二）语文课堂的精神环境

语文课堂的精神环境，是由教师与学生共同营造的。

语文教师是语文课堂人文环境中一枝靓丽的花。语文教师本身作为人格化的审美对象，置身于语文课堂人文环境的中心。为什么有的教师一走进教室，学生就热情欢迎，精神激奋，而有的教师走进课堂，则使学生感到沮丧？这主要是教师在学生心中的形象差异造成的。教师的学识水平、文化内涵、教学能力、仪态仪表、衣着服饰、与学生的关系的亲疏，等等，在语文课堂教学中，在学生审美感受中，具有十分重要的作用。

学生是语文课堂人文环境的主体。学生群体的认知结构、心理状态和审美能力，学生个体的文化品位、审美心理和个性情趣，构成语文课堂教学的现实的人文环境。离开这一现实的人文环境，语文美育就无从谈起。“鹅，鹅，鹅，曲项向天歌。白毛浮绿水，红掌拨清波。”对此，幼儿园小朋友是可欣赏的。而对于《沁园春·雪》，只有初中以上学力者方可欣赏。语文教师经年累月培植的学生群体，既是语文课堂人文环境的主体，又是语文审美的主体。

教材课文环境是语文课堂人文环境的客体，是师生教学审美的对象。课文中的自然环境、社会环境等，是作者发现美、表现美、推崇美的源泉，也是教师和学生教学审美的源泉。语文课堂上，教师和学生都要充分展示这个环境，这样才能获得美的感受，受到美的教育。除了教材中的课文，相关配套阅读材料同样也是可资利用的课程资源。也就是说，语文教师完全可以发挥自己的聪明才智，建立教材与相关配套阅读材料之间的联系，实施具有创造性的语文美育活动。

语文课堂不仅是师生进行教学的场所，更是师生审美的空间。营造良好的、和谐的课堂人文环境，对语文学习审美化的实现具有重要的促进作用。

二、语文课堂语言环境与审美

语言是语文教学的内容，也是语文教学的媒介。教师、学生、教材文本之间都通过语言来互相传递信息。在语文课堂语言环境中实施美育，作为增强语文教学审美化效果的基本途径，要求语文教师尽量挖掘并充分展示语言尤其是范文的语言美，引导学生自觉领会语言美与心灵美的统一关系，激发其追求语言美与心灵美的积极性，让学生在对语言的美的领略、体验中获得情感的愉悦、享受及审美创造的活力。从语文课堂教学的生态系统来看，语文课堂语言环境主要由文本的语言、教师的语言和学生的语言构成，在语文课堂教学审美活动过程中，三者彼此交融，互相辉映。

（一）文本的语言美

语文课堂美育主要是通过诵读、品味教科书中文本语言的美，激发学生热爱祖国语言的情感，提高学生感受、鉴赏语言美的能力，进而引导他们自觉追求和创造美的语言。当然，美的语言不是指堆积优美、华丽、优雅的辞藻，而是指那些能准确传达信息、有效刻画形象的富有特征的语言。因此在文本的语言环境中进行美育，就应抓住文本语言的以下几方面特点。

一是语言的准确性。语言的准确性是指语言符合实际地反映客观事物、确切地表达思想感情的语言特性。换句话说，就是语言表达恰如其分，能够实现表达者的意图。论说类文本，如荀子的《劝学》，文章开头就明确地提出"学不可以已"的中心论点，接着围绕这个论点分别从"学习的意义""学习的作用""学习的方法和态度"三个角度进行论证，从而严谨有力地阐述了作者对学习的看法。叙事类文本，如巴尔扎克的长篇小说《欧也妮·葛朗台》中葛朗台临死时对其女儿所说的"到那边来向我交账"，就活脱脱地刻画了他爱财如命的本性。语言的准确性并不排斥语言表达的多样性，事实上语言表达的多样性恰好在多方面实现语言的准确性。所以，在文本教学中，不仅要强调语言的准确性，也要重视语言表达的多样性。

二是语言的鲜明性。语言的鲜明性是指语言反映客观事物和表情达意鲜明突出的语言特性。对于论说类文本来说，鲜明就是要观点明确，所做的分析和解决问题的办法明朗。简言之，就是观点突出，观点与材料统一。有材料而没有观点，有观点而没有材料，材料和观点互不联系，语言含混模糊，缺乏反映客观事物的清晰度，这种文章的语言是毫无鲜明性可言的。对于叙事类文本来说，鲜明就是人物形象鲜活，写景状物栩栩如生。优秀的文学作品，刻画人物、写景状物都是极其鲜明的。如《红楼梦》中写林黛玉进贾府，《水浒传》中写林教头风雪山神庙，都是语言鲜明的典范之作。

三是语言的生动性。语言的生动性是指语言具体形象，活泼优美，具有绘声绘色、传神写照功能的语言特性。语言生动活泼的反面是枯燥无味，呆板平直。生动活泼首先取决于生动感人的思想内容，无论叙事、写人、状物，都能够传情达意，可以引起读者的想象联想，让读者产生真切的形象感受。同时要有丰富的词汇，注意句式的选用和变化，以及各种修辞手法的恰当运用。词汇贫乏，语言必然枯燥无味；句式呆板，会使人感到厌烦沉闷。句式变化，包括句子语气的变化和句子结构的变化。陈述句、疑问句、祈使句可以表达不同的思想感情，长短散整结合显得错落有致。短句接近口语，生动活泼；长句周密细致，便于表达深刻的思想和缠绵的情绪。有整无散，显得呆板；有散无整，容易流于松弛；有长有短，铿锵有力。摹状、仿拟、示现、呼告、比喻、夸张、排比、对偶、复迭、衬托等修辞手法的运用，会使语言波澜起伏、抑扬顿挫，克服呆板平直之弊，增强语言的生动性。老舍的《骆驼祥子》中所写的烈日和暴雨的画面，孙犁的《荷花淀》中所写的充满诗情画意和浓厚生活气息的图景，都是语言生动的例证。

四是语言的含蓄性。语言的含蓄性是指语言言有尽而意无穷的特性。如司空图《二十四诗品》所云："不著一字，尽得风流。语不涉己，若不堪忧。"[1]语言的含蓄性包含两方面的内容，既指语言的"有味"，又指语言的多义。所谓语言的"有味"，是指语言表达不直露，这是由于特定语境或表达艺术性的需要。所谓语言的多义，是指对语言的理解阐释有多种可能性。杜甫的《自京赴奉先县咏怀五百字》"朱门酒肉臭，路有冻死骨"[2]中的"臭"字，可解释为"味道""香味""臭味"，虽然"臭"字在唐代有固定含义，但对我们来说，这三种解释都可成立。就诗所需要表达的情感来看，后两种解释尤其是最后一种解释更能表达作者的抗议，但如果我们仅仅承认解释的唯一合理性，则无疑大大削弱了它的丰富内涵。

五是语言的意象性。语言的意象性是指语言自身作为审美意象与语言所塑造的审美意象相统一的语言特性。语言自身作为意象是指语言的符号——文字自身的形象性，这里所说的语言意象性主要指语言所塑造的形象的特征。这个特征就是意与象融合，情与景交融，客观的外在景象与诗人内在情思统一。如王夫之所说："情景名为二，而实不可离。神

[1] 司空图. 诗品集解[M]. 郭绍虞，集解. 北京：人民文学出版社，1981：21.
[2] 卢国琛. 杜甫诗醇[M]. 杭州：浙江大学出版社，2006：39.

于诗者，妙合无垠。巧者则有情中景，景中情。景中情者，如‘长安一片月’，自然是孤栖忆远之情；‘影静千官里’，自然是喜达行在之情。情中景尤难曲写，如‘诗成珠玉在挥毫’，写出才人翰墨淋漓、自心欣赏之景。”[1]

六是语言的音乐性。语言的音乐性指运用语音因素修辞能使语言产生声调顿挫、回环流转、韵律协调、节奏鲜明等音响悦耳效果的语言特性。语言的音乐性在文本教学环境中，由于语言本身及在语境条件下所具备的直接与人的情感相契合的感情特征，极易为学生所体验与把握。教师应引导学生在初步理解作品的基础上，通过反复诵读，有声有色地把作者的思想感情恰如其分地传达出来，学生可以听名家的配乐朗读、教师的范读，也可以自由诵读，关键是做到情随声出、声情并茂。如学生可以通过对语音轻重、高低、长短的把握，感受朱自清的《荷塘月色》如小夜曲般宁谧优美，余光中的《听听那冷雨》如琵琶曲般顿挫峭拔。

（二）教师的语言美

教师的语言美是教师在教学过程中运用语言所显示出来的美。教师的语言美主要表现在科学性、艺术性、示范性三个方面。

教师的语言，首先是科学的语言。教师语言科学性的基本要求是准确而规范。所谓准确，就是指正确地使用概念，科学地进行判断，合乎逻辑地推理，没有知识性错误。所谓规范，就是遵守中华人民共和国通用语言文字的语音、语汇、语法、书写等方面的标准。

教师的语言，又应是艺术的语言。教师的语言要形象生动，感情饱满，幽默风趣，优美适听。形象生动的语言可以将抽象的概念具体化，使深奥的理论通俗化；感情饱满的语言会使人心情舒畅，产生巨大的艺术力量；幽默风趣的语言能使人欢快，容易受学生欢迎，产生深刻的影响；优美适听的语言传给学生，能给学生带来音乐般的美感。

教师的语言，尤其是语文教师的语言，还应是具有示范性的语言。教师的语言要体现出高尚的审美情趣，堪为学生的楷模。

教师的语言在语文课堂信息与情感交流中或明显或隐含地对学生的

[1] 王夫之，等. 清诗话[M]. 上海：上海古籍出版社，1978：11.

身心产生影响。比如，在语文课堂教学中常用的渲染语，虽然看似不重要，运用好了却也独具妙处。所谓渲染语，一般是指教师在课堂教学中设计与运用的，可以渲染情绪、激活学生学习情感的简短用语。在语文课堂教学中，语文教师用一两句简短、工整、明快、严谨的渲染语，往往可以创造文本的情绪环境，激发学生的学习激情，使他们迅速进入学习状态；又可稳定学生的注意力，避免他们偏离课堂教学的轨道。语文课堂的渲染语，是语文教学的实体内容，它像添加剂，突出语文课堂的学科特色；它像调味品，使教学内容适应学生兴趣，激发其动机；它像催化剂，促进学生学习进程，提高课堂学习效率。再比如，语文课堂教学中的板书是一种凝聚着教师智慧的无声语言环境，它的精妙设计往往能给语文课堂教学带来实效。赫然入目的板书设计浓缩了课文内容，直观地强化了学生思维训练的力度，不仅体现了语文教师的语言行为在语文课堂学习环境中的无限魅力，而且从一个侧面展现了语文教师在处理教材和课堂设计方面的言简意赅、画龙点睛的语言才能。

在语文课堂教学过程中，师生间的语言交流是最主要的交际方式，但非语言交流也有不可替代的独特价值。特别是在语文课堂教学的独特情境中，非语言手段的效果有时远非有声语言所能及，可谓“此时无声胜有声”。语文课堂教学的非语言行为包括教师的眼神、服饰、手势语、体态语等，可以说在语文课堂学习环境中，教师的一言一行都具有教育意义。语文教师是语文审美教育的主导者，语文教师应不断提高自身的审美素养，在课堂语言教学环境中发挥教师语言的美育功能。

（三）学生的语言美

学生的语言与教师的语言、文本的语言共同构成语文课堂语言环境。学生的语言美体现在正确清晰、重点突出、主次分明、简洁易懂、生动有趣、条理清楚、逻辑性强、抑扬顿挫等方面。

在语文课堂学习环境中，学生个体是最基本、最活跃的“细胞”。学生的语言行为是学生的智力因素与非智力因素协同活动的结果，学生的语言环境也受到心理多维结构的控制。学生的语言环境主要表现为互动、竞争和沟通。

学生之间的互动关系往往能产生群体动力，学生个体之间相互制约，有些学生甚至成为主导因素。每一学习主体总是处于一种真实的、暂时的、特定的语文课堂学习环境中，其内在的主体潜力总是与相对静止的课堂教学环境因素联系在一起。这种互动关系较大程度上受个体的心理、文化素质特别是语文感受能力的个别差异性的影响。学生语言环境的互动性是构成语文课堂审美环境的一个重要因素。

此外，竞争使学生在大脑形成"兴奋灶"，有关兴奋激素不断分泌，大脑皮层处于高度兴奋状态。由于各人的思想水平、心理状况、个性特征等不同，其内心与外在表现会有不同，甚至大相径庭。但学生是有思想、有理智的，能够进行自我调节和约束。处于竞争的语言环境中的学生，你追我赶，友谊竞争，既下苦功，又要巧学。在教师的指导下，学生应积极竞争，排除那些阻止别人取胜的非理性竞争，不仅要遵守良好的道德规范，更要为共同创建和谐融洽、积极进取的课堂语言环境尽己所能。

学习上的竞争并非意味着彼此隔离，孤芳自赏，故步自封，真正的成功很大程度上有赖于善于沟通，所以教学应充分利用学生语言环境的沟通功能。比如在课堂讨论中，分组采用环型沟通网络，便于学生畅所欲言，集思广益，激活其创造性思维。在语文课堂学习环境中，学生的沟通应建立在信赖的基础上，在他人的理解、肯定、赏识的氛围中，以实现自我信赖，协同建立良好的语言沟通环境。同时学生要加强个人修养，把握自己，在沟通中既坦诚待人，敞开心扉，又享有内心的平静，拥有抵御外力的力量；既要同中求异，发现创新，又要异中求同，情感交融。沟通可以使语文课堂环境在个性完善、群体相融中达到良性循环，自然促进学生审美水平的提高。

第二节 语文课外学习环境与审美

语文学习的外延与生活的外延相等。语文教学中的审美教育活动也与校园、家庭、社会乃至网络环境息息相关。语文课外学习环境是指语文课堂以外的语文学习环境。实施语文美育，要打通课内与课外，充分挖掘语文课外学习环境中的审美因素，让学生在语文课外的审美实践中受到审美教育。语文课外学习环境涉及校园、家庭、社会和网络。它们有着各自的空间，同时又存在一定的交叉。

一、校园语文学习环境与审美

当前，校园审美文化建设正日益成为教育界议论的热点话题。审美文化集中地体现了文化的人文性质和功能，在整个人类文化发展史上，审美文化一直以人自身的生存和发展为基本价值取向，在人与自然、人与社会之间起着重要的协调平衡作用。校园审美文化广泛地渗透校园的各个方面，并以其突出的人文性，协调着师生之间、学生之间、师生与校园环境之间、师生与组织制度之间的矛盾，以及学生身心发展的矛盾，促进学生的全面健康的发展。校园审美文化环境涉及物质的环境和精神的环境两个方面。

（一）校园的物质环境与语文美育

校园的物质环境通过教育者的组织和利用可以对受教育者产生耳濡目染、养性怡情的积极作用。这种积极作用需要通过教育者的设计来体现。校园物质环境的美育功能仅仅通过潜移默化是不能充分发挥的，语文教师要有意识地利用校园物质环境，甚至可以改变某些校园环境为语文美育服务。实际上，语文教学与校园物质环境之间的关系是一种互惠关系。一方面，语文教学可以发挥自己的学科优势，为校园物质环境的改变做出自己的贡献；另一方面，语文教学要充分利用校园物质环境，丰富语文美育的途径和内容。

一是语文美育对校园物质环境的改变。语文美育应该对校园物质环境的改变做出自己的贡献。这种改变可以有多种途径，例如参加校园的各种物质文化建设。语文教师可以引导学生写校歌、校史，可以引导学生给校园的道路、景点命名。这些活动有利于培养学生的审美能力，使学生学会发现美、感受美、创造美。学生的意见一旦被学校采纳，对学生将是很大的鼓舞，这也许会成为他们审美灵感到来的一个契机。再如，与活动课程结合，为学校建设文化景点。教师可以根据学校的整体规划，指导学生运用所学知识建设一两个景点，并把建设的过程用语言表达出来。又如引导学生给班级、学校捐书、撰稿。发动学生为班级图书角捐一两本书，鼓励学生给班级教室墙报、学校画廊撰稿，这在扩大学生阅读量和增加学生写作实践的同时，也可以增强学生的审美观念。

二是语文美育对校园物质环境的利用。校园的物质环境为语文美育提供了素材和空间，利用这些素材和空间可以锻炼学生感知、鉴赏、表达和创造美的能力。譬如利用校园风景锻炼学生的观察能力。让学生在校园里观察美、感受美，且要根据课堂教学计划，本着课内学习方法、课外形成能力的原则安排观察能力的培养步骤。自然有四季，自然的四季影响着校园的风景，特别是校园植物和景点的变化。教师可以引导学生进行定点观察，写观察记录，这样既可以养成学生良好的观察习惯，也可以锻炼学生的毅力。再如，利用图书馆和阅览室，举办读书报告会，通过广泛的阅读和写作，促进学生语文素养的提升，同时促进学生精神世界的构建。

（二）校园的精神环境与语文美育

校园的精神环境是校园群体在教育教学实践中体现出来的群体心理定式和心理行为特征，其具体表现是学风和教风、班风和校风。首先，校园群体包括教师群体和学生群体，是校园全体成员的集合。校园精神环境的形成和发展有赖于全校师生的共同努力。其次，校园精神环境是一种群体心理定式，它指的是学校或班级群体在相对稳定的环境中形成的心理倾向。再次，校园精神环境的形成有一个过程，需要经过全校师生的共同努力，是在他们共同的心理行为中积淀起来的。

校园精神环境一经形成就会对学生的语文学习心理乃至审美心理产生影响；良好的学习心理、审美心理又会推动校园精神环境的优化。校园精神环境通过感染、模仿、从众、认同的心理机制，使学校成员在不知不觉中接受影响，引起个人心理和行为的变化，以求与校园精神趋于一致，达到个人心理风格与群体心理定式的融合。师生关系就是校园精神环境的一大因素，师生之间的审美关系应是一种对话关系，它不仅应体现在校园的艺术课教学和课外艺术活动中，而且应扩展到课内和课外的一切活动中。师生不仅要注重课内的人际关系审美化，在课外的接触也应该是朋友式的对话关系；学生应该尊重老师，老师也应该主动热情地关心、爱护和尊重学生。语文美育不仅要传授美育知识和培养审美能力，更重要的是促进学生健康和谐地发展。要实现语文教学过程的审美化、最优化，师生之间真诚的心灵交流是关键。教师只有以真诚唤起学生的真诚，像平等的朋友一样与学生共同参与学习与探究，才能使教育教学活动充满人文意味和审美意境。学校的校风、班级的班风也属于校园精神环境的层面，对语文审美教育的影响也很大。学校校风优良，班风纯正，教师传道授业，学生好学向上，学生的核心素养必然会提高。评价一所学校的风气优劣主要观察它对个体的人文关怀程度的深浅，对此，语文审美教育自然担当着重要的责任。因此在校风、班风、教风、学风建设中，需要端正语文美育的态度：一是学生要端正对待语文美育的态度，二是教师、学校领导要端正对待语文美育的态度。他们态度积极，重视语文美育，对语文美育的健康发展将是非常有利的。

二、家庭语文学习环境与审美

家庭是由具有血缘关系、收养关系、婚姻关系或同等法律地位关系的两个人或两个以上人组成的群体，是社会组织中的基本单位。家庭教育是家长（主要是指父母或家庭成员中的成年人）自觉地、有意识地按照社会对培养下一代的要求，通过自己的言传身教和家庭的生活实践，对子女实施的教育。家庭中，父母对未成年的子女具有传播知识，灌输伦理道德观念，指导行为及使人社会化的责任。

中华民族具有重视家庭教育的传统。历史上许多家庭教育的故事，如“曾子杀猪”“孟母三迁”“岳母刺字”等，至今仍被传为美谈。关于家庭教育的文献，有南北朝颜之推的《颜氏家训》、唐代无名氏的《太公家教》、宋代司马光的《家范》、清代朱柏庐的《朱子治家格言》等。家庭教育是社会教育、学校教育的基础。与社会教育、学校教育相比，家庭教育有许多优越的条件：时间长，通常占人生的 25% 以上；家庭教育的早期性是其他任何教育所不能相比的，遗传素质使之有共同的心理基础和感情基础；个体在经济、生活等方面对家庭产生一种信赖的感情；父母的期待心理使他们很容易产生对子女的教育行为；父母的个人行为也会对子女产生潜移默化的教育效果。

美感教育是家庭美育的基本内容。美感教育有陶冶情操、塑造心灵的功能。儿童美感的发展是开发智力、启迪创造才能、锻炼意志、净化灵魂、愉悦精神、增进健康的钥匙。家庭美感教育与人的理智感、道德感的发展相联系，涉及思想美、品德美、情操美、性格美、习惯美、语言美、行为美、风度美、仪表美等多方面的内容。

语文学习的一个突出特点就是实践性，学生必须自己动脑、动口、动手去进行听、说、读、写的活动，在大量的语文实践活动中逐渐学会运用语言，形成语文能力。对于学生来说，家庭的日常生活是一个重要的语文学习环境，也是一个重要的审美教育环境。家庭语文学习与美感教育相结合，可以针对儿童不同年龄阶段的特点进行。婴幼儿期间，以引导他们到大自然、艺术世界中去培养对美的兴趣和爱好为重点，使之注意欣赏生活中的美好事物和现象，并利用游戏活动促进美感的发展。儿童期间，则应注意培养对审美对象的形式、结构、形态的直观感受力、审美想象力，加强对儿童情感的理性调节。少年期间，以培养审美理解力和广泛的审美情趣、审美表现力、创造力为重点。青年期间则应以按照美的规律提高青年的审美理解力、表现力和创造力，培养其高尚的审美情感，对其进行正确的审美观教育为重点。例如家庭中的谈话比课内要多得多，并且每个人都有很多说话的机会。在家里，除了一般的问候和饮食起居方面的谈话，有时还要向家人介绍学校的情况，讲述自己耳闻目睹的事情，讨论甚至争论某些问题，这不但能锻炼学生的口头表达能力，还能增进亲子关系，让家长及时了解学生的在校情况，配合学校的教育工作,达到“知己知彼”的效果。家长还可以深入某一个谈话内容，结合子女的所思所想，进行语文审美教育。

此外，家庭居住环境（如居室的布置、书房的图书等）的审美化对个体的审美品位的形成也有一定的影响。努力营造和谐的家庭氛围、优美的家庭环境，改变家庭不良的物质和精神环境，是进行家庭语文审美教育的前提。为了增强家庭的审美文化气氛，应尽力使家庭的精神生活丰富多彩、新颖多样，通过各种形式和方法培养家庭成员健康的审美情趣，保持家庭生活中活泼高雅的文化韵致和愉悦和谐的生活格调，使学生个体幼小的心灵得到美的陶冶和滋润。

三、社会语文学习环境与审美

生态学把一个种群在生态系统中，在时间空间上所占据的位置及其与相关种群之间的功能关系与作用称为生态位。把生态学中的生态位概念引入语文美育，可以系统地对处于不同生态位的个体和群体进行分析，从而更好地利用环境。从纵向看，语文教学有小学、中学和大学等层次；从空间位置上看，语文教学可以分为城市语文教学和农村语文教学。我国是一个农业大国，农村人口还很多，农村学校分布也很广，我们应当根据农村和城市这两种不同类型的语文学习环境的特点实施语文美育。

（一）语文美育对农村社会环境的利用

农村是以从事农业生产为主的农业人口居住的地区，具有特定的自然景观和社会经济条件。农村中小学肩负着为高一级学校输送合格新生和为农村社会发展培养有用人才的双重任务。农村学校语文教学要适应推进社会主义新农村建设、让农村成为农民安居乐业的美丽家园的需要，要引导学生走出课堂、走出学校，要充分利用农村的社会环境，使学生在农村这一片广阔天地中提升自己的语文素养和审美能力。语文美育对农村社会环境的利用主要有以下路径。

一是充分挖掘农村课程资源，开发地方课程和校本课程。学校课程的开发要因地制宜，努力为当地经济建设和社会发展服务。同时，学校要结合农村建设和发展的实际开发课程资源。在这方面可参考《普通高中语文课程标准（实验）》设计的选修课程“中华文化寻根”和“社区文化专题”。

中华文化寻根

通过古代文化知识的学习，感受中华文化的辉煌多姿和源远流长，以激发爱国情怀和文化寻根的兴趣。积累历史文化知识，增加文化底蕴，并融会贯通于语文学习的全过程。关心并学习调查自己身边的文化现象，探求其历史根源和演变轨迹，讨论传统文化对现代社会以及社会发展的影响。

本课程可选择的内容专题，可包括民族、氏族、宗教、婚姻、家庭、姓氏，天文、地理、历法、纪时、风俗，艺术、文教、汉字、文献，衣、食、住、行、用等。不追求内容上的面面俱到，可以选择若干古代文化专题作为教学的切入点。通过若干专题的学习，激发学生的兴趣，在自主学习中扩大古代文化的知识面。

教学方法上既要给学生介绍古代文化知识，也要引导学生关注现今文化现象，探求其历史源流，使学生学会搜集材料、调查分析，说明和讨论传统文化现象的社会影响。可根据本地区历史、民俗、文物、古迹等文化资源，设计专题内容，因地制宜地引导学生做调查研究。[1]

社区文化专题

培养社会参与意识，关注当代文化生活，在城市或农村展开社区文化的调查，搜集整理材料，对社区中市民或村民的生活方式、风俗习惯、思想观念、文化演变等进行分析讨论。在有关部门的领导下，采用多种形式，开展文化交流和社区文化建设活动，积极传播先进文化，提高参与文化建设的自觉性和语文综合应用能力。

注意调查访问与书面学习相结合，现状调查与比较研究相结合，分析研究与参与传播建设相结合。阅读有关书籍，了解关于文化及社区文化的知识和资料；通过观察、访谈、问卷调查、开座谈会等方式，向社区干部、中小学生、市民或村民等进行调查，整理分析资料，写成调查报告、社区建设的建议书等。[2]

二是编制体现农村生活特点的乡土教材和补充读物。选择贴近农村生活的优秀文章作为补充读物，编制以农村社会生活历史与发展为主题的乡土教材，让学生学有所用、学有所悟，同时也能够更真切地感受到

[1] 中华人民共和国教育部. 普通高中语文课程标准（实验）[M]. 北京：人民教育出版社，2003：35.
[2] 同 [1] 35-36.

农村生活的自然美和朴素美。

三是开展针对农村学生语文素养和审美能力提升的自主、合作、探究学习活动。开展课外语文学习活动要尽可能针对不同地区、不同学校、不同学生的需求，让学生在语文实践中学语文、用语文。要善于通过专题学习等方式，沟通课堂内外，沟通听、说、读、写，增加学生语文实践的机会。比如组织采风及民间文学的收集活动，组织对联及农村实用文体的书写大赛，参与农村广播站、文化馆和各种文化活动设施的建设，等等。

（二）语文美育对城市社会环境的利用

城市是非农产业和非农业人口集聚形成的人口较稠密的地区。与农村相比，城市是有着自己鲜明特点和功能的系统。动物的生存环境是天然的自然环境，人的生存环境则是人化的自然环境。更重要的是，人不但能改造自然使之成为人化的自然环境，而且还能利用自然环境提供的物质材料，为自己创造出“第二自然”，即一个为人所独有的人工环境。城市即是一个典型的人工环境。现代城市建设非常注重美学价值，在城市布局与建筑设计上非常讲究艺术性，许多建筑物本身就是一件艺术品。

语文教学要利用城市的人文环境，培养学生的审美意识。语文教师在讲授语文教材里的《北京立交桥》《故宫博物院》《苏州园林》《从宜宾到重庆》及类似内容的课文时，可以把学生带到现场，并讲解有关城市艺术欣赏的知识，引导学生欣赏城市中的布局美、建筑美和艺术美，让学生在对城市美的感受与欣赏中完成语文教学的任务。在讲授《济南的冬天》《都市精灵》《幽径悲剧》《明天不封阳台》《那树》《足下的文化与野草之美》及类似内容的课文时，可以引发学生对人与自然关系的思考，在语文教学的同时，激发学生的古城保护、环境保护、生态平衡等意识。

语文教学要利用城市的人文环境培养学生的审美能力。城市有许多可以利用的语文课程资源，如博物馆、纪念馆、文化馆、图书馆、美术馆、音乐厅、剧院、名胜古迹、文化遗产等，这些专门的文化机构和设施体现了一个城市的文化功能，也反映了一个国家和民族的整体素质和文明程度，带领学生参观考察，可以深化学生对文化现象的认识，培养学生的审美能力。语文教师还可以采取“走出去，请进来”的方法利用城市的文化资源。所谓“走出去”就是引导学生走出课堂、走出校门，走进社区、走进丰富多彩的城市环境中，学习语文、接受美育。所谓“请进来”，有三种方法：一是教师把社会的文化热点引进课堂，通过介绍、讨论、辩论等形式，提高学生对各种文化现象的认识能力和阐释自己见解的能力；二是把具有较大社会影响力的文学作品引进语文课堂，利用新的文学信息撞击学生的心灵，使之产生热爱文学、热爱语文的热情；三是把一些具有较大社会影响力的作家请进学校，通过他们的言传身教，激发学生学习文学、学习语文的动机和热情。

城市往往是一个地区的文化信息中心。城市的各种文化信息极其丰富，这就为城市学生语文能力的培养提供了良好的环境，在实际语文能力方面城市学生通常强于农村学生就与此相关。城市丰富的文化信息资源对语文教学的影响表现在两方面：一方面，大量的信息为语文教学提供了丰富的素材；另一方面，一些不健康的文化信息又在腐蚀着学生的心灵。因此，语文教师更应关注语文美育，引导学生对社会文化信息进行鉴别，从而发挥健康信息对学生身心发展的促进作用，抵制消极文化对学生的不良影响。

四、网络语文学习环境与审美

当今时代是一个信息“爆炸”的时代，互联网的迅速发展是最显著的标志。作为信息载体，网络被称为继报纸、广播、电视这三大传统媒体之后的“第四媒体”，这是一种比传统媒体传播信息更快、传播范围更广、输送信息更及时、信息内容更丰富的现代媒体。校园环境、家庭环境、社会环境都是现实环境，而网络语文学习环境是一种虚拟环境，互联网正在改变我们的世界，也在影响我们的语文审美教育。互联网不再是一种单纯的提供信息的手段，它越来越多地改变我们的生活方式，甚至在培养一代新新人类。网上交友、聊天、浏览新闻、下载各种软件等都已成为许多人日常生活不可缺少的一部分。网络给人们带来的最直接的变化，就是改变人们获得信息的渠道，并因此改变了人们的阅读甚至写作方式。

网络拓展了语文学习的环境，丰富了语文学习的内容。在互联网上，我们除了能够获得传统媒体所能提供的信息，能够读到传统出版物上所能提供的作品外，还能见到比传统媒体和出版物上要多得多的信息和作品，譬如超文本作品、电子贺卡，等等，都是直接诞生并扎根于网络这片土壤的。其中的有益信息和优秀作品的丰富性和独特的价值是不容忽视的，合理的网络阅读，可以使人们的阅读更充实、知识更新更快、知识结构更完整，也能够使人们体验精彩的网络生活的乐趣。相反，如果我们的阅读缺少网络这片土壤，那我们的视野必会相对狭小，我们将成为时代的落伍者。

互联网是一片信息的海洋，如果不加选择地阅读，就会感到无所适从，所以应当有目的地阅读。就以网络文学为例，当网络正在为越来越多的作家、批评家了解和熟悉的时候，人们发现文学的创作和批评已不再是作家和批评家的专利，由互联网催生的数以万计的网络写作高手，正在凭着空前高涨的热情占领着文学网页，我们数千年来形成的文学规则也受到了冲击，随着网络文学的崛起，传统的文学理念已发生变化。但是网络文学创作主体成员散漫，网络文学的目的和意义、内容与形式散乱，网络文学评论弱化，这大致能描述出网络文学的现状，而造成这一现状的原因便是网络所带来的自由。现今，这种自由由于缺少应有的节制而显得有些失范，它一方面为有才华的文学爱好者提供了更多的机会，为文学创作提供了更广阔的空间；另一方面也使网络文学产生了大量的泡沫作品，这也正是网络文学经常被一些传统作家、批评家否定的原因。然而就文学发展的历史规律来看，一切文学门类都是由最初的大众创作、民间创作走向文人创作，逐步走向成熟的，虽然网络文学目前尚处于大众写作的阶段，但随着时间的演进，传统作家会进一步融入网络。在新的规范产生之后，网络文学必将进一步走向成熟。

互联网与计算机信息技术给语文教学带来了许多有利的条件和海量的信息资源。语文教师应当积极构建网络环境下的学习平台，拓展学生学习和创造的空间，支持和丰富语文综合性学习和语文审美教育；应当引导学生学习跨媒介的信息获取、呈现与表达，思考、探索不同媒介语言文字运用的现象、特点和规律并进行梳理、探究与评价，提高理解、辨析、评判媒介传播内容的能力和利用多种媒介进行分享与交流的能力，以及审美能力。

当然，网络语文学习环境是时代的产物，有先进的一面，也有自身的弊端，语文美育渗透在各种文化环境中，当然也包括网络语文学习环境。在语文教学过程中，教师应充分引导学生利用网络资源，用正确的审美观去指导学生获得真正的具有较高审美价值的网络资源，从而开拓自己的审美视野，提升自己的审美品位，形成高尚的审美情趣，达到语文审美教育的目的。

第七章 语文教师的审美修养

《中华人民共和国教师法》规定："教师是履行教育教学职责的专业人员，承担教书育人，培养社会主义事业建设者和接班人、提高民族素质的使命。教师应当忠诚于人民的教育事业。"[1]教师是教学活动中的主体。其主体作用表现在他有目的、有计划、主动积极地以教材为中介，指导学生通过学习完成教学任务，从而培养未来社会所需要的人才。教师是传递和传播人类文明的专职人员，是学校教育职能的主要实施者。教师不同于常人，应有其自身的素养。作为传道之人，教师必须闻道在先；塑造他人灵魂的人，首先自己要有高尚的灵魂。因此，任何社会对教师都有特殊的要求。语文教师能否按照美的规律来塑造自身的人格形象，培养高尚的审美情趣及提高自身的审美技能，便成为影响整个语文美育实践效果的关键所在。所以，语文教师的审美修养便成了语文教师的必备修养，它既是为了满足语文教育实践的要求，也是为了更加充分地实现语文美育的目的。

[1] 中华人民共和国教师法[J]. 北京教育（普教版），1994（Z1）：8.

第一节　语文教师审美修养的含义

语文美育要求语文教师不断提高自身的审美修养。语文教师的审美修养是一个由多种因素组成的系统，它具有独特的职业特性和基本内涵。每一名语文教师只有对其特性和内涵有所了解，才能更好地根据自身的具体情况，有目的、有步骤地加强自身的审美修养。语文教师的审美修养主要包括两个方面，即内在审美修养和外在审美修养。

一、内在审美修养

内在审美修养是指内化于教师自身的心理——文化结构中不可见的、有着一定发展水平和稳定程度的审美素质。它主要表现在教师丰富的美学和美育理论知识、完善的个体审美心理结构及健康人格的魅力等方面。

（一）丰富的美学和美育理论知识

美学和美育理论是语文教师内在审美修养不断提高的基础。通过学习系统的美学和美育理论，教师对美的感受、欣赏、表达和创造能力必将会有极大的提高。教师美学和美育理论知识的不断丰富，还有助于教师美育能力和审美化教学能力的提高。

语文教师学习的美学和美育理论主要包括以下几个方面的内容：一是系统的中外美学史和美学理论的基础知识。语文教师的知识结构决定了他必须系统地掌握美学知识和理论，以及各门艺术的知识和理论。语文课程综合性的特点对语文教师的美学修养也提出了很高的要求。二是系统的中外审美教育理论。中国古代和近代的许多教育家、美学家都非常重视审美教育，语文教师可以从本国、本民族传统的美育理论中汲取许多丰富的营养。而西方的美育理论则有助于语文教师开阔视野，为我国美育实践的开展提供借鉴。三是审美心理学理论。审美心理学是研究审美活动中的心理现象及规律的学科，包括美感与感知、联想、想象、理解、情感、意愿、欲望诸心理现象的关系等。审美心理学理论是语文教师在语文美育实践中的重要理论指导，同时也有助于语文教师形成自身完善的审美心理结构。

（二）完善的个体审美心理结构

个体审美心理结构是指个体在长期的审美实践中形成的，由一定审美理想、审美趣味、审美能力等构成的心理结构。它同智力结构和伦理结构一起，构成主体的心理文化结构，在主体的审美活动中起着积极的作用。语文教师内在审美修养的一个重要方面就是教师个体审美心理结构的自我塑造、自我完善。它表现为语文教师依据个人的审美水平，以个体自觉的形式求得审美能力的提高、审美需要的形成、审美价值意识的确立和审美境界的升华。这其中既有个体理性与整个社会相统一的一面，又有个体内在感性与理性相统一过程中对自我审美心理结构的调整。"一个人的审美修养意味着他的审美见解与他的直觉心理定向和在一切活动中的自我表现保持和谐一致。"[1]可见，语文教师审美修养的提高是在个体审美心理结构的自我塑造、自我完善中实现的。

（三）健康人格的魅力

人格是人在一定的社会关系中所呈现的品质特征和行为模式。健康人格是语文教师内在审美修养的最高层次。所谓健康人格，是指一个统一、和谐、具有协调能力、富有创造性和丰富情感内涵的自我有机体。具备健康人格的语文教师必然会在美育活动中表现出一种影响力，这种影响力就是魅力。它是语文教师能在学生中树立美好形象和建立威信的重要原因。

语文教师健康人格的魅力体现在语文教师高尚的师德和豁达的人生态度上。它具体体现在教师对知识、对事业、对日常生活的态度中，如对知识有严谨求实的学风，对事业有执着的追求和顽强进取的精神，日常生活中的言谈举止都表里如一，注意对学生的影响。

语文教师的人格美是非常有影响力的美，对学生心灵的辐射力很强。教师的人格美往往会影响甚至决定学生今后的人生道路。一名优秀的语文教师应当努力塑造自己的健康人格，成为学生人生道路上的导师和楷模。

[1] 鲍列夫. 美学[M]. 北京：中国文联出版公司，1986：561.

二、外在审美修养

外在审美修养是内在审美修养的显现，是指流露于教师外部生活层面、具有一定技能性质的审美表现素质。它主要表现在教师形象美的设计技能和教学美的展现技能等方面。

（一）形象美的设计

语文教师的审美修养最为直观的体现就是其自身的外在形象。教师在讲台上时就是学生的审美对象。因此，语文教师形象美的设计不是无关紧要的小问题，它是语文教师的外在审美修养，乃至语文美育的一个组成部分。语文教师的形象美主要包括仪表美、教态美两个方面。

1. 仪表美。

仪表美是指由人的自然形体美、表情美和服饰美构成的人的外观形态美。孔子认为君子“见人不可以不饰。不饰无貌，无貌不敬，不敬无礼，无礼不立”[1]。仪表有美丑、雅俗、高下之分，给人以不同的审美感受。语文教师的仪表美，不仅对学生思想品德、生活作风有很大的影响，而且直接影响课堂教学效果的优劣。服饰是文化的表征，是气质风度的标记。教师的服饰要整洁、得体、大方。所谓整洁，就是干净、庄重、朴素，给人一种温文尔雅、文质彬彬的美好感觉。所谓得体，是指服饰与教师的内在气质、性格相一致。所谓大方，就是指教师对服饰不宜追求艳丽和新奇，不要穿着邋遢或怪异的服装走进课堂，这是教师职业的特殊要求。在教学活动和日常生活中，语文教师还应当保持一种良好的精神面貌。健康、幽默、活泼的教师总是易于和学生打成一片，与学生的情感交流也畅通无阻；而那些孤僻、封闭、忧郁的教师则不容易获得学生的相信和爱戴。在教学过程中，教师的神情应保持坦然、平静。在启发学生思考问题、回答问题时，眼里流露出的应是热情和真诚，给学生以信任和鼓励。烦躁、冷漠及鄙视学生的教师会增加学生的不安和反感，伤害学生的自尊心，难以取得学生的好感。

[1] 孔广森. 大戴礼记补注[M]. 北京：中华书局，2013：145.

2. 教态美。

人的姿态动作往往出自人的本能，发自内心。一个眼神、一举手一投足都显示着内心世界的奥秘。孟子说："君子所性，仁义礼智根于心，其生色也，睟然见于面，盎于背，施于四体，四体不言而喻。"[1]教师的教态是衡量一个教师是否成熟的重要标志之一。教态美一般通过教师的举止、神情等方面表现出来。一个成熟的语文教师的教态通常是端庄、自然、大方、严肃的。外在的举止是与内心相一致、相谐调的。审美修养高的语文教师只要一走进课堂，举手投足之间都会使学生产生好感，给学生一种审美愉悦。语文教师的神情是沟通师生心灵的桥梁。乐观向上的教师总能成为学生的良师益友，而那些死气沉沉、冷漠无情，动辄训斥、辱骂甚至体罚学生的教师，不仅会破坏自己在学生心中的美好形象，而且会直接影响教学效果。

（二）教学美的展现

教学具有科学性，又具有艺术性。所谓教学美，是指在教学过程中，师生能直观自己的本质力量，感受具有创造性的教学活动所带来的审美愉悦。就语文教师的教学而言，教学美的展现主要体现在教学设计的审美化、教学语言的审美化、教学实施的审美化三个方面。

1. 教学设计的审美化。

教学设计是根据课程标准的要求和教学对象的特点，将教学诸要素有序安排，确定合适的教学方案的设想和计划。教学设计一般包括教学目标、教学重难点、教学方法、教学步骤与时间分配等内容。

教学设计审美化就是教师按照美的规律来安排教学内容和形式，设计教学方案。语文教学设计的审美化要求语文教师具备以下两个方面的技能：其一是设计和运用语文教学组织形式的审美化技能。即语文教师根据不同的教学目标、教学内容和教学对象，或灵活巧妙地应用现有的教学组织形式，或大胆创造探索而设计出新的组织形式，所用的教学组织形式除了始终与教学目标、内容、对象保持和谐一致，还具有开放性和可调配性，当情况变化时，能随时变化和更新。其二是设计和运用语

[1] 朱熹. 四书集注[M]. 长沙：岳麓书社，1985：450.

文教学组织方式的审美化技能。即语文教师依据一定的审美方式来策划教学环境、教学时间、教学形式及教师自身形象。语文教学设计审美化技能是保证具体教学体现美的规律、提高审美效果的基本手段。它不仅直接关系到教师“传道授业”是否合理，是否能吸引学生轻松、自觉地投入学习过程，同时直接影响学生作为接受主体对教师工作的认同，对所学知识的领会及其与教师的思想交流。

2. 教学语言的审美化。

教学语言是教师的职业语言，是教师根据教学任务的要求，在特定的教学内容和教材的规定下，针对特定的教学对象，在规定的时间内把知识技能传授给学生而使用的语言。教学语言通常指课堂教学语言，涉及口头语言、书面语言和体态语，主要指口头语言。

教学语言的审美化就是教师在教学活动中按照美的规律，将日常生活语言转化为教学语言并增强其艺术表现力。语文教学语言的审美化要求语文教师的课堂教学语言具备以下两个方面的特点：一是语言内容的准确、恰当和生动。语文教学语言所传递的语言信息首先要准确，具有科学性和清晰美，能满足学生求知的愿望，使学生获得求知的快感。其次是恰当，这是指对语言难易的“度”的掌握，和对一定时间内语言所包含的内容的“量”的把握。再次是生动，语文教学语言应是生动活泼、优美典雅的，而且不乏幽默和机智，既形神飞动，又耐人寻味，努力使每一个词都闪烁智慧和灵感的光彩。二是语音的美。这是由教师的音高、音量、音速、音色等诸因素和谐地结合所产生的美，一种犹如音乐的听觉美。教学语言的音高和音量应控制在一定的音域内。过，则成为噪声；不及，则妨碍教学。节奏应跌宕起伏，抑扬顿挫，有韵律美。音速应与讲授的内容相配合，疾徐有度。音色应力求柔美。

3. 教学实施的审美化。

教学实施是对教学设计的实际操作，教学实施既要符合教学内容、教学目标的要求和教学对象的特点，又要考虑在特定教学环境中的必要性和可能性。

教学实施审美化就是教师按照美的规律来实施教学设计方案。语文教学实施的审美化要求语文教师的课堂教学实施具有以下三个方面的特点：一是情感性。要使教学活动成为教学艺术，就必须有情感交流、爱心传递，形成富有情感意味的教学情境。二是创造性。语文教师应有经过独立思考得出的见解和属于自己的教学风格。三是审美性。语文教学活动应当成为审美活动，语文教学的过程应同时也是审美活动的过程，使学生在美的享受中获得知识，形成能力，提高素养。

第二节　提高语文教师审美修养的途径

语文教师的审美修养是一个综合系统，因而其审美修养的培养和积累也是多方面的和逐步形成的。限于篇幅，本书仅就提高语文教师内在和外在审美修养途径的主要方面提出一些建议，供广大语文教师参考。

一、提高内在审美修养的途径

提高语文教师内在审美修养的途径，除了教师勤于反思、注重自我修炼和完善外，还应加强理论学习、增加生活经验积累和参加审美实践活动三个方面。

（一）理论学习

一个合格的语文教师必须通过系统的专门学习，形成一定的文化知识素养和美学理论修养。

文化知识修养包含多方面的内容，它们或直接或间接地影响着语文教师的审美修养水平。“如果一个教师对具体审美对象所知甚少，缺乏必要的对象知识，那么，他在对这个对象进行审美观照时，就很难产生深刻的体验并享受它所带来的审美愉悦，难以形成强烈的情感和心灵震荡，从而也就不能达到具体而有效的审美修养效果。”[1]多方面地吸收知识，学习人类文化的丰富成果，可以为审美修养的提升打下基础。

语文教师要提高审美修养还必须有一定的美学理论知识做基础。古今中外的美学理论著作是语文教师培养、提高自身审美修养的知识源泉。全面系统地学习、掌握美学理论，有利于语文教师自觉地提高审美修养，有效地实施语文美育。

（二）生活经验的积累

语文教师在个人活动和社会交往中积累的丰富经验，也是其提高自身审美修养的重要条件。

语文教师的审美修养总是在一定的社会生活中逐渐积累起来的。离

[1] 杜卫. 美育学概论[M]. 北京：高等教育出版社，1997：277.

开了社会生活，既不可能有审美对象和审美活动，也谈不上审美主体的修养、情操的陶冶、人格的升华。语文教师的生活经验越丰富，对审美对象和审美活动的感受就越深，审美联想和想象的天地也就越宽广。语文教师在实际生活中接触的事物越多，对事物与事物之间关系的了解就越全面，审美情感反应也就越强烈。所以，语文教师应重视实际生活经验的形成与积累，在丰富的生活经验的基础上拓展自己的审美天地，这是自外而内地提高审美修养的必由之路。

（三）审美实践活动

审美实践作为语文教师审美修养的培养途径，意味着教师只有亲身参与审美活动，才能从根本上提高自己的审美修养。参与审美实践活动是培养语文教师审美修养的根本途径。

所谓审美实践，就是人有目的地欣赏美、创造美的行为及其过程。审美实践为主体创造对象，也为对象创造主体。通过审美实践，对象人化，人的本质对象化，人在对象中发现、确证了自己。因此，审美实践的过程是人认识、改造对象和自我创造、自我实现的过程。审美实践包括审美欣赏活动和审美创造活动两个方面。

审美欣赏活动以教师个人对现实和艺术中的审美对象的观照为主要形式，通过教师自身内在审美需求、审美心理结构、审美价值意识之间的协调活动，来陶冶教师的心灵和性情，起到提高教师审美修养的作用。对于语文教师而言，首先要在具体的审美欣赏过程中选择好审美对象。因为审美对象丰富而复杂，所以语文教师在审美欣赏活动中，应当根据对象本身的性质及存在形式，有选择地加以审美观照。在此基础上，教师的内心世界才能有效地与对象世界进行深层交流，在相互作用中受到熏陶。审美欣赏与一般认识的心理过程有别，其主要是形象思维过程。它从对具体形象进行直觉开始，经过分析、判断、体验、品味和联想、想象，达到情感活动的主体与客体的融合一致。语文教师审美体验的获得是一个复杂的过程，教师必须深入领悟审美对象和审美欣赏过程中的深层意蕴，用心审视，以情感悟，有所体验，有所玩味，并结合自己已有的经验，才能从审美对象的外在形式中发现其内在的意味。中国古代多用“品味”来比喻审美欣赏，如品诗、品画等。语文教师在审美实践中还要充分运用自己的联想和想象力，突破审美对象形式的束缚，以便得到更高层次的审美感悟，进而升华到自由的审美境界。这种审美交流，有助于教师不断进入审美修养的更高层次。

审美创造活动是语文教师以个人实际操作的形式，动态地进入内在审美需要、审美心理结构、审美价值意识相互运动的过程，在具体行为中实现个人内在精神追求与外在客体对象的和谐统一，以此陶冶自己的心灵，提高自身的审美能力和审美境界。审美创造活动可分为两个领域的创造活动。一是现实生活领域的审美创造。它包括生产劳动的美化、自然的美化及日常生活的美化。另一个是艺术领域的审美创造。艺术美的创造是人们历来十分重视和强调的审美创造领域，艺术美集中地显示美的特性，具有现实美所无法替代的特殊的审美价值。在日常生活中，语文教师可以通过文艺欣赏和创作、体育锻炼、劳动、游戏等有意味、有情感的活动，表现自己的审美创造力，体验、感受自己审美创造活动的意义，从中获得一种自我满足、自我肯定的喜悦，最终导向语文教师人格的健康、全面发展。因此，凡是具有审美操作性质的活动，都可以起到提高语文教师审美修养的作用。尽管审美创造活动的形式差异及语文教师的个体差异会带来审美效果的差异，但审美创造活动都是利用个体的各种心理机能和谐、协调地发展的。

二、提高外在审美修养的途径

想要提高的外在审美修养，教师除了要掌握语文教学的特点和规律外，还应注重生活的审美化和把握语文教学审美化的原则。

（一）生活的审美化

一个精神富有的人，其生活情趣是丰富、高雅和优美的。人们的生活正是由于个人情趣的差异而呈现出缤纷的色彩。语文教师的形象美不能只在课堂上树立和展现，更重要的是在日常生活中保持，这样的形象美才是最真实、最持久的。

所谓生活的审美化，就是本书第二章第二节所说的“高尚的人生态度（即艺术地对待生活的态度）”的具体实践。生活的审美化，要求语文教师对生活充满爱，善于在日常生活的普通而平凡的事物、事件及活动中寻找美、发现美、创造美、展现美，把美的欣赏与创造融入日常生活的方方面面，使之成为生活的日常行为与习惯。生活的审美化，引导语文教师从寻常中见深意，激励教师以加倍的热情投入日常教学活动，以审美的态度对待生活和教学工作，以自身的生活审美化实践带动学生参与现实生活美的发现与创造。

（二）把握语文教学审美化的原则

语文教学审美化需遵循以下几个原则。

1. 语文美育与德育、智育相统一的原则。

语文美育有其自身独特的价值，即审美价值；又有工具价值，即可以辅助语文德育、智育——以美储善、以美启真。

语文美育审美、语文德育向善、语文智育求真，语文美育与德育、智育相统一的原则，也就是真善美相统一的原则。语文教育应追求真善美的统一，既不能为美育而美育，丢失语文学科的德育目标和智育目标，也不能为了语文学科的德育目标和智育目标，丢失语文学科的美育目标。

2. 审美主体与审美客体相适应的原则。

审美活动是人类（主体）从审美的角度把握现实世界（客体）的一种特殊的精神活动，是主体与客体的沟通，是人的本质力量对象化。

青少年学生作为审美主体，不同年龄段、不同年级，其审美能力乃至生理与心理发展水平、认识事物的能力都存在着差异。作为审美对象的事物，也存着繁简、深浅、难易的差异。因此，语文美育活动要切实有效地开展，就必须符合青少年身（生理）心（心理）发展规律，顾及审美主体（学生）与审美客体（审美对象）相适应的原则。

3. 审美情感与审美认识相结合的原则。

人的审美活动的一个突出特点，就是带有浓厚的情感因素。情感是人对客观事物审美的一种特殊的心理反应。在审美过程中，情感具有重要作用，它不仅是审美需要得以发生的机制，而且是审美展开得以持续的动力，所以，情感也是美育活动的核心因素。在审美实践中，审美既是情感宣泄的需求，又是情感满足的需求。

但审美活动中的情感是积淀着理性因素的情感。审美判断既不是知性判断，也不是逻辑判断，实质上是一种情感判断，即它是在审美展开过程中，因主体发生情感体验，进而对审美对象的美与不美或美丑程度及得失高下等的判断，它更多地联系于主体的情感。它是对形式中包含的特殊意味的情感性理解，也是对对象情感价值的衡量。也就是说，审美活动中的理性因素（如认识、判断、理解等）都不是以逻辑的形式表现出来的，而是积淀、渗透在感性之中，融化在想象和情感之中的。

由于具体的审美过程常常是人的感知、情感、想象和理性相互交织、融合的过程，所以美育便成为沟通人的感性和理性的桥梁。黑格尔曾明确地说："因为艺术的任务在于用感性形象来表现理念，以供直接观照，而不是用思想和纯粹心灵性的形式来表现，因为艺术表现的价值和意义在于理念和形象两方面的协调和统一，所以艺术在符合艺术概念的实际作品中所达到的高度和优点，就要取决于理念与形象能互相融合而成为统一体的程度。"[1]可见，美育既发展人的感性，同时也发展人的理性。语文美育中情感与认识相结合的原则正是建立在这一审美特质之上的。

4. 教育者与受教育者相互转换的原则。

如本书第三章第一节所指出：在审美教育活动中，教育者（立美主体）与受教育者（受美主体）是相对而言的，两者是可以相互转换的。

语文美育活动的主体既是受教育者——美的欣赏者（受美主体），同时又是教育者——美的创造者（立美主体）。学生和教师一方面在感受、鉴赏着美，另一方面又在创造、表现着美。受教育者与教育者、审美欣赏者与审美创造者、受美主体与立美主体的角色相互转换也是语文美育活动的一个原则。

作为审美主体的学生在语文美育活动过程中具有双重地位。一方面，他们是受教育者，是美育的对象，是教师塑造的对象；另一方面，他们又是美的知识的认识者和美的事物、现象的追求者、发现者、感受者、鉴赏者、表达者、创造者，是整个语文美育活动的主人——学习、认识、欣赏、创造美的主体。学生与语文教师同是语文美育活动的主体，而学生是更为重要的主体。教师的审美教育只能是学生丰富美学知识、提高审美修养的外因，而这外因必须通过学生的内因才能起作用。学生才是

[1] 黑格尔. 美学：第1卷[M]. 北京：商务印书馆，1979：90.

真正的主人——学习的主人，审美发展的主人。

教师在语文美育活动过程中同样具有双重地位。一方面，他们是教育者，是语文美育活动的引导者和组织者，是美的知识的传播者，负有引导、组织学生追求、发现、感受、鉴赏、表达、创造美的责任；他们本身也是美的创造者，教师的服饰、教态、言行、风度、审美趣味、思想观念等，都表现着教师的审美追求，同样会对学生产生影响。另一方面，他们自己也在语文美育过程中受到熏陶、受到教育。当然，作为教育者、立美主体的教师应当在语文美育过程中发挥主导作用：一是集中学生的审美注意，激发他们的审美欲望，让其尽快进入审美学习的主体角色；二是要使每个学生都参与审美活动，让大家的审美认识互相补充和完善，起到引导的作用；三是要为学生对审美对象的“入境”排难解困；四是强化审美对象的审美信息对学习主体的刺激作用，让学生的审美心理尽快达到同化。

因此，开展语文美育活动，使语文教学审美化，还必须顾及教育者（立美主体）与受教育者（受美主体）相互转换的原则。

参考文献

一

[1] 章学诚.文史通义[M].刘公纯，标点.北京：古籍出版社，1956.

[2] 余冠英.汉魏六朝诗选[M].北京：人民文学出版社，1958.

[3] 高名凯，石安石.语言学概论[M].北京：中华书局，1963.

[4] 毛泽东.毛泽东选集（一卷本）[M].北京：人民出版社，1967.

[5] 毛泽东.毛泽东著作选读（甲种本）[M].北京：人民出版社，1967.

[6] 王夫之，等.清诗话[M].上海：上海古籍出版社，1978.

[7] 曹禺.曹禺选集[M].北京：人民文学出版社，1978.

[8] 郑燮.郑板桥集[M].上海：上海古籍出版社，1979.

[9] 叶圣陶.叶圣陶语文教育论集[M].北京：教育科学出版社，1980.

[10] 中华函授学校.语文学习讲座丛书[M].北京：商务印书馆，1980.

[11] 朱光潜.朱光潜美学文学论文选集[M].长沙：湖南人民出版社，1980.

[12] 北京大学哲学系美学教研室.中国美学史资料选编[M].北京：中华书局，1980.

[13] 北京大学哲学系美学教研室.西方美学家论美和美感[M].北京：商务印书馆，1980.

[14] 郭绍虞.中国历代文论选：第3册[M].上海：上海古籍出版社，1980.

[15] 鲁迅.鲁迅全集：第8卷[M].北京：人民文学出版社，1981.

[16] 宗白华.美学散步[M].上海：上海人民出版社，1981.

[17] 刘勰.文心雕龙注译[M].郭晋稀，注译.兰州：甘肃人民出版社，1982.

[18] 曹雪芹.红楼梦[M].北京：人民文学出版社，1982.

[19] 朱光潜.朱光潜美学文集：第2卷[M].上海：上海文艺出版社，1982.

［20］贾文昭，徐召勋．中国古典小说艺术欣赏［M］．合肥：安徽人民出版社，1982.

［21］蔡元培．蔡元培美学文选［M］．北京：北京大学出版社，1983.

［22］吕叔湘．吕叔湘语文论集［M］．北京：商务印书馆，1983.

［23］《中国教育年鉴》编辑部．中国教育年鉴（1949—1981）［M］．北京：中国大百科全书出版社，1984.

［24］朱熹．四书集注［M］．长沙：岳麓书社，1985.

［25］朱自清．朱自清论语文教育［M］．郑州：河南教育出版社，1985.

［26］徐志锐．周易大传新注［M］．济南：齐鲁书社，1986.

［27］老舍．老舍选集：第四卷［M］．成都：四川文艺出版社，1986.

［28］中共中央文献研究室．十二大以来重要文献选编（中）［M］．北京：人民出版社，1986.

［29］冯其庸．脂砚斋重评石头记汇校［M］．红楼梦研究所，汇校．北京：文化艺术出版社，1987.

［30］刘刚强．王国维美论文选［M］．长沙：湖南人民出版社，1987.

［31］杨成章．作文教学原理［M］．福州：福建人民出版社，1987.

［32］宗白华．美学与意境［M］．北京：人民出版社，1987.

［33］余秋雨．艺术创造工程［M］．上海：上海文艺出版社，1987.

［34］孙绍振．美的结构［M］．北京：人民文学出版社，1988.

［35］沈凤笙，陈成国．周礼·仪礼·礼记［M］．长沙：岳麓书社，1989.

［36］阎景翰．写作艺术大辞典［M］．西安：陕西人民出版社，1990.

［37］叶圣陶．叶圣陶集：第11卷［M］．南京：江苏教育出版社，1991.

［38］孙逊，孙菊园．中国古典小说美学资料汇粹［M］．上海：上海古籍出版社，1991.

［39］王国维．王国维哲学美学论文辑佚［M］．佛雏，校辑．上海：华东师范大学出版社，1993.

［40］杨德如，等．语文美育学导论［M］．合肥：中国科学技术大学出版社，1993.

［41］沈小峰，等．自组织的哲学：一种新的自然观和科学观［M］．北京：中共中央党校出版社，1993.

［42］徐特立．徐特立文存：第4卷［M］．广州：广东教育出版社，1995.

［43］钱梦龙．导读的艺术［M］．北京：人民教育出版社，1995.

［44］王宁．训诂学原理［M］．北京：中国国际广播出版社，1996.

［45］杨振兰．现代汉语词彩学［M］．济南：山东大学出版社，1996.

［46］李渔．李渔随笔全集［M］．成都：巴蜀书社，1997.

［47］欧阳代娜，等．欧阳代娜中学语文教学艺术初探［M］．济南：山东教育出版社，1997.

［48］叶蜚声，徐通锵．语言学纲要［M］．北京：北京大学出版社，1997.

［49］杜卫．美育学概论［M］．北京：高等教育出版社，1997.

［50］张志公．张志公自选集［M］．北京：北京大学出版社，1998.

［51］杨辛，等．青年美育新编［M］．北京：北京大学出版社，1998.

［52］刘再复．性格组合论［M］．合肥：安徽文艺出版社，1999.

［53］刘熙载．刘熙载文集［M］．南京：江苏古籍出版社，2000.

［54］谭学纯，唐跃，朱玲．接受修辞学［M］．合肥：安徽大学出版社，2000.

［55］蒋念祖．美育与中学语文教学［M］．长春：东北师范大学出版社，2000.

［56］徐林祥．中国美学初步［M］．广州：广东人民出版社，2001.

［57］万福成，李戎．语文教育美学论［M］．青岛：青岛海洋大学出版社，2001.

［58］黄良．美育与中学语文教学［M］．重庆：西南师范大学出版社，2001.

［59］欧少亭．教育政策法规文件汇编：第一卷［M］．延吉：延边人民出版社，2001.

［60］马正平．高等写作学引论［M］．北京：中国人民大学出版社，2002.

［61］赖瑞云．混沌阅读［M］．福州：福建教育出版社，2003.

［62］杨振兰．动态词彩研究［M］．济南：山东人民出版社，2003.

［63］许慎．说文解字校订本［M］．班吉庆，王剑，王华宝，校点．南京：凤凰出版社，2004.

［64］曹雪芹．石头记会真［M］．周祜昌，周汝昌，周伦玲，校订．郑州：海燕出版社，2004.

[65] 西周生 . 醒世姻缘传 [M] . 晓廖，等点校 . 合肥：安徽文艺出版社，2004.

[66] 谭学纯，朱玲 . 修辞研究：走出技巧论 [M] . 合肥：安徽大学出版社，2004.

[67] 张宗正 . 理论修辞学——宏观视野下的大修辞 [M] . 北京：中国社会科学出版社，2004.

[68] 陈光宇 . 语文美育学 [M] . 北京：中国工人出版社，2004.

[69] 蔡邕，等 . 书品 [M] . 哈尔滨：北方文艺出版社，2005.

[70] 李镇西 . 听李镇西老师讲课 [M] . 上海：华东师范大学出版社，2005.

[71] 杨斌 . 语文美育叙论 [M] . 南京：南京师范大学出版社，2005.

[72]《古代汉语词典》编写组 . 古代汉语词典 [M] . 呼和浩特：内蒙古大学出版社，2005.

[73] 卢国琛 . 杜甫诗醇 [M] . 杭州：浙江大学出版社，2006.

[74] 孙绍振 . 名作细读——微观分析个案研究 [M] . 上海：上海教育出版社，2006.

[75] 孙绍振 . 文学性讲演录 [M] . 桂林：广西师范大学出版社，2006.

[76] 裘锡圭 . 文字学概要 [M] . 北京：商务印书馆，2006.

[77] 裴文 . 普通语言学 [M] . 广州：广东教育出版社，2006.

[78] 韩军 . 韩军与新语文教育 [M] . 北京：北京师范大学出版社，2006.

[79] 北京未来新世纪教育科学研究所 . 新课程改革动态 [M] . 呼和浩特：远方出版社，2006.

[80] 石涛 . 石涛画语录 [M] . 南京：江苏美术出版社，2007.

[81] 夏丏尊，刘薰宇 . 文章作法 [M] . 北京：中华书局，2007.

[82] 孙绍振 . 文学创作论 [M] . 福州：海峡文艺出版社，2007.

[83] 朱行能 . 写作思维学 [M] . 北京：人民出版社，2007.

[84] 张中原，徐林祥 . 语文课程与教学论新编 [M] . 南京：江苏教育出版社，2007.

[85] 郑桂华，王荣生 . 语文教育研究大系（1978—2005）· 中学教学卷 [M] . 上海：上海教育出版社，2007.

[86] 曹雪芹 . 红楼梦 [M] . 中国艺术研究院红楼梦研究所，校注 . 北京：

人民文学出版社，2008.

[87] 朱光潜 . 谈美 [M]. 北京：北京大学出版社，2008.

[88] 赖瑞云 . 语文课程理论与应用 [M]. 福州：海峡文艺出版社，2008.

[89] 谭学纯，朱玲 . 广义修辞学 [M]. 合肥：安徽教育出版社，2008.

[90] 蒋凡，李笑野，白振奎 . 全评新注世说新语 [M]. 北京：人民文学出版社，2009.

[91] 何东昌 . 何东昌论教育 [M]. 北京：人民教育出版社，2009.

[92] 孙绍振 . 演说经典之美 [M]. 福州：福建教育出版社，2009.

[93] 徐林祥，张中原 . 语文教学技能全程训练新编 [M]. 南京：江苏教育出版社，2009.

[94] 李民，王健 . 尚书译注 [M]. 上海：上海古籍出版社，2010.

[95] 钱理群，孙绍振，王富仁 . 解读语文 [M]. 福州：福建人民出版社，2010.

[96] 中共中央文献研究室 . 十五大以来重要文献选编 [M]. 北京：中央文献出版社，2011.

[97] 陈一琴 . 聚讼诗话词话 [M]. 上海：上海三联书店，2012.

[98] 孙绍振 . 月迷津渡——古典诗词个案微观分析 [M]. 上海：上海教育出版社，2012.

[99] 谭学纯 . 广义修辞学演讲录 [M]. 上海：上海三联书店，2012.

[100] 李运富 . 汉字学新论 [M]. 北京：北京师范大学出版社，2012.

[101] 中国社会科学院语言研究所词典编辑室 . 现代汉语词典 [M]. 第 6 版 . 北京：商务印书馆，2012.

[102] 孔广森 . 大戴礼记补注 [M]. 北京：中华书局，2013.

[103] 顾黄初 . 顾黄初语文教育文集外集 [M]. 南京：江苏教育出版社，2013.

[104] 孙绍振 . 审美阅读十五讲 [M]. 北京：北京大学出版社，2013.

[105] 赖瑞云 . 文本解读与语文教学新论 [M]. 北京：北京师范大学出版社，2013.

[106] 吴俊 . 语文美育理论与实践 [M]. 成都：西南交通大学出版社，2013.

［107］最高人民检察院《法律手册》编委会 . 教育管理与学生维权常用法律法规精编［M］. 北京：中国检察出版社，2013.

［108］李节 . 小大由之——语文教学访谈录［M］. 上海：华东师范大学出版社，2014.

［109］陈子展 . 诗经直解［M］. 上海：复旦大学出版社，2015.

［110］王英志 . 袁枚全集新编：第四册［M］. 杭州：浙江古籍出版社，2015.

［111］梁启超 . 情趣人生：梁启超美学文选［M］. 合肥：安徽文艺出版社，2015.

［112］孙绍振，孙彦君 . 文学文本解读学［M］. 北京：北京大学出版社，2015.

［113］孙绍振 . 经典文本的深层结构（上、下）［M］. 上海：上海三联书店，2016.

［114］徐林祥 . 中学语文课程标准与教材研究［M］. 北京：高等教育出版社，2016.

［115］托尔斯泰 . 艺术论［M］. 北京：人民文学出版社，1958.

［116］马克思，恩格斯 . 马克思恩格斯全集：第 3 卷［M］. 北京：人民出版社，1960.

［117］康德 . 判断力批判（上卷）［M］. 宗白华，译 . 北京：商务印书馆，1964.

［118］马克思，恩格斯 . 马克思恩格斯选集：第 1 卷［M］. 北京：人民出版社，1972.

［119］马克思，恩格斯 . 马克思恩格斯选集：第 2 卷［M］. 北京：人民出版社，1972.

［120］马克思，恩格斯 . 马克思恩格斯选集：第 4 卷［M］. 北京：人民出版社，1972.

［121］马克思，恩格斯 . 马克思恩格斯全集：第 23 卷［M］. 北京：人民出版社，1972.

［122］爱因斯坦 . 爱因斯坦文集：第一卷［M］. 许良英，范岱年，编译 . 北京：商务印书馆，1976.

[123] 罗丹．罗丹艺术论［M］．葛赛尔，记．北京：人民美术出版社，1978.

[124] 爱克曼．歌德谈话录［M］．北京：人民文学出版社，1978.

[125] 黑格尔．美学：第1卷［M］．北京：商务印书馆，1979.

[126] 马克思，恩格斯．马克思恩格斯全集：第42卷［M］．北京：人民出版社，1979.

[127] 巴乌斯托夫斯基．金蔷薇［M］．上海：上海译文出版社，1980.

[128] 索绪尔．普通语言学教程［M］．北京：商务印书馆，1980.

[129] 苏霍姆林斯基．帕夫雷什中学［M］．赵玮，等译．北京：教育科学出版社，1983.

[130] 德米特里耶娃．审美教育问题［M］．上海：知识出版社，1983.

[131] 席勒．美育书简［M］．徐恒醇，译．北京：中国文联出版公司，1984.

[132] 鲍列夫．美学［M］．北京：中国文联出版公司，1986.

[133] 万兹沃思．皮亚杰的认知和情感发展理论［M］．徐梦秋，沈明明，译．厦门：厦门大学出版社，1989.

[134] 海德格尔．人，诗意地安居：海德格尔语要［M］．郜元宝，译．桂林：广西师范大学出版社，2000.

[135] 海明威．永别了，武器［M］．林疑今，译．上海：上海译文出版社，2004.

[136] 戈布尔．第三思潮——马斯洛心理学［M］．上海：上海译文出版社，2006.

[137] 索绪尔．索绪尔第三次普通语言学教程［M］．上海：上海人民出版社，2007.

[138] HEMINGWAY E M. A farewell to arms［M］. New York：Scribner，2012.

[139] 马斯洛．人性能达到的境界［M］．曹晓慧，等译．北京：世界图书出版公司，2014.

二

[1] 课程教材研究所. 20 世纪中国中小学课程标准·教学大纲汇编：课程（教学）计划卷 [M]. 北京：人民教育出版社，2001.

[2] 中华人民共和国教育部. 全日制义务教育语文课程标准（实验稿）[M]. 北京：北京师范大学出版社，2001.

[3] 中华人民共和国教育部. 普通高中语文课程标准（实验）[M]. 北京：人民教育出版社，2003.

[4] 中华人民共和国教育部. 义务教育语文课程标准（2011 年版）[M]. 北京：北京师范大学出版社，2012.

[5] 人民教育出版社语文二室. 高级中学课本语文：第二册 [M]. 北京：人民教育出版社，1991.

[6] 人民教育出版社语文二室. 高级中学课本语文：第三册 [M]. 北京：人民教育出版社，1990.

[7] 人民教育出版社语文二室. 高级中学课本语文：第四册 [M]. 北京：人民教育出版社，1991.

[8] 人民教育出版社中学语文室. 全日制普通高级中学教科书语文：第 3 册 [M]. 北京：人民教育出版社，2000.

[9] 人民教育出版社中学语文室. 全日制普通高级中学教科书语文：第 5 册 [M]. 北京：人民教育出版社，2001.

[10] 课程教材研究所，小学语文课程教材研究开发中心. 义务教育课程标准实验教科书语文：五年级上册 [M]. 北京：人民教育出版社，2005.

[11] 课程教材研究所，中学语文课程教材研究开发中心. 义务教育课程标准实验教科书语文：七年级上册 [M]. 北京：人民教育出版社，2001.

[12] 课程教材研究所，中学语文课程教材研究开发中心. 义务教育课程标准实验教科书语文：八年级上册 [M]. 北京：人民教育出版社，2001.

[13] 人民教育出版社，课程教材研究所，中学语文课程教材研究开发中心，等. 普通高中课程标准实验教科书语文：必修 2 [M]. 北京：人民教育出版社，2004.

[14] 人民教育出版社，课程教材研究所，中学语文课程教材研究开发中心，等. 普通高中课程标准实验教科书语文：必修 4 [M]. 北京：人民教育出版社，

2004.

［15］张庆，朱家珑．义务教育课程标准实验教科书语文：二年级（上册）［M］．南京：江苏教育出版社，2011.

［16］张庆，朱家珑．义务教育课程标准实验教科书语文：三年级（上册）［M］．南京：江苏教育出版社，2011.

［17］张庆，朱家珑．义务教育课程标准实验教科书语文：五年级（下册）［M］．南京：江苏教育出版社，2010.

［18］洪宗礼．义务教育课程标准实验教科书语文：七年级（上册）［M］．南京：江苏教育出版社，2005.

［19］洪宗礼．义务教育课程标准实验教科书语文：七年级（下册）［M］．南京：江苏教育出版社，2004.

［20］洪宗礼．义务教育课程标准实验教科书语文：八年级（上册）［M］．南京：江苏教育出版社，2005.

［21］洪宗礼．义务教育课程标准实验教科书语文：八年级（下册）［M］．南京：江苏教育出版社，2004.

［22］洪宗礼．义务教育课程标准实验教科书语文：九年级（上册）［M］．南京：江苏教育出版社，2005.

［23］洪宗礼．义务教育课程标准实验教科书语文：九年级（下册）［M］．南京：江苏教育出版社，2004.

［24］丁帆，杨九俊．普通高中课程标准实验教科书·语文选修：《红楼梦》选读［M］．南京：江苏教育出版社，2008.

［25］丁帆，杨九俊．普通高中课程标准实验教科书语文：必修一［M］．南京：江苏凤凰教育出版社，2014.

［26］丁帆，杨九俊．普通高中课程标准实验教科书语文：必修二［M］．南京：江苏凤凰教育出版社，2014.

［27］丁帆，杨九俊．普通高中课程标准实验教科书语文：必修四［M］．南京：江苏凤凰教育出版社，2014.

［28］丁帆，杨九俊．普通高中课程标准实验教科书语文：必修五［M］．南京：江苏凤凰教育出版社，2014.

［29］温儒敏．义务教育课程标准实验教科书语文：七年级上册［M］．北京：

人民教育出版社，2016.

三

[1] 苏灵扬 . 谈谈语文教学与改革的几个问题 [J]. 湖南教育，1980（12）.

[2] 中国教育改革和发展纲要 [J]. 中国高等教育，1993（4）.

[3] 童庆炳 . 语文教学与审美教育 [J]. 北京师范大学学报，1993（5）.

[4] 中华人民共和国教师法 [J]. 北京教育（普教版），1994（Z1）.

[5] 王希杰 . 语言本质的再认识 [J]. 云梦学刊，1994（4）.

[6] 徐碧辉 . 美育：一种生命和情感教育 [J]. 哲学研究，1996（12）.

[7] 面向 21 世纪教育振兴行动计划（摘要）[J]. 中国高等教育，1999（6）.

[8] 中共中央　国务院关于深化教育改革全面推进素质教育的决定 [J]. 人民教育，1999（7）.

[9] 蒋从安 . 诗文的音韵美 [J]. 语文教学与研究，1999（9）.

[10] 王宁 . 汉语语言学与语文教学 [J]. 中国社会科学，2000（3）.

[11] 中华人民共和国国家通用语言文字法 [J]. 语文建设，2000（12）.

[12] 国务院关于基础教育改革与发展的决定 [J]. 人民教育，2001（7）.

[13] 谭桂林 . 论长篇小说研究中的母题分析 [J]. 湖南师范大学社会科学学报，2001（6）.

[14] 秦勃 . 宋代说话艺术的形式和表演技艺 [J]. 陕西教育学院学报，2002（4）.

[15] 李交发 . 论古代中国家族司法 [J]. 法商研究，2002（4）.

[16] 王富仁 . 口头生活语言 · 书面传媒语言 · 语文教学语言 [J]. 北京师范大学学报（社会科学版），2003（1）.

[17] 姚小平 . 研读索绪尔——《普通语言学教程》（第三度讲授）中的 langue、langage、parole [J]. 外语教学与研究，2003（5）.

[18] 刘大为 . 语言知识、语言能力与语文教学 [J]. 全球教育展望，2003（9）.

[19] 黄建花 . 巧编顺口溜　区别形近字 [J]. 小学教学参考，2005（31）.

[20] 中华人民共和国未成年人保护法（摘抄）[J]. 少先队小干部，2006（9）.

[21] 白金声 . 情趣识字 10 法 [J]. 小学语文教学，2007（1）.

[22] 罗渊，毛丽 . 从“狭义”到“广义”：中国修辞学研究转型及其学术意

义［J］. 福建师范大学学报（哲学社会科学版），2007（1）.

［23］孙绍振.《醉翁亭记》赏析［J］. 福建论坛，2007（2）.

［24］孙绍振. 可欣赏而不可久居——《小石潭记》的诗意境界和散文现实的矛盾［J］. 语文建设，2007（9）.

［25］蒋传光. 中国古代的家法族规及其社会功能——“民间法”视角下的历史考察［J］. 东方法学，2008（1）.

［26］徐林祥.“语文就是语言”——重温叶圣陶先生关于“语文”含义的论述［J］. 语文教学通讯，2008（7）.

［27］杨惠栋. 汉字的形态美和结构美［J］. 安徽文学（下半月），2009（10）.

［28］中共中央　国务院印发《国家中长期教育改革和发展规划纲要（2010—2020 年）》［J］. 人民教育，2010（17）.

［29］宋运来，于永正，毛家英. 作文从讲评走向欣赏——《晚归》童漫作文欣赏课［J］. 新作文（小学作文创新教学），2011（Z2）.

［30］乔惠全，曲海勇. 贾宝玉的罪与罚：宝玉挨打的法律分析——以《大清律例》和《刑案汇览》为视角［J］. 江苏警官学院学报，2012（5）.

［31］赖瑞云.《沁园春·长沙》的教学凝结点［J］. 语文学习，2012（11）.

［32］徐飞. 言语互动与表达的自我实现：黄厚江“共生写作”教学思想试论［J］. 语文教学通讯，2013（1）.

［33］中共中央关于全面深化改革若干重大问题的决定［J］. 求是，2013（22）.

［34］教育部正式印发《关于全面深化课程改革　落实立德树人根本任务的意见》［J］. 中国农村教育，2014（6）.

［35］教育部关于全面深化课程改革　落实立德树人根本任务的意见（摘编）［J］. 青海教育，2014（12）.

［36］徐晓英，蒋军晶. 微写作　边写边“享”——《微写作》教学实录及评析［J］. 小学语文教师，2015（2）.

［37］宁雪红. 语文教学中的“鸣点”创设——以“第三届‘苏派语文教育论坛’课堂实录”为例［J］. 语文知识，2015（4）.

［38］杜红梅. 美国母语教育中的微写作［J］. 课程·教材·教法，2015（5）.

［39］司淑丹. 识字与写字教学中的审美教育——以黄亢美老师的教学为例

[J].现代语文(教学研究版),2015(6).

[40]李海林.语用学之于语文教育——历史的观照与当下的探索[J].语文建设,2015(10).

[41]国务院办公厅关于全面加强和改进学校美育工作的意见[J].中国德育,2015(23).

[42]李运富."汉字学三平面理论"申论[J].北京师范大学学报(社会科学版),2016(3).

[43]核心素养研究课题组.中国学生发展核心素养[J].中国教育学刊,2016(10).

[44]徐林祥,郑昀.基于语文核心素养的"语用热"再认识[J].全球教育展望,2016(8).

四

[1]孙书杰.古汉语语音的修辞功能探析[D].保定:河北大学,2003.

[2]万潇潇.论语文美育与人格塑造[D].扬州:扬州大学,2004.

[3]黄辉霞.基于多元智能理论的初中语文综合性学习教学策略初探[D].上海:华东师范大学,2007.

[4]王晓红."V住"及其相关问题考察[D].上海:上海师范大学,2009.

[5]詹雪.高中语文文学作品教学和审美教育[D].上海:华东师范大学,2010.

[6]刘婷.中学语文戏剧教学与学生审美人格的培养[D].重庆:西南大学,2010.

[7]陈美琴.高中情境作文教学的实践研究[D].杭州:杭州师范大学,2011.

[8]曹得才.《战国策》策士的论辩艺术[D].重庆:重庆大学,2012.

[9]李雪梅.提升小学汉字教学有效性的实践探索:以汉字教学中注重美育为例[D].成都:四川师范大学,2013.

[10]黄邵震.美学观照下的高中随笔写作教学[D].苏州:苏州大学,2014.

［11］许芳芳.《老王》课例比较研究：以王君、肖培东、黄厚江三位语文特级教师的课堂实录为例［D］.济南：山东师范大学，2014.

五

［1］基础教育课程改革纲要（试行）［N］.中国教育报，2001-07-27.

［2］中共中央办公厅印发《关于培育和践行社会主义核心价值观的意见》［N］.人民日报，2013-12-24.

［3］中华人民共和国教育法［N］.人民日报，2016-02-23.

后　记

很早就想写一本关于语文美育的书了。

1993 年，我离开工作了 11 年的中学，到扬州大学担任我的老师、语文教育家顾黄初先生的助手，从事语文教育学的教学与研究，同时也兼做美学和美育研究。当时就萌生过写一本语文美育著作的想法。

1999 年，我担任硕士生导师后，在给历届研究生开设的几门课程中，便有“语文美育研究”一门，也曾想在讲稿的基础上完成《语文美育学》一书。

2000 年底，全国语文教师继续教育研究会成立大会暨中小学语文教师继续教育课程建设研讨会在广东教育学院召开，语文出版社陈甄女士、郑浩先生提议我与四川教育学院朱光宝先生、江苏教育学院李新宇先生合作完成《语文美育》一书。我撰写的书稿中的一部分曾以《论美育的目的和任务》为题，刊于《扬州大学学报》（高教研究版）2002 年第 2 期。同时，我指导研究生万潇潇完成了题为《论语文美育与人格塑造》的硕士学位论文（2004）。但后来由于种种原因，该书稿最终未能交付出版。

直到 2015 年 4 月，人民教育出版社顾之川先生邀我参与他主编的广西教育出版社出版的“中国语文教育研究丛书”的写作，并出席在南宁召开的项目启动会，完成了《语文美育学》的项目论证，本书的撰写工作才算正式启动。

同年下半年，福建师范大学郑昀博士应聘至扬州大学任教，担任我的助手。稍后，又由我担任她的博士后合作导师。郑昀博士在攻读硕士、博士学位期间师从赖瑞云、孙绍振、潘新和、谭学纯诸先生，受过严格的学术训练，有着很好的文学与语言学基础，刚好可以帮我分担《语文美育学》书稿的写作任务。本书即是在我原先"语文美育研究"讲稿的基础上，由我们两人共同完成的。

本书融入了这20多年来我对美育与语文美育的思考。我一直以为：美育包括美学基础知识的教育但不能等同于美学的教育，美育包括审美情感的教育但不能等同于情感教育，美育包括社会美的欣赏与创造的教育但不能等同于德育（也不隶属于德育），美育包括艺术美的欣赏与创造的教育但不能等同于艺术教育（更不能等同于艺术技能的操练），美育包括青少年美育但不能等同于学校美育，美育是美育学原理的实践但也不能等同于美育学原理的教育。

与以往出版的语文美育研究著作不同，本书不再满足于用语文教学的案例诠释美学理论，而是将语文美育作为一门新兴的交叉学科，注重构建语文美育学的理论框架。与以往关于美育与语文美育任务的规定不同，本书不再局限于审美能力的培养，而是将审美意识的重建列为美育与语文美育的首要任务。与以往关于语文审美对象的论述不同，本书不再简单套用自然美、艺术美、社会美的说法，而是将语文本身的美与语文教学的美作为语文学科的主要审美对象。

2015年9月15日，国务院办公厅下发《关于全面加强和改进学校美育工作的意见》（国办发〔2015〕71号）。该文件要求"2015年起全面加强和改进学校美育工作。到2018年，取得突破性进展，美育资源配置逐步优化，管理机制进一步完善，各级各类学校开齐开足美育课程。到2020年，初步形成大中小幼美育相互衔接、课堂教学和课外活动相互结合、普及教育与专业教育相互促进、学校美育和社会家庭美育相互联系的具有中国特色的现代化美育体系"。

为深入贯彻落实国务院办公厅《关于全面加强和改进学校美育工作的意见》要求，更好地落实地方政府推进学校美育改革发展的主体责任，教育部决定启动学校美育改革发展备忘录签署工作，从 2016 年起分批次与各省（区、市）签订备忘录。2016 年 8 月 29 日，教育部与北京、上海、江苏、福建、山东、重庆、四川、甘肃等 8 省（市）签署学校美育改革发展备忘录，旨在推动中央部门和地方政府构建上下联动、统筹整合、协同推进的学校美育改革发展工作机制。

我们期望本书能有助于广大语文教育工作者对美育与语文学科美育的认识与实施。

20 世纪 80 年代后期，中国社会科学院文学研究所涂武生研究员提议我与我的大学同学、现在上海交通大学担任博士生导师的单世联教授合作撰写中国美育史，书稿得到了时任广西教育出版社副总编李人凡先生的赏识，《中国美育史导论》于 1992 年 6 月由广西教育出版社出版。这是中国第一部美育史著作，也是我与世联的第一本书，其时我们都只有 30 多岁。

时间真的过得很快，一晃就 25 年了。很高兴现在这部《语文美育学》书稿又得到了时任广西教育出版社副总编辑黄力平先生的肯定，作为“中国语文教育研究丛书”中的一本由广西教育出版社出版。本书付梓，对我来说，是了却多年的一个心愿；对郑昀博士来说，则是她学术人生的一个里程碑。

本书的写作，曾参考了国内外部分学者的论文和著作，特此说明，并致谢意！

最后，我要特别感谢广西教育出版社！相信广西教育出版社会扶持更多的青年作者，出版更多的好作品，取得更加辉煌的业绩！

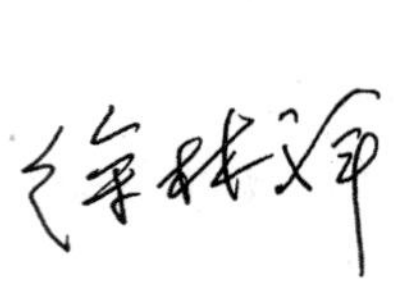

2017 年 6 月 18 日改定

于扬州大学中国语文教育研究所

图书在版编目（C I P）数据

语文美育学 / 徐林祥，郑昀著. —南宁：广西教育出版社，2018.6（2022.8 重印）
（中国语文教育研究丛书 / 顾之川主编）
ISBN 978-7-5435-8429-7

Ⅰ.①语… Ⅱ.①徐… ②郑… Ⅲ.①语文课—教学研究—中小学 Ⅳ.①G633.302

中国版本图书馆 CIP 数据核字(2017)第 312003 号

策　　划	黄力平	组稿编辑	林春燕　黄力平
责任编辑	陶春艳	责任技编	胡庆团
责任校对	谢桂清	封面题字	李　雁
装帧设计	刘相文		

出 版 人：石立民
出版发行：广西教育出版社
地　　址：广西南宁市鲤湾路 8 号　　邮政编码：530022
电　　话：0771-5865797
本社网址：http://www.gxeph.com
电子信箱：gxeph@vip. 163. com
印　　刷：广西昭泰子隆彩印有限责任公司
开　　本：787mm×1092mm　1/16
印　　张：17. 75
字　　数：265 千字
版　　次：2018 年 6 月第 1 版
印　　次：2022 年 8 月第 4 次印刷
书　　号：ISBN 978-7-5435-8429-7
定　　价：42. 00 元